디지털 문화의 세계

진인진

디지털 문화의 세계

초판 1쇄 발행 | 2022년 11월 11일

지은이 | 홍성태
편　집 | 배원일, 김민경
발행인 | 김태진
발행처 | 진인진
등　록 | 제25100-2005-000003호
주　소 | 경기도 과천시 별양상가 1로 18 614호(별양동 과천오피스텔)
전　화 | 02-507-3077-8
팩　스 | 02-507-3079
홈페이지 | http://www.zininzin.co.kr
이메일 | pub@zininzin.co.kr

ⓒ 홍성태 2022
ISBN 978-89-6347-528-8 03300

차례

머리말   7

1부   디지털 문화의 기초   11

1장   디지털의 시대   13

디지털의 유행   13
디지털의 뜻은?   14
디지털과 전기-전자 기술   15

2장   사이버의 이해   23

사이버의 확산   23
사이버네틱스   24
사이보그의 꿈   28

3장   컴퓨터는 힘이 세다   35

컴퓨터의 뜻   35
현대 컴퓨터의 형성   37
하드웨어, 소프트웨어   43
컴퓨터는 어디서 와서, 어디로 가나?   49
인공지능의 희망과 현실   55

4장   인터넷이라는 신대륙   61

인터넷의 뜻   61
전신에서 TV로   63
메멕스에서 아르파넷으로   66
TCP/IP와 WWW   71
망 중립성과 망 사용료   76

2부 디지털 문화의 실제　　　　　　　　　　79

5장 표현 문화　　　　　　　　　　81

　표현과 매체　　　　　　　　　　81
　시각 문화　　　　　　　　　　87
　청각 문화　　　　　　　　　　98
　문자 문화　　　　　　　　　　104

6장 게임 문화　　　　　　　　　　113

　게임의 이해　　　　　　　　　　113
　컴퓨터와 게임　　　　　　　　　　115
　컴퓨터 게임의 발전　　　　　　　　　　119
　컴퓨터 게임의 현황　　　　　　　　　　122

7장 소통 문화　　　　　　　　　　127

　소통의 의미　　　　　　　　　　127
　디지털 기술과 소통　　　　　　　　　　130
　디지털 소통의 방식　　　　　　　　　　133
　디지털 소통의 전개　　　　　　　　　　137
　디지털 소통의 과제　　　　　　　　　　143

8장 소설, 만화, 영화　　　　　　　　　　151

　상상, 표상, 인식　　　　　　　　　　151
　문예　　　　　　　　　　155
　만화　　　　　　　　　　163
　영화　　　　　　　　　　170

3부   디지털 문화의 전망   177

9장   디지털 문화의 이론   179
- 매체 기술의 발전   179
- 과학적 인식의 발전   181
- 기술의 발전   183
- 사회론의 맥락   185
- 매체론의 맥락   188
- 문화론의 맥락   191
- 기술과 문화에 대해   196

10장   디지털 문화의 전망   199
- 디지털 기술의 전망   199
- 기술 현실주의(techno-realism)   201
- 디지털 문화의 전망   204
- 6대 기술과 4대 문제   208
- 디지털 윤리의 중요성   212
- 멋진 정보사회를 향해   216

부록   219

참고자료   227

•
머리말

쥬라기 공원, 토이 스토리, 아바타, 전자 책, 신세사이저, 리니지, 스타크래프트, 가상현실, 사이버공간, 메타버스, 구글, 아마존, 페이스북, 트위터, 인스타그램, 틱톡, 제페토, 유튜브, 아이폰, 드론 쇼, 프로젝션 맵핑, 사물 인터넷, 스마트 시티, CT, MRI, 블록체인, 비트코인, NFT, 인공지능, 4차 산업혁명, BTS 등의 공통점은 무엇일까? 바로 디지털 문화다. 서로 무관해 보이는 이 다양한 것들이 모두 디지털 기계로 디지털 정보를 처리해서 나타난 디지털 문화로 이어져 있다. 디지털 문화는 이미 우리의 표현 문화와 생활 문화로 확립되었고, 우리의 생활을 넘어 우리의 존재 자체로 계속 그 범위를 넓혀가고 있다.

오늘날 우리는 한없이 다양하고 흥미로운 디지털 문화의 세계에서 살고 있다. 우리의 삶은 매일 대단히 많은 디지털 기계로 수없이 많은 디지털 정보를 처리해서 이루어지고 있다. 디지털 자명종으로 잠을 깨고, 디지털 밥솥으로 지은 밥을 먹고, 컴퓨터로 운행되는 버스나 전철을 타고, 컴퓨터로 일을 하고, 컴퓨터로 정보를 얻고, 컴퓨터로 사람들과 소통하고, 컴퓨터를 물건을 산다. 컴퓨터는 대표적인 디지털 기계이지만, 디지털 기계는 모든 가전제품으로, 운송수단으로, 통신수단으로 확대되었다. 컴퓨터는 다양한 기능을 수행하는 종합 디지털 기계로서 모든 분야에서 사용되고 있으며, 이와 함께 특화된 기능을 수행하는 전문 디지털 기계들도 모든 분야에서 사용되고 있다.

그런데 디지털 문화는 어떤 문화인가? 문화는 인간의 정신이 표출

된 것으로 사회에 의해 형성되고 전수된다. 문화는 존재의 기초를 기준으로 정신 문화와 육체 문화, 관념 문화와 물질 문화 등으로 나뉘고, 또한 다양한 활동을 기준으로 표현 문화, 예술 문화, 종교 문화, 의식 문화, 관계 문화, 오락 문화, 체육 문화, 생활 문화, 기술 문화 등으로 나뉜다. 사회학에서 문화는 정치, 경제와 함께 사회를 이루는 3대 영역으로 제시되기도 하는 데, 이 경우의 문화는 정치와 경제에 포함되지 않는 대단히 다양한 인간 정신의 표출을 뜻한다. 디지털 문화는 인간이 만든 기술을 사용해서 나타나는 기술 문화의 일종으로 컴퓨터 문화의 발전된 형태라고 할 수 있다.

디지털은 말 자체는 '숫자의'라는 뜻이지만 실은 컴퓨터가 정보를 처리하는 방식을 뜻한다. 컴퓨터는 본래 계산자/계산기를 뜻하는데 우리는 컴퓨터의 계산 능력을 이용해서 모든 유형의 정보를, 특히 시각·청각·시청각의 정보를 우리가 원하는 대로 한없이 다양한 형태로 처리할 수 있다. 우리가 컴퓨터를 이용하는 목적은 정보를 처리하기 위해서다. 정보의 처리야말로 컴퓨터의 존재이유다. 대체로 컴퓨터는 정보를 디지털 방식으로, 즉 정보를 숫자로 치환해서 처리한다. 이런 점에서 디지털 문화는 바로 컴퓨터 문화, 즉 컴퓨터를 이용해서 나타나게 된 문화를 뜻한다. 컴퓨터가 유형의 물체를 가리킨다면, 디지털은 그 안을 흐르는 무형의 정보를 가리킨다.

컴퓨터는 제2차 세계대전이 벌어지고 있던 1942년에 처음으로 만들어졌다. 그 뒤 컴퓨터 기술은 빠르게 발전했고, 이에 따라 인간과 사회에 큰 변화가 초래될 것으로 전망되었다. 1948년 노버트 위너 교수의 사이버네틱스, 1956년 존 매카시의 인공지능, 1960년 클라인즈와 클라인의 사이보그, 1969년 피터 드러커의 지식 노동자, 다니엘 벨의 탈산업 사회(1973)와 정보사회(1981), 1979년 장-프랑소아 료타르의 '탈근대 조건', 1980년 앨빈 토플러의 제3의 물결, 1995년 빌 게이츠의 '마찰 없는 자본주의', 2004년 마크 저커버그의 페이스북, 2009년 사토시 나카모토의 비트코인 등 많은 개념과 이론과 기술이 계속 나타났다.

    1911년 요세프 슘페터는 기술이 경제 발전의 최고 동력이라고 주장했고, 1964년 마샬 맥루한은 '미디어는 메시지'라는 말로 정보통신 매체를 적극 강조했다. 컴퓨터 기술의 발달과 디지털 문화의 확산은 슘페터와 맥루한의 통찰을 더욱 더 명확히 확인해 주었다. 기술은 자연을 이용해서 자연에 존재하지 않는 인공의 것을 만들어내는 인간의 능력이다. 인간은 기술을 통해 자연을 더욱 더 적극적으로 이용해서 더욱 더 편리하고 풍요로운 삶을 살 수 있게 되었다. 기술은 사회를 크게 바꾸어 놓았을 뿐만 아니라 인간 자신도 크게 바꾸어 놓았다. 기술은 새로운 세상을 만들었다.

    그러나 디지털 기술이 만든 새로운 세상은 많은 문제를 안고 있기도 하다. 예컨대 디지털 기술을 악용한 사기와 폭력이 만연해 있다. 여기에 감시 문제도 대단히 심각하다. 미국 정부는 세계의 모든 전자 통신을 감시하고 있고, 수억 대의 CCTV가 지구의 곳곳에 설치되어 있고, 수천대의 인공위성이 지구를 24시간 지켜보고 있다. 구글은 우리가 구글을 이용해서 하는 활동을 축적해서 자료 감시를 한다. 네이버와 카카오도 마찬가지다. 감시화는 정보화의 본질에 속하는 것이며, 이 점에서 정보사회는 감시사회이기도 하다. 우리는 이런 새로운 문제와 위험에도 크게 유념해야 한다.

    더 나아가 우리는 정보사회의 이상에 현혹되어 생태사회의 요청을 잊지 말아야 한다. 우리는 생태위기라는 파국적 위험에 직면해 있고, 지구를 지키는 기술의 개발과 활용에 매진해야 한다. 모든 디지털 기계의 제작과 사용이 생태위기와 직결되어 있기에 우리는 생태적인 디지털 문화를 적극 추구해야 한다. 디지털 문화를 통해 생태위기를 완화할 수 있는 길을 적극 모색하고 실천해야 한다. 이 책은 디지털 문화의 다양한 양상과 특징에 대한 학습과 이해를 위한 것이나, 생태적인 디지털 문화 또는 디지털 문화의 생태적 전환을 추구한다. 디지털 문화의 확산과 함께 생태적 전환이 실현되기를 염원한다.

1600년부터 지금까지 멋진 디지털 기술의 세계를 만들기 위해 애쓴 과학자들과 기술자들의 노고에 깊은 감사의 인사를 전합니다.

2022년 8월
북한산 비봉 아래 은민재에서
홍성태

1부

디지털 문화의 기초

1장

디지털의 시대

디지털의 유행

지금 우리는 누구나 아무렇지 않게 디지털이라는 말을 쓰고 있다. 그런데 이 외래어는 언제부터 이렇게 널리 쓰이게 되었을까? '네이버 뉴스 라이브러리'에서 '디지털'로 검색해 보니, 국내의 신문 보도에서 이 말은 1970년 1월에 가장 먼저 사용된 것으로 나타났고, 1995년을 전후해서 사용되는 빈도가 크게 늘어난 것으로 나타났다.

1970년 1월의 신문 보도는 〈동아일보〉의 '한국 2000년(2)-정보사회와 콤퓨터'라는 커다란 신년 기획기사였다. 이 기사는 2000년에는 컴퓨터의 활용으로 사회가 크게 변할 것이라고 주장하는 내용인데, 그 중에 '디지털 콤퓨터'와 '아날로그 콤퓨터'를 대비하는 내용이 있다. 1995년을 전후로 한 변화에는 1994년에 설립되고 1999년에 'SK텔레콤'에 합

사진1 파워 디지털 017

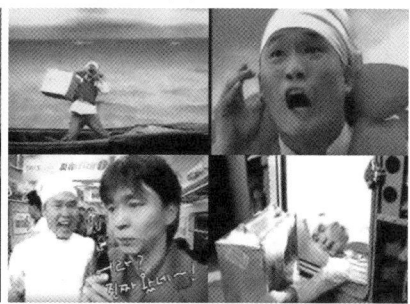

사진2 짜장면 시키신 분~

병된 '신세기 통신'의 '디지털 017' 광고가 큰 영향을 미쳤다. 특히 개그맨 김국진과 이창명의 '짜장면 시키신 분~' 광고가 큰 인기를 끌었는데, 이 유명한 광고로 디지털이라는 말이 전국에서 누구나 듣고 쓰는 말이 되었다.

이처럼 디지털이라는 말은 컴퓨터, 휴대폰과 연관되어 널리 쓰이게 된 말이다. 따라서 디지털에 관한 논의는 당연히 컴퓨터, 휴대폰에 관한 논의로 이어지게 된다. 그런데 사실 디지털이라는 말 자체는 컴퓨터, 휴대폰과 아무 관련이 없는 말이었다. 이 말이 컴퓨터, 휴대폰과 연관되게 된 것은 전기-전자기술에 의한 것이다.

디지털의 뜻은?

디지털은 무엇인가? 어떤 사실을 올바로 이해하기 위해서는 그것이 가리키는 말을 우선 잘 살펴볼 필요가 있다. 디지털(digital)이라는 외래어도 그렇다. 디지털은 디지트(digit)라는 영어의 형용사형인 데, 디지트는 원래 손가락을 뜻하는 말이고, 이로부터 숫자도 뜻하게 되었다. 그러니까 디지털은 '디지트의', 즉 '손가락의', '숫자의', '십진수의'라는 뜻이다. 이렇듯 디지털의 본래 뜻은 '손가락의', '숫자의', '십진수의' 등인데, 전기-전자공학에서는 전기-전자의 상태를 숫자로 치환해서 처리하는 것을 뜻하며, 이때 0과 1의 이진수를 쓰기 때문에 십진수가 아니라 이진수를 뜻한다.

세계 어디서나 사람들은 손가락으로 숫자를 헤아렸다. 대부분의 사람들은 손가락이 열 개이고, 이 때문에 십진수가 일반적인 셈법으로 정착되었다. 물론 우리는 십진수 외에도 여러 셈법을 일상적으로 쓰고 있다. 시계를 보자. 1분은 60초로 되어 있고, 1시간은 60분으로 되어 있다.

60진수를 쓰고 있는 것이다. 하루는 24시간으로 되어 있으니 24진수를 쓰고 있는 것이고, 1년은 12개월로 되어 있으니 12진수를 쓰고 있는 것이다. 그러나 보통 수를 헤아리고, 물건을 세는 것에는 십진수를 쓴다. 십진수는 우리의 생활을 지탱하는 중요한 문화적 기반이다.

디지털이라는 말이 뜻하는 숫자는 본래 십진수이다. 그런데 오늘날 디지털은 십진수가 아니라 0과 1로 이루어진 이진수를 뜻한다. 사전적으로 디지털은 여전히 십진수를 뜻하지만 실제로는 0과 1의 이진수를 뜻하게 된 것이다. 어떻게 해서 이런 변화가 이루어지게 됐을까? 여기에는 20세기 초에 이루어진 중대한 과학기술의 발전이 개입되어 있다. 과학기술은 인류 문명을 이끌어 온 동력이자 현대 문명의 원천이다. 특히 디지털이라는 말과 연관된 과학기술의 발전은 전기에 의한 것으로 그 역사는 1800년으로 거슬러 올라가야 한다.

디지털과 전기-전자 기술

1600년 영국의 윌리엄 길버트(William Gilbert, 1544~1603)가 정전기 실험을 하고 전기를 뜻하는 라틴어 electricus를 만들었다. 이로써 전기 시대를 향한 길이 열렸다.

영어로 전기는 electricity이다. '호박성(琥珀性, 호박 같은 성질)'을 뜻하는 라틴어 electricus에서 왔다. 이 호박(琥珀)은 야채 호박(胡朴)이 아니라 수천만 년 전에 굳어 화석화된 나뭇진을 뜻한다. 호박은 보석으로 여겨지기도 하는 데 벌레나 파충류 등이 완전한 형태로 갇혀 있는 것도 많다. 기원전 550년 경 그리스의 탈레스는 호박을 문질렀을 때 전기 현상이 나타나는 것을 발견했다. 이것을 정전기(흐르지 않는 전기), 마찰전기(마찰로 발생하는 전기)로 부른다. 1600년에 영국의 윌리엄 길버트는 호박을 문질러서 정전기를 확인하고 이것을 electricus로 불렀다. 이로부터 electricity의 말이 나왔다.

윌리엄 길버트는 전기와 자기를 구분해서 둘의 과학적 이해를 시작했는데, 230년 뒤 마이클 패러데이는 둘이 결합된 현상이라는 걸 밝혀서 전자기학의 길을 열었다. 모든 발전기는 자기를 전기로 바꾸는 것이다. 정전기 현상의 원인은 2019년에야 규명되었다. 電氣라는 한자는 본래 중국에서 쓰던 것으로 電 자는 번개를 뜻하니 원래의 뜻은 번개의 힘이다.

길버트로부터 200년이 지나고 1800년에 이탈리아의 알레산드로 볼타(Alessandro Volta, 1745-1827)가 전지를 발명해서 전기 시대의 문을 열었다. 이어서 1831년에 영국의 마이클 패러데이(Michael Faraday, 1791~1867)가 발전기를 발명해서 전기 시대가 본격 시작됐다. 전기는 세상을 완전히 바꿔 놓았다. 전기는 전신과 전화가 잘 보여주듯이 정보 전달의 수단으로, 전구가 잘 보여주듯이 빛을 만드는 수단으로, 전동기가 잘 보여주듯이 기계를 움직이는 수단으로, 그리고 컴퓨터가 잘 보여주듯이 빠르게 계산하는 수단으로 사용된다.

전기의 이용은 크게 '강전(强電)'과 '약전(弱電)'으로 나뉘는 데, 전자는 동력의 원천으로 전기를 이용하는 것이고, 후자는 신호의 매체로 전기를 이용하는 것이다. 전기공학은 강전을 다루고, 전자공학은 약전을 다룬다.

영어로 전자(電子)는 electron이다. 아일랜드의 물리학자 조지 스토니(George Stoney 1826 - 1911)가 1894년에 electric(전기의)과 ion(입자)의 합성어로 만들었다. 이 뒤로 -on은 입자를 뜻하는 접미사로 계속 사용되고 있다. 전자는 전하(電荷)를 가진 입자이자 파동으로 전기는 전자의 작용이다. 전기가 물질을 통해 흐르는 것이 전류이고, 공기로 방사되어 퍼지는 것이 전파이다. 1904년 영국의 공학자 존 플레밍이 진공관(vacuum tube, electron tube)을 개발해서 전자를 제어할 수 있게 되어 전자공학이 시작되었다. 진공관의 기초 현상은 1884년 에디슨이 발견해서 '에디슨 현상'이라고 부른다. 진공관은 트랜지스터로, 다시 집적회로로 바뀌어 갔다.

전기를 신호의 매체로 이용하는 방식은 연속적(continuous) 방식과 이산적(discrete) 방식이 있다. 전자는 원래의 신호를 비슷한 형태로 처리하는 것이고, 후자는 원래의 신호를 숫자로 치환해서 처리하는 것이다. 전자는 아날로그(상사형) 방식으로, 후자는 디지털(숫자형) 방식으로 부른다.[1] 아날로그(analogue, analog)는 ana(통해, 따라)+logos(비례, 비율)로 이루어진 말로서 상사, 유사 등을 뜻한다. 상사(相似)는 서로 비슷하다는 뜻이고, 유사(類似)는 유가 비슷하다는 뜻이다. 컴퓨터 분야에서 디지털이라는 말을 쓴 것은 1945년부터, 아날로그라는 말을 쓴 것은 1946년부터이다.

이렇게 디지털이라는 말이 쓰이게 된 것은 1942년 미국의 조지 스티비츠(George Stibitz, 1904-1995)라는 전기-전자 공학자에 의해서였다. 아날로그라는 말은 이보다 앞서서 사용되고 있었다.

모든 전기-전자 기계는 처음에 아날로그였으나 디지털 기술이 발달하면서 대부분 디지털로 대체되었다. 디지털 기계는 연속적 신호를 이산적 신호로 대체하기 때문에 정교성에서 아날로그 기계에 비해 떨어질 수 있으나 신호의 전달, 표현, 변환 등 여러 면에서 훨씬 편리하고 정확하게 사용될 수 있다. 전화, 라디오, 텔레비전 등의 전기-전자 기계들이 모두 디지털로 바뀐 것은 이 때문이다.

---

1 영어 어원사전(etymonline)에서 digital, analog를 참고.

축음, 사진-영상 등은 전기-전자 기술이 아니라 일반 기계 기술의 산물이다. 축음, 사진-영상 등은 축음기, 사진-영상기 등의 일반 매체 기계로 만든 컨텐츠로서 전화, 라디오, 텔레비전 등의 전기-전자 매체 기계를 통해 빠른 시간에 멀리 퍼질 수 있게 되었다. 전기-전자 매체 기계는 전류를 이용한 전신으로 시작해서, 전류를 이용한 전화로, 전파를 이용한 무선통신으로, 전파를 이용한 방송으로 발전했다. 매체 기계(media machine)란 신호-정보의 처리와 전달을 위한 기계를 뜻한다.

그림1에서 볼 수 있듯이, 아날로그는 원래의 소리나 모습을 그대로 전기-전자 신호로 처리하는 것이고, 디지털은 이 전기-전자 신호를 이진수로 바꾸어 처리하는 것이다. 전기-전자 기술의 발달은 아날로그 기술에서 디지털 기술로 나아갔고, 오늘날 디지털 기술은 모든 정보를 디지털로 처리할 수 있는 상태에 이르렀다. 컴퓨터가 잘 보여주듯이 이제 디지털 기술은 실제로는 존재하지 않는 것을 존재하는 것처럼 느끼게 할 수 있다.

아날로그와 디지털은 전기-전자 신호를 처리하는 두 방식이다. 그런

그림1 아날로그와 디지털의 차이

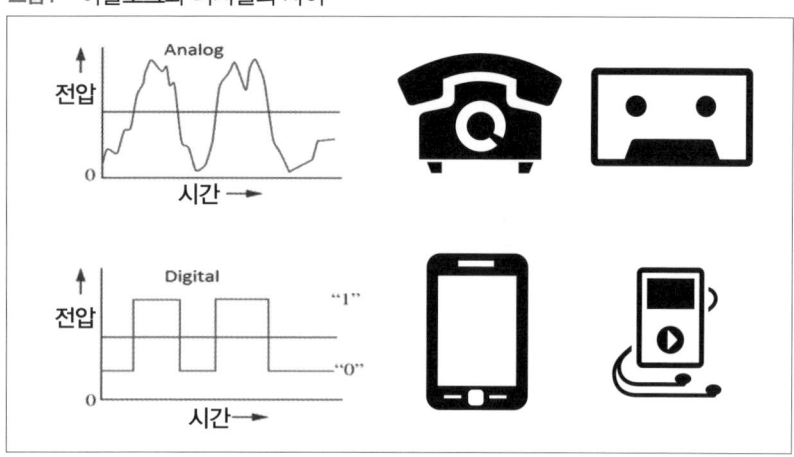

그림2   아날로그와 디지털의 변환

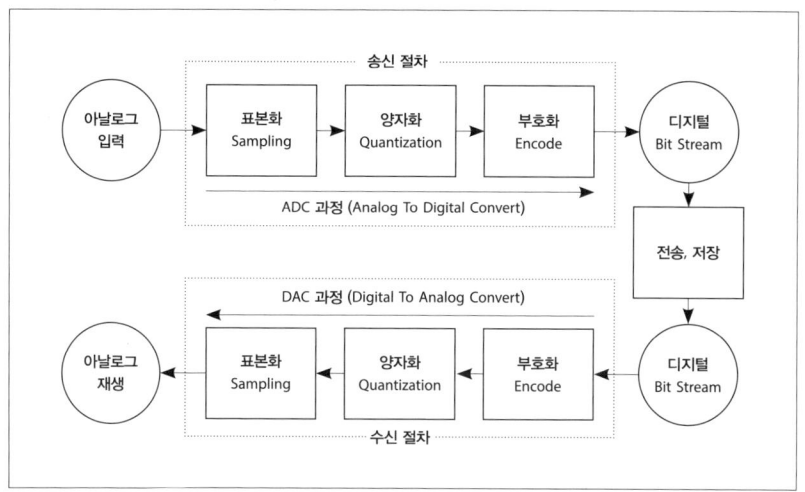

데 디지털은 0과 1로 되어 있어서 우리는 그것을 보고 무엇인지 알 수 없다. 디지털은 컴퓨터를 비롯한 디지털 기계가 전기-전자 신호를 0과 1로 처리하는 것이기 때문이다. 1930년대에 제안되고 1960년대에 비로소 실현된 PCM(Pulse Code Modulation, 펄스 부호 변조)이 그 표준적인 방식으로 표1과 같은 절차로 아날로그-디지털 변환과 디지털-아날로그 변환이 이루어진다.

디지털 방식은 이산적 방식으로 전기-전자 신호를 처리하는 것이고, 그 실제는 십진수가 아니라 이진수를 이용하는 것이다. 디지털 방식은 이진수로 하는 것이 최적이라는 사실은 클로드 셰넌(Claude Shannon, 1916~2001)이 1937년 MIT의 석사 논문으로 밝혔다.[2] 셰넌은 '불의 대수'를 이용해서 전기-전자 신호를 이진수로 단순화해서 처리하는 것이 가

---

[2]   이 논문의 제목은 A Symbolic Analysis of Relay and Switching Circuits으로 그 내용은 모든 전기-전자 기술의 기본이 되었다. 이 때문에 이 논문은 20세기의 가장 중요하고, 가장 유명한 석사 논문으로 꼽히기도 한다.

표1 표본화, 양자화, 부호화

절차	개념도	세부 내용
입력	(voltage-time 그래프)	· PCM(Pulse Code Modulation) 시스템에 입력되는 조기 아날로그 신호.
표본화	(voltage, sampling clock-time 그래프)	· 입력된 아날로그 신호를 일정 시간간격으로 표본 추출. · 표본화 시간간격의 기준은 나이퀴스트[3] 샘플링 정리를 활용.
양자화	(voltage-time 막대그래프)	· 표본화된 값을 수치로 변환. · 양자화 비트수가 많을수록 원 아날로그 신호에 충실하나, 양자화에 한계가 있어서 근사값으로 양자화하고, 실제 정보에는 사실상 아무 문제가 없음.
부호화	(이진수 변환 그래프)	· 양자화된 값을 0과 1의 이진수로 변환.

장 좋다는 사실을 확립했다.

'불의 대수'(Boolean algebra)는 영국의 수학자 조지 불(George Boole, 1815-1864)이 1854년에 *The Laws of Thought*라는 책으로 발표한 것으로 0과 1의 이진수로 모든 논리 관계를 표현할 수 있다. 0과 1로 계산하는 이진법은 1689년 독일의 철학자-수학자 라이프니츠(Gottfried Leibniz, 1646-1716)가 창안했다. 1701년 라이프니츠는 프랑스의 절대군주 루이 14세(1638~1715)가 선발한 예수회의 중국 선교사 요아힘 부베(Joachim

---

3 해리 나이퀴스트(Harry Nyquist, 1889-1976)는 스웨덴 출신의 미국 전자공학자로 디지털 표본화 이론으로 통신 이론과 기술의 발전에 크게 기여했다.

Bouvet, 1656-1732)의 편지를 받고 자신의 이진법과 『주역』의 기본이 유사한 것을 알게 되었다. 『주역』(周易)은 3천년 전 주 나라의 주공(周公)이 완성했다는 역서로 유교의 3대 경전의 하나다. 역(易)은 변한다는 뜻으로 『주역』은 본래 점서로 시작되었으나 세상의 변화를 설명하는 철학서로 발전했다. 『주역』의 설명은 짧은 줄 -과 긴 줄 ―로 만든 효(爻)로 시작된다. 짧은 줄을 두 개 이어 놓은 것(--)이 음(陰)이고 긴 줄이 양(陽)이며, 음과 양이 어우러지게 해서 64개 괘(掛)를 만들어서 세상을 설명하는 것이다. 양효와 음효는 남녀의 생식기를 상징한 것으로 파악되기도 한다.

기술의 면에서 디지털이라는 말 자체는 사실 중요하지 않다. 중요한 것은 그 실체다. 디지털이라는 말의 기술적 실체는 섀넌에 의해, 그 수학적 실체는 불에 의해 제시된 것이다. 우리는 이 두 학자의 이름을 기억해 둘 필요가 있다. 이른바 '아톰에서 비트로'라는 말은 디지털 기술의 발달을 오도하는 문제를 안고 있다. 아톰(atom)은 물질의 기본인 원자이고, 비트(bit)는 디지털 신호의 단위이다. 비트는 디지털 기술을 대변한다. 디지털 기술은 원자를 이루고 있는 전자를 다루는 기술로서 원자를 더욱 효율적으로 이용할 수 있게 한다.[4]

비트(bit)는 사실 binary digit, 즉 이진수의 약자로 0과 1로 처리되는 것이라는 뜻을 담고 있다. 여기서 0과 1이 그 자체로 의미가 있는 것이 아니라 이것을 이용해서 모든 시각과 청각의 정보를 치환해서 처리하는 것이다. 예컨대 8비트는 2^8승으로 256인데, 이것은 8개의 0과 1을 조합해서 00000000에서 11111111에 이르는 모두 256개의 조합을 만들 수 있는 것을 뜻하고, 이 256개의 조합을 이용해서 타자기의 자판에 있

---

[4] 원자는 핵자(양성자, 중성자)와 전자로 이루어져 있다. 전자 공학은 원자의 세계를 정교하게 가공해서 이용하는 기술을 만드는 놀라운 과학이다.

는 모든 문자, 숫자, 기호를 대응시켜 처리할 수 있다.

1비트는 하나의 0과 1을 뜻한다. 2비트는 하나의 0과 하나의 1을 조합하는 것으로 모두 네 가지(00, 01, 10, 11)의 조합을 만들 수 있다. 이렇게 비트는 2^n으로 커진다. 32비트와 64비트는 2배의 차이가 아니라 2^{32}과 2^{64}의 차이이다. 32비트 컴퓨터는 CPU(중앙처리장치)가 32비트 단위로, 64비트 컴퓨터는 CPU가 64비트 단위로 정보를 처리한다. 둘의 차이는 대단히 크다. 이렇게 컴퓨터 기술이 발달하면서 비트가 아톰을 대체하는 듯하나 그 실체는 아톰의 이용이 고도로 효율화되는 것이다.

2장

사이버의 이해

사이버의 확산

사이버는 디지털보다 더 낯선 외래어다. 디지털과 사이버는 다 미국에서 제시된 말인데 디지털이 사이버에 몇 년 앞서서 나타났다. 국내에서 디지털이라는 말과 마찬가지로 사이버라는 말도 1995년을 전후해서 널리 사용되게 되었다. 네이버의 '뉴스 라이브러리'에서 '사이버'로 검색해 보니, 국내의 신문 보도에서 이 말은 1969년에 처음 나타나서 1995년부터 크게 늘어난 것으로 확인되었다.

사이버라는 말이 신문에 나타난 첫 기사는 1969년 4월 23일〈경향신문〉의 '知識 혁명의 前衛 이것이 콤퓨터(完) 人工知能 시대'라는 제목의 기사로 그 내용은 "콤퓨터는 인공지능시대(사이버내틱스 또는 바이오내틱스)를 향하여 전진하고 있다. 마치 인간처럼 말하고 들을 수 있으며 판단과 인식을 할 수 있는 로버트공학의 연구가 미국 등지에서 활발히 진행되고 있다"는 것이다. 정확히 말하자면 사이버가 아니라 '사이버내틱스'의 소개 기사인데, 사실 사이버는 바로 사이버네틱스의 줄임말이다. 따라서 사이버에 대해 알기 위해서는 사이버네틱스에 대해 알아야 한다.

사이버네틱스(cybernetics)는 미국의 수학자 노버트 위너(Nobert Wiener, 1894~1964)가 완전한 자동기계를 추구하는 새로운 학문의 이름으로 1948년에 제시한 것이다. 1990년대 후반에 나타난 이른바 '사이버 광

사진3 삼성 애니콜 광고   사진4 롯데 커피 광고

고'들을 보면 사이버라는 말이 은회색의 기괴한 로봇 이미지와 결합되어 있는 것을 알 수 있다. 사이버는 인공지능과 결합되어 있고, 인공지능은 인조인간과 결합되어 있다. 이런 연관이 여기에 영향을 미쳤다.

사이버네틱스

1997년 1월에 발매된 '산울림 13집'에는 '기타로 오토바이를 타자'는 이상한 제목의 노래가 실렸다. 김창완(1954~) 가수가 작사-작곡한 노래인 데, 가사는 더욱 더 이상하다.[5] '기타로 오토바이를 타자'는 초현

---

5 '산울림'은 김창완, 김창훈, 김창익 등 삼형제가 만든 록 밴드로 1977년 12월에 1집을 발매했다. 1집의 대표곡인 '아니 벌써'는 당시 세상을 휩쓸다시피 했다. 1997년 1월 13집을 발표하고 김창완은 머리카락을 삐죽삐죽하게 세우고 울긋불긋하게 물들인 이른바 '펑크 헤어 스타일'을 하고 방송에 출연했다. 2006년 30주년 기념 전국 순회공연을 하고 14집을 준비했으나 2008년 1월 막내인 김창익(1957-2008)이 이주해서 살고 있던 캐나다에서 지게차 전복 사고로 세상을 떠나서 '산울림'의 긴 여정은 대단히 안타깝게 끝나고 말았다.

사진5　산울림 13집

기타로 오토바이를 타자 기타로 오토바이를 타자
기타로 오토바이를 타자 타자
오토바이로 기타를 타자 오토바이로 기타를 타자
오토바이로 기타를 타자 타자
수박으로 달팽이를 타자 메추리로 전깃불을 타자
개미로 밥상을 타자 타자
풍선으로 송곳을 타자 타지 말고 안아 보자
송충이로 장롱을 안아 보자

보이는 대로 들리는 대로 상상하는 대로 싸이버
보이는 대로 들리는 대로 상상하는 대로 싸이버

　실주의적 가사로 시작되는 이 노래의 후렴구는 '보이는 대로 들리는 대로 상상하는 대로 싸이버'이다. 이 노래는 사이버라는 말이 널리 퍼지는 데 크게 이바지했는 데, 여기서 은연 중에 제시된 사이버의 뜻은 뭔가 아주 자유롭다는 것이다. 이런 점에서 사이버는 어쩐지 '싸이키'를 떠올리게 한다. 그러나 사실 둘은 완전히 다른 것이고, 사이버의 뜻도 이런 것이 전혀 아니다.
　'싸이키'는 '싸이키델릭'(psychedelic)을 뜻하는 말이다. 이 말은 1956년에 캐나다의 정신의학자 험프리 오스몬드가 정신을 뜻하는 그리스어 psyche와 드러내다는 뜻의 그리스어 dēloun을 합쳐서 만든 말이다. 1960년대에 미국을 중심으로 서구 전역에서 '히피 문화'가 널리 퍼졌는데, 이 문화는 인도의 전통 사상과 결합되어 정신적 자유를 적극 추구했고, 이를 위한 수단으로 대마초나 LSD로 대표되는 '환각제'를 적극 흡입했다. 1965년부터 이 '환각제'를 pychedelic drug이라고 불렀고, 그 선두에 티모시 리어리(Timothy Leary, 1920~1996)라는 하버드 대의 심리학교수가 있었다. '환각제'에 취한 듯이 또는 실제로 취해서 몽환적 분위기에서 몰두하는 음악을 psychedelic music이라고 불렀고, 이런 음악에는 정신을 혼란하게 하는 psychedelic lighting이 따랐다.

오늘날 사이버는 '가상의', '컴퓨터의', '인터넷의' 정도를 뜻하는 형용사나 접두사로 사용된다. 그러나 본래 사이버는 사이버네틱스의 준말이고, 사이버네틱스는 인공지능과 깊이 결합되어 있다. 사이버는 컴퓨터 기술의 발달로 우리의 표현과 생활이 극도로 편리해지는 '테크노피아'(기술 낙원)의 상황을 연상하게 한다. '산울림'이 노래한 사이버는 바로 이것이다. 이 점에서 '산울림'은 아주 이상한 가사이기는 하지만 '사이버 광고'보다 훨씬 사실적으로 사이버의 뜻을 전했다고 할 수 있다. 이런 관점에서 이제 사이버네틱스에 대해 조금 살펴보도록 하자.

1948년 미국의 수학자 노버트 위너(Nobert Wiener)는 정보의 지각과 처리를 중심으로 자동제어되는 기계를 만들 수 있는 이론적 가능성을 수학적으로 밝힌 책을 발간했다. 이 책의 제목이 바로 *Cybernetics or control and communication in the animal and the machine*였다. 위너가 제시한 원리는 놀라운 것이었다. 그때까지 터무니없는 공상으로 여겨지던 인조인간의 꿈이 갑자기 과학에 의해 생생한 현실이 될 것처럼 여겨지게 되었다. 이 이론적 가능성은 전대미문의 것이었고 여러 학문들을 통합해야 하는 것이었기에 기존의 학문으로는 이것을 온전히 담을 수 없었다. 이 때문에 위너는 사이버네틱스라는 말을 쓰게 되었다.[6]

사이버네틱스는 조타하다(steer), 조종하다(pilot) 등을 뜻하는 그리스어 κυβερνήτης(kybernetes)에서 비롯된 말이다. 플라톤은 『국가』에서

---

6 사이버네틱스는 자동제어하는 기계를 다룬다는 점에서 '자동제어학'으로 번역되거나 완전한 인공두뇌를 추구한다는 점에서 '인공두뇌학'으로 번역되었다.

이 말로 국가의 통치에 대해 설명했는데, 로마로 건너가서 gybernetes 로 바뀌어 영어 govern의 어원이 되었다. 프랑스의 물리학자였던 앙드레-마리 앙페르(André-Marie Ampère, 1775 - 1836)[7]는 1834년에 '미래의 통치 과학'을 뜻하는 것으로 cybernetique라는 말을 고안했고, 1948년에 노버트 위너는 이 말을 살려서[8] 전기-전자 기술의 제어와 통신에 의한 자동기계 연구의 학문을 뜻하는 것으로 쓰게 됐다.

사이버네틱스의 핵심은 두 가지로 요약될 수 있다. 첫째, 전기-전자 기술의 발달로 동물과 비슷하게 외부의 정보를 인식하고 처리해서 자기의 항상성을 유지하는 자동기계를 만들 수 있다는 것이다. 둘째, 자동기계가 동물처럼 작동하기 위해서는 작동의 결과를 판단해서 적절히 대응하는 되먹임(feedback) 과정이 필수적이라는 것이다. 이와 같은 사이버네틱스의 원리는 모든 생물, 기계, 조직 등으로 확대되어 적용되었다. 생물, 기계, 조직 등은 명확히 구별되는 것들이지만 그것들이 각자를 유지하고 작동하는 방식은 모두 사이버네틱스의 원리로 설명될 수 있다.[9]

---

[7] 앙페르는 전기와 자기의 연구에 몰두해서 전기학의 기초를 닦았다. 전류의 단위인 '암페어'는 그의 이름에서 온 것이다.

[8] 불어로는 '퀴베르네티크'인데, 영어로는 '사이버네틱스'로 바뀌었다. 불어 ique가 영어 ics인데 학문을 뜻하는 접미사이다.

[9] 물론 이 설명은 대단히 일반적인 것이고 기계적인 것이다. 이런 사이버네틱스의 연장선에서 생물학자 루드비히 폰 버틀란피(Ludwig von Bertalanffy, 1901 - 1972)는 생물, 기계, 조직 등을 '체계'라는 개념으로 일반화해서 파악하는 '일반 체계이론'을 제시했다. 미국의 사회학자 임마누엘 왈러스틴(Immanuel Wallerstein, 1930-2019)의 '세계체계론'은 맑스주의의 불평등 구조론의 관점에서 '체계이론'을 응용한 것이다. 한편 사이버네틱스의 연장선에서 영국의 인류학자 그레고리 베이트슨(Gregory Bateson, 1904 - 1980)은 정신의 발전과정을 추적하는 '정신의 생태학'을 추구했다.

그림3　사이버네틱스의 원리

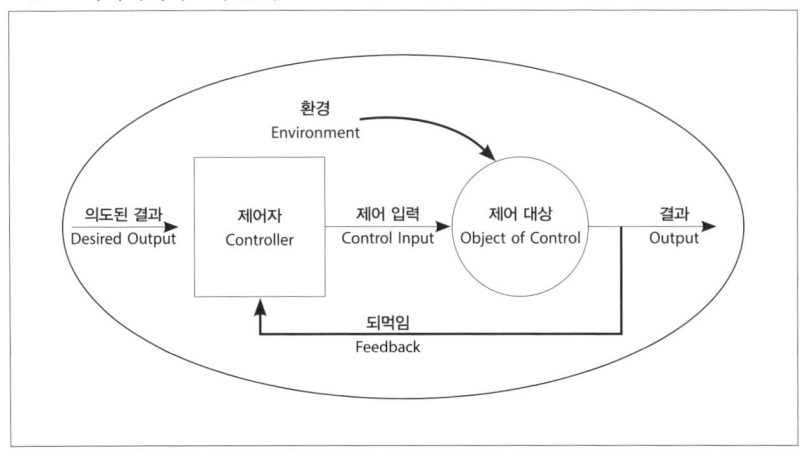

사이보그의 꿈

사이버네틱스는 단순히 전기-전자 기술의 발달을 넘어서 인간과 지적으로 경쟁하는 기계가 제작될 수 있는 이론적 가능성을 제시했다. 요컨대 사이버네틱스는 인조인간이 공상의 영역을 넘어서 과학의 영역에 발을 딛게 한 것이다. 사람들이 사이버네틱스라는 낯선 말에 큰 관심을 쏟게 된 것은 무엇보다 이 때문이었다. 그런데 기술의 발달로 기계가 동물처럼, 나아가 인간처럼 지각하고 판단하고 결정하게 된다면, 과연 세상은 어떻게 변할 것인가? 그때에도 인간은 여전히 '만물의 영장'으로 지구에 군림할 수 있게 될 것인가? 위너는 이런 의문에 대응해서 1950년에 *The Human Use Of Human Beings: Cybernetics And Society*라는 제목의 책을 출판했다.

'인간 존재의 인간적 이용'이라는 이 책의 제목은 사이버네틱스에 대한 위너의 우려와 의지를 잘 보여준다. 인간이 무엇을 해야 할 것인가가 결국 문제의 핵심이다. 위너는 사이버네틱스로 제작될 자동기계는 노예와 같은 것이어서 인간이 자동기계와 경쟁하는 것은 결국 인간이 노예의 지위로 전락하는 것이 될 것이라고 크게 우려했다. 이렇게 되지 않기 위해서 우리는 어떻게 해야 하나? 인권을 존중하는 사회를 만들어야 하고, 노동권을 올바로 보장해야 하며, 복지국가를 계속 강화해야 한다. 그리고 자동기계가 늘어갈수록 노동시간을 줄이는 동시에 기본소득을 확대해서 문화사회를 추구해야 한다.

생태파국으로 치닫는 생태위기의 상황에서 이제 모든 사회적 변화는 생태적 전환을 기초로 해야 한다. 위너는 이에 대해서도 적극 지적했다. '진보'는 『이상한 나라의 앨리스』(1865)의 '미치광이 티파티'처럼 모든 것을 먹어치우고 망가트리는 큰 문제를 안고 있다는 것이다. 이런 미치광이 상태를 종식하는 것이야말로 진정한 진보일 것이다.

사이버네틱스와 자동기계는 1960년에 '사이보그'(cyberg)라는 개념이 제시되며[10] 더욱 큰 관심을 끌게 되었다. 사이보그는 'cybernetic organism'의 준말로 사이버네틱스의 자동기계와 유기체=생명체가 결합된 것을 가리킨다. 사이보그는 로봇이나 인조인간이 아니다. 그것은 기괴한 형태를 하고 있지도 않다.

1964년에 처음 발표된 이시노모리 쇼타로(石ノ森章太郎)의 만화 〈사이보그 009〉, 1970년대에 세계적으로 인기를 끈 미국의 tv 드라마 〈600만불의 사나이〉 등에서 사이보그는 외형적으로 보통 사람과 전혀 구별되지 않는다. 외형이 아니라 내용이 중요하다. 이에 비해 1990년대 후반에 미술가 이불이 발표한 '사이보그'는 모두 기괴한 괴물의 형태를 하고 있다. 이불의 작품은 사이보그의 표현이라는 점에서는 비사실적이나 그것에 대해 제기된 공포나 우려를 표현한 것이라는 점에서는 극사실적이

---

[10] 'Cyborgs and Space', in Astronautics (September 1960), by Manfred E. Clynes and Nathan S. Kline. 만프레드 클라인은 오스트리아 출신 음악가였고, 네이션 클라인은 미국의 생리학자였다.

라고 할 수 있다.

사이보그는 영구적인 것과 일시적인 것이 있는 데, 전자는 심장 박동기를 착용한 사람을, 후자는 우주복[11]을 입고 우주로 간 우주인을 들 수 있다. 이처럼 사이보그는 대단히 유용하다. 그러나 그것은 자동기계에 의한 인간의 사회적-생물적 저하에 대한 우려도 키웠다. 이 때문에 사이보그 기술이 계속 발달되고 확산되어 갔으나, 1980년대에 들어서서 사이보그나 사이버네틱스는 거의 잊혀진 말이 되었다.

1990년대에 들어와서 사이버라는 말이 다시 널리 퍼진 것은 당시에 이루어진 컴퓨터 기술의 발달과 연관된다. 그 핵심은 컴퓨터의 이용 방식이 키보드를 사용하는 명령어 입력 방식에서 마우스를 사용하는 그래픽 사용자 환경(Graphic User Interface)으로 바뀐 것과 월드 와이드 웹(WWW)이 개발되고 인터넷의 상업적 이용이 시작된 것이다. 당시 미국의 기술자들이나 문화 연구자들은 '사이버스페이스'(cyberspace, 사이버공간)라는 말로 이 거대한 변화를 설명하고 나섰다. 사실 이 말은 1984년에 발표된 캐나다의 소설가 윌리엄 깁슨의 소설 『뉴로맨서』에서 처음 제시됐는데[12], 인류가 컴퓨터 통신망에 두뇌를 직접 연결해서 살아가게 되는 것을 가리킨다.

인터넷의 사회적 변화는 1990년부터 시작됐다. 바로 그 해에 미국 정부가 인터넷의 상업적 이용을 허용했기 때문이다. 여기서 윌리엄 깁슨(William Gibson, 1948~)의 『뉴로맨서』는 컴퓨터와 인터넷에 의한 기술-사회적 변화를 상상하는 데 큰 영향을 미쳤다. 이 책에서 '사이버공간'은

---

11 우주복은 사실 옷이 아니라 우주인의 생명을 유지해 주는 고도로 복잡한 자동기계다. 우주복의 가격이 100억 원을 훨씬 넘는 것은 이 때문이다.

12 사실 윌리엄 깁슨이 이 말을 처음 제시한 것은 1982년에 발표한 '불타는 크롬'(burning chrome)이라는 단편소설이었다.

사진6 론머 맨

사진7 공각 기동대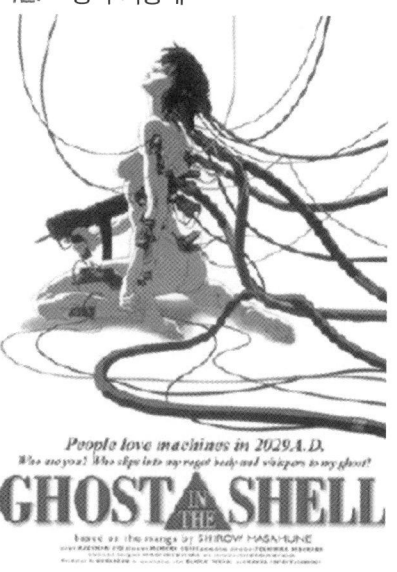

사진8 코드명 J

사진9 매트릭스

"모든 나라에서 수십억 명의 합법적 작동자들에 의해 매일 경험되는 합의적 환상(A consensual hallucination)"으로 정의되었는데, 이 정의는 아직 인터넷이 극소수 전문가들의 문자와 숫자 기반 정보통신망이었던 시절에 오늘날의 인터넷을 강력히 예견한 것이라고 할 수 있다. 이 책에서 제시된 상상은 1992년 〈론머 맨〉, 1995년 〈코드명 J〉[13], 1995년 〈공각 기동대〉, 1999년 〈매트릭스〉 등의 영화들을 통해 계속 형상화되었다.

'매트릭스'는 수학에서 행렬, 일반으로 모태 등을 뜻하는데, 『뉴로맨서』에서 '사이버공간'의 다른 이름으로 제시됐다. 사이버공간의 '카우보이'들이 사이버공간을 '매트릭스'로 부르는 것이다. 행렬은 수나 식이 사각형으로 배열된 것을 뜻하고, 이로부터 정사각형으로 구획된 공간을 뜻한다. 깁슨의 사이버공간은 이런 매트릭스 안에 구현된 것으로 보이기 때문에 매트릭스로 불리게 되었다. 영화 〈매트릭스〉의 제목은 바로 『뉴로맨서』에 대한 오마주(homage, 존경)라고 할 수 있다. 그러나 내용으로는 〈코드명 J〉가 『뉴로맨서』를 더 충실히 묘사했다.

나는 1990년대 중반에 미국의 군수산업과 군사 정보통신체계에 대한 연구를 위해 처음으로 미국을 방문했다. 당시는 '사이버'에 대한 논의가 미국에서도, 국내에서도 활발히 진행되던 때였다. 그때 미국에서 이에 관한 책들을 여러 권 구입해서 여러 사람들과 함께 공부하며 편역서를 기획해서 출간했다. 그리고 이런 연구의 성과로 한 권의 연구서를 출간했다. 그 내용은 디지털 기술과 문화를 회고하고 전망하는 데 여전히 유용하다.

---

[13] 이 영화는 윌리엄 깁슨의 단편소설 '메모리배달부 조니'(Mnemonic Johnny)를 기본으로 깁슨이 영화 대본을 쓰고 당시 미국의 대표 소장 미술가였던 로버트 롱고(Robert Longo.1953-)가 감독한 것으로 그 관점, 배경, 캐릭터, 이야기, 이미지 등에서 흥미롭게 검토될 사항이 많다.

사진10   사이버문화에 관한 두 편역서와 저서

3장

컴퓨터는 힘이 세다

컴퓨터의 뜻

오늘날 우리는 전면적인 컴퓨터 시대를 살고 있다. 그야말로 하루 24시간 모든 일에서 컴퓨터를 사용하고 있다. 우리가 자고 있는 동안에도 컴퓨터는 여러 일을 한다. 사회로 확대해서 살펴보면 이 사실은 더욱더 분명해진다. 우리의 생활은 수도와 전기의 초거대 네트워크 기계에 의해 지탱되고 있는 데, 우리의 생활을 지탱하는 이 초거대 네트워크 기계는 24시간 내내 컴퓨터에 의해 작동되고 관리된다. 정말 컴퓨터는 힘이 세다.

그런데 과연 컴퓨터(computer)는 무엇인가? compute는 계산한다는 뜻의 영어로 라틴어 computare에서 온 말인데, 이 말은 com(함께)+putare(생각하다)로 이루어진 말이다. 영어 compute의 어원으로 보자면, '함께 생각한다'는 뜻에서 '계산한다'는 뜻으로 변화한 것이다. 이 점에서 computer는 계산기 또는 계산수를 뜻한다. 그런데 그 역사를 살펴보면, 본래 이 말은 계산수(計算手), 즉 계산하는 사람을 뜻했다. 영어 어원 사전에서 살펴보면, 1897년에 컴퓨터는 계산기를 뜻하게 되었고, 1945년에 디지털 전자 계산기를 뜻하게 되었다. 그때까지 computer는 대체로 계산수를 뜻했으며, 이 일을 한 사람들은 대체로 여자들이었다.

오늘날 컴퓨터는 수많은 일을 수행할 수 있다. 우리는 컴퓨터를 계산수는 물론 전자 계산기로 생각하지 않는다. 우리는 컴퓨터로 숫자는 물론 문자, 소리, 그림, 사진, 동영상 등 시각과 청각의 모든 정보들을 자유롭게 처리할 수 있다. 그리고 이런 컴퓨터의 능력을 활용해서 수많은 표현물을 만들고 인간과 인간, 인간과 기계, 기계와 기계의 복잡한 소통과 제어를 수행해서 사회를 운영한다. 미국의 제임스 베니거(James Beniger, 1946~2010) 교수가 1989년에 출간한 『제어 혁명』에서 밝혔듯이 컴퓨터는 산업혁명에 따른 정보의 폭증을 처리하기 위한 노력의 산물로서 정보사회의 기반이자 동력이고 운영자다.

컴퓨터는 전기-전자 기술로 계산하는 기계로서 크게 아날로그 컴퓨터와 디지털 컴퓨터로 나뉜다.[14] 아날로그 컴퓨터는 계산식을 전선과 여러 부품들로 전기-전자 회로로 구현해서 계산한다. 이에 비해 디지털 컴퓨터는 계산식을 숫자로 치환하고 전기-전자 회로가 아니라 프로그램으로 계산한다. 이론적으로 어떤 진법도 사용할 수 있으나 실제로는 0과 1의 이진법이 기계의 계산에서 가장 안정적이고 효율적이다. 이 때문에 디지털 컴퓨터는 말 그대로는 숫자형 계산이지만 사실은 이진수 컴퓨터로 확립되었다.

오늘날 컴퓨터는 사실상 디지털 컴퓨터를 뜻한다. 이것은 컴퓨터에 프로그램(program)을 내장해서 가동하는 방식으로 작동된다. program은 본래 공지문, 식순문 등을 뜻했으나, 1945년에 컴퓨터가 자동으로 작동되게 하는 미리 정해진 명령문을 뜻하게 되었다. 우리는 이런 '프로그램 내장형 디지털 컴퓨터'를 사용하고 있으며, 창안자의 이름을 따서 '폰 노이만 형 컴퓨터'라고 부른다.

---

[14] 한국 최초의 아날로그 컴퓨터는 한양대의 이만영 교수가 1962년에 청계천에서 부품들을 구해서 제작한 것이고, 한국 최초의 디지털 컴퓨터는 1973년 미국의 미니 컴퓨터 '노바 01'을 개량해서 만든 '세종 1호'다.

현대 컴퓨터의 형성

컴퓨터의 역사는 계산기(calculator)의 역사로 시작되었다. 계산기의 역사는 수동식 계산기, 기계식 계산기, 전자식 계산기로 나뉜다.[15] 수동 계산기는 '인간은 생각하는 갈대'라는 말로 유명한 프랑스의 수학자-철학자 블레즈 파스칼(Blaise Pascal, 1623~1662)이 1642년 회계사였던 아버지를 위해 만든 계산기로 시작됐다.[16] 1673년 독일의 라이프니츠는 파스칼의 계산기를 개량해서 곱셈과 나눗셈도 할 수 있는 사칙연산 계산기를 발명했다. 1689년 그는 무에서의 창조라는 기독교의 교리를 수학적으로 표현하기 위해 이진법을 창안했다. 기계식 계산기는 찰스 배비지가 만들었다. 영국의 수학자 찰스 배비지(Charles Babbage, 1791~1871)는 1822년에 차분(差分)기관(difference engine)을 만들었고, 평생 차분기관과 해석기관(Analytical engine)에 대해 계속 연구했다. 그가 제시한 계산기의 설계안은 현대의 컴퓨터와 유사한 것으로 평가된다.

숫자가 아니라 별자리, 파도, 배 등의 움직임을 계산하는 기계는 훨씬 더 오랜 역사를 갖고 있다. 2,100년 전쯤 그리스에서 만들어진 '안티키테라 기계'(Antikythera Mechanism)는 1900년에 그리스의 안티키테라 섬 앞에서 발견된 고대의 난파선에 있던 것으로 무엇인지 알 수 없어서 50년이 지나도록 그냥 방치되어 있었다. 오늘날 이 기계는 해, 달, 별 등

---

15 구성의 면에서, 도구(道具)는 단순한 연장이고, 기계는 여러 장치들이 결합된 복잡한 연장이다. 연장은 고유어로 보통 철이 포함된 도구를 가리킨다. 동력의 면에서, 도구는 보통 사람이 직접 들고 쓰고, 기계는 여러 동력원을 이용해서 작동된다. 수동식은 사람이 직접 작동하는 것이고, 기계식은 사람이 아닌 동력원을 이용해서 작동하는 것이다.

16 1623년에 독일의 빌헬름 쉬카르드(Wilhelm Schickard)가 덧셈을 할 수 있는 기계적 계산기를 처음 발명했다는 주장들도 제기되어 있다. 그러나 이 계산기는 전해지지 않았고, 구상을 적은 편지가 전해지고 있을 뿐이다.

의 위치를 확인하는 복잡한 수동식 계산기라는 사실이 밝혀졌다. 루카치 죄르지[17](Lukács György, 1885~1971)는 『소설의 이론』(1916)에서 "별이 빛나는 창공을 보고 갈 수가 있고 또 가야만 하는 길의 지도를 읽을 수 있던 시대는 얼마나 행복했던가?"라고 고대 그리스를 칭송했다. 그러나 실제로 그리스 인들은 그저 하늘을 보고 어디인가 짐작했던 게 아니라 이렇게 복잡한 위치 계산기를 갖고 다니면서 자신의 위치를 정확히 파악했던 것이다.

이렇게 움직임을 유사하게 계산하는 계산기는 미국의 공학자 배네버 부시(Vannevar Bush, 1890 - 1974)가 1932년에 만든 기계식 미분 해석기(differential analyzer)에서 정점에 이르렀다. 그는 MIT에서 클로드 셰넌의 지도교수였고 미국 과학기술 행정의 지도자로서 컴퓨터 관련 기술은 물론 핵폭탄의 개발도 이끌었다. 1935년에 그는 진공관을 써서 미분 해석기를 개량했는데, 이것을 최초의 아날로그 컴퓨터로 볼 수 있을 것이다.

완전한 아날로그 컴퓨터는 독일의 헬무트 휠처(Helmut Hölzer, 1912~96)가 1942년 초에 V2 로켓의 궤적을 계산하기 위해 개발했다. V2는 히틀러-나치가 개발한 최초의 장거리 미사일로 1942년 3월에 처음 생산되어 1944년 9월 런던에 처음 발사됐다. V2에서 V는 'Vergeltungswaffe'로 '보복무기'라는 뜻으로 히틀러가 지은 것이다. 로켓은 추진체를 갖고 있는 발사체이고, 미사일은 탄두(폭탄)을 장착한 로켓이다.

전자의 움직임을 제어하는 장치인 진공관의 사용이 전자기계의 지표이기 때문이다. 컴퓨터라는 말이 계산수에서 전자계산기를 뜻하는 것으로 확립된 것은 1945년이고, 그 작동방식에 따라 컴퓨터가 아날로그

---

17 루카치 죄르지는 헝가리 인이다. 헝가리는 동양계 마자르 족의 나라로서 우리와 마찬가지로 성을 먼저 쓴다. 헝가리 출신의 위대한 피아니스트 리스트도 프란츠 리스트가 아니라 리스트 페렌츠(Liszt Ferenc, 1811~1886)이다.

와 디지털로 구분된 것은 그 직후의 일이다. 이 사실을 무시하고 계산기의 역사를 아예 아날로그와 디지털의 역사로 제시하는 것은 잘못이다.[18]

컴퓨터의 원리는 배비지도 제시했던 것이라고 해도 실제로는 배비지는 전혀 알 수 없었던 새로운 전기-전자 기술을 이용해서 구현되었다. 이 새로운 전기-전자 계산기의 원리는 1936년에 영국의 수학자 앨런 튜링(Alan Turing, 1912~1954)에 의해 제시되었다. 튜링은 이것을 'a-machine'(automatic machine)으로 제시했는데, 뒤에 튜링의 이름을 따서 '튜링 머신'이라고 부르게 됐다. 바로 이어서 1937년에 미국의 클로드 셰넌은 0과 1로 모든 정보를 처리할 수 있다는 것을 입증했다.

이 무렵 독일, 영국, 미국은 모두 컴퓨터의 개발에 힘을 쏟고 있었다. 1939년에 독일의 히틀러와 나치가 무쏠리니의 이탈리아, 히로히토의 일본과 함께 제2차 세계대전을 일으켰다.[19] 이로써 컴퓨터의 개발은 더욱 더 중요한 과제가 되었다. 비행기의 비행 확인, 대공포의 발사, 암호의 해독 등에서 컴퓨터는 이미 전략적 중요성을 갖고 있었다. 독일의 추제(Konrad Zuse)는 1938년 Z1, 1940년 Z2, 1941년 Z3를 만들었고, 미국의 아타나소프(John Atanasoff)는 1942년 ABC(Atanasoff - Berry Comput-

---

18 그런데 계산기는 보통 calculator라는 말을 썼는데, 왜 computer라는 말을 쓰게 된 걸까? 전자는 단순한 계산을 하는 도구였고, 후자는 복잡한 계산을 하는 사람을 뜻했다.

19 인류의 최대 최악 학살 파괴 참사였던 제2차 세계대전의 3대 전범은 아돌프 히틀러(Adolf Hitler, 1889~1945), 베니토 무쏠리니(Benito Mussolini, 1883-1945), 히로히토(裕仁, 1901-89)이다. 히틀러는 1945년 4월 30일 자살했고, 무쏠리니는 1945년 4월 28일 공산당 유격대에 처형됐다. 그러나 히로히토는 1989년에 늙어 죽었다. 히로히토만 천수를 누렸는데, 이것은 20세기 최악의 불의가 아닐 수 없다. 미국 정부는 소련과 중국을 막는 교두보로 일본을 설정하고 일본의 안정을 위해 히로히토의 통치권을 박탈하는 것에 그쳤던 것이다. 미국의 전후 전략에 따라 일본의 최대 피해국인 한국이 분단되고 일본이 침략과 전쟁의 범죄에 대한 대가를 올바로 치르지 않게 된 것은 인류적 잘못이다. 우리에게는 히로히토가 히틀러와 무쏠리니보다 훨씬 더 나쁜 자다.

er)를 만들었고, 영국의 플라워스(Thomas Flowers)는 1943년 콜로서스 마크1(Colossus Mark1), 1944년 콜로서스 마크2를 만들어서 독일 나치의 암호를 해독했고, 미국의 에이켄(Howard Aiken)과 IBM은 1944년 하버드 마크1(The Automatic Sequence Controlled Calculator, Harvard Mark I)을 만들었다.

2차 세계대전이 끝난 뒤인 1946년 2월 미국의 에커트(Presper Eckert)와 모클리(John Mauchly)가 설계한 에니악(ENIAC, Electronic Numerical Integrator And Computer)이 공개되었다. 에니악의 개발은 미국 정부의 계획에 의해 1943년에 시작되어 1945년 10월에 완료되었다. 에니악은 최초의 프로그램형 전자 디지털 범용 컴퓨터였다. 에니악은 진공관을 소자로 이용했는데, 실제 계산은 십진법으로 수행했다. 1944년 미 육군 탄도학연구소(U.S. Army's Ballistics Research Laboratory)는 에니악의 불편을 개선하기 위해 에커트와 새로운 컴퓨터의 개발을 계약했다. 그 이름은 에드박(EDVAC, Electronic Discrete Variable Automatic Computer)이었다. 여기에 존 폰 노이만(John von Neumann, Neumann János Lajos, 1903-57)도 자문위원으로 참여했다.

노이만은 유태계 헝가리 인으로 희대의 천재 수학자였는데, 1930년 베를린 대학교에서 강사로 일하던 중 프린스턴 대학교의 초청을 받아 미국으로 갔고, 1933년 1월 히틀러가 총리에 취임해서 나치가 독일을 장악하게 되어 미국으로 망명했다. 그는 수학, 양자역학, 게임이론, 핵폭탄 설계(맨해탄 계획), 컴퓨터 설계(EDVAC) 등에서 최고의 업적들을 남겼다. 그는 54살의 이른 나이에 암으로 세상을 떠났는데, 수소폭탄의 실험을 참관해서 많은 방사선을 쬔 게 원인이었다.

노이만은 1945년 6월에 미완의 '에드박 보고서 초안'을 작성했다. 이 '초안'에서 제시된 컴퓨터의 구조가 바로 현대 컴퓨터의 구조로서 프

그림4   폰 노이만 형 컴퓨터의 구조

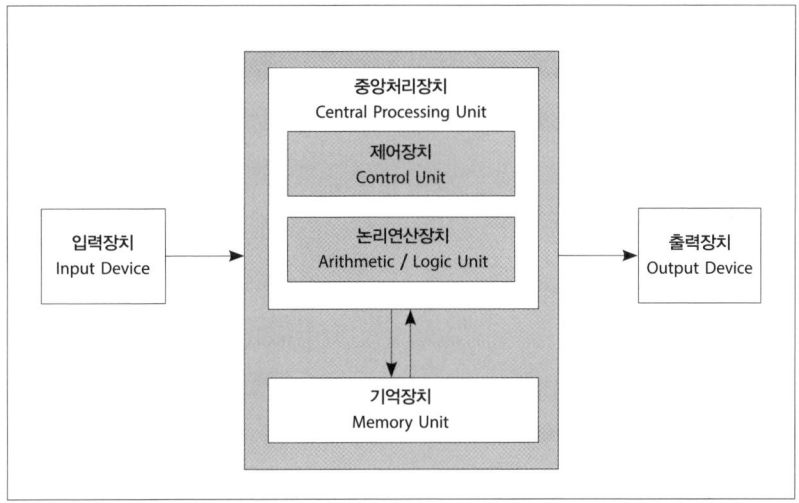

로그램을 기억장치에 저장해서 컴퓨터를 작동하게 하는 프로그램 내장형 방식이다. 이 원리를 구현한 최초의 컴퓨터는 1949년에 영국의 윌케스(Maurice Wilkes) 등이 만든 에드삭(EDSAC, Electronic Delay Storage Automatic Computer)이다. 에드박도 1949년에 제작되었지만 여러 문제들로 말미암아 1951년에 작동을 시작했다.[20]

이렇게 1936년 튜링에 의해 제시된 컴퓨터의 원리는 1945년 노이만에 의해 컴퓨터의 구조로 구체화됐고, 1949년 에드삭과 1951년 에드박의 개발로 실현됐다.

1936-38년 튜링은 미국의 프린스턴 대에서 알론조 처치(Alonzo Church, 1903-1995) 교수를 지도교수로 박사학위를 받았다. 이때 노이만에게도 배웠다. 노이만은 그의 동성애를 알아서 당시 동성애를 처벌하던 영국으로 돌아가지 말고 미국에서 계속 살기를 권했다. 그러나 1939년

---

[20]   에드삭은 에니악처럼 십진수를 사용했고, 에드박은 이진수를 사용했다. 이 점에서 에드박이 더욱 완전한 노이만식 컴퓨터였다.

사진11 튜링, 노이만, 위너, 섀넌

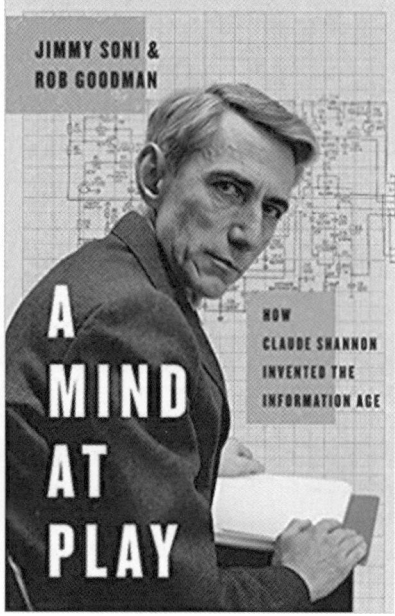

튜링은 애국심으로 영국으로 돌아갔고 나치의 암호를 해독하는 중요한 업적을 남겼다. 1951년 튜링은 왕립 학회 회원이 되었다. 그러나 1952년 튜링은 동성애 상대의 잘못으로 동성애 처벌법으로 처벌받았고, 1954년 6월 자택에서 자살로 또는 사고사로 생을 마쳤다. 불과 42살이었다.

1948년 5월 노버트 위너의 『사이버네틱스』가 출판됐고, 같은 해 7월 클로드 셰넌의 '통신의 수학적 이론'이 출판됐고, 9월에 존 폰 노이만의 '오토마타' 이론이 발표됐다. 이렇듯 1945-48년에 컴퓨터 기술의 기초가 확립됐을 뿐만 아니라 인간의 정신을 구현한 완전한 자동기계의 꿈이 커지게 됐다. 그리고 1951~63년 미국 정부의 반자동 방공망(SAGE: Semi-Automatic Ground Environment) 프로젝트로 미국의 컴퓨터 기술과 산업은 급속히 성장했다. SAGE는 소련의 핵공격에 대비해서 구축된 미국의 방공망인데, 레이다 기술과 컴퓨터 기술의 결합이 핵심인 역사상 최대의 컴퓨터 개발 프로젝트였다(김진균·홍성태, 1996).

하드웨어, 소프트웨어

오늘날 우리는 컴퓨터를 보통 하드웨어(hardware, H/W)와 소프트웨어(software, S/W)로 구분해서 말한다. 컴퓨터는 하드웨어와 소프트웨어로 이루어진 하나의 체계(system)이다. 체계는 여러 요소들이 결합되어 만들어진 독자적 실체를 뜻한다. 컴퓨터의 하드웨어와 소프트웨어는 서로 대립되는 것이 결코 아니며 서로 결합되어 컴퓨터라는 체계를 작동하게 하는 것이다. 하드웨어는 본체를 이루고 있는 단단한 물질적 장치들을 뜻하고, 소프트웨어는 본체 안에서 본체를 작동시키는 비물질적 장치들을 뜻한다.[21] 물론 컴퓨터는 하드웨어로 시작되었다. 그러나 프로그

---

[21] 엄밀히 말하자면 소프트웨어도 물질적이다. 그러나 우리가 직접 지각할 수 없다는

램 내장형 디지털 컴퓨터, 즉 폰 노이만 형 컴퓨터가 확립되며 컴퓨터는 하드웨어와 소프트웨어의 두 핵심으로 이루어진 체계로 변화했다.

1945년에 컴퓨터가 디지털 전자계산기를 뜻하게 되었으나 사실 1950년대까지도 컴퓨터는 널리 쓰이는 말이 아니었다. 미국에서는 주로 calculator(계산기)라고 하거나 비유적 표현으로 '거대한 두뇌'(giant brain)라는 말이 쓰였다. 하드웨어는 본래 작은 금속 물질, 즉 '철물'을 가리키는 말이었는데, 1947년부터 컴퓨터를 가리키는 말로 쓰이기 시작했다. 아마도 컴퓨터가 전선들이 복잡하게 연결되어 있는 커다란 쇳덩어리 형태를 하고 있었기에 이렇게 부르게 되었을 것이다. 컴퓨터는 하드웨어로 시작되고, 하드웨어는 본체와 입출력 장치로 이루어지며, 본체의 핵심은 중앙처리장치(CPU)이다. CPU는 저장된 명령에 따라 연산을 실행하고 전체를 제어한다. 컴퓨터의 전원을 켜면 CPU가 작동해서 컴퓨터를 이용할 수 있게 하는 데 마치 컴퓨터가 살아 있어서 스스로 움직이는 것 같은 느낌이 든다.

CPU를 이루는 핵심인 논리 소자의 변화에 따라 컴퓨터의 세대를 구분해 왔다. 1947년 반도체를 이용한 트랜지스터의 발명은 중대한 비약이었기에 그 발명자들은 1956년 노벨 물리학상을 받았다.

1947년 12월 미국의 벨 연구소에서 윌리엄 쇼클리(William Shockley)가 책임자였으나 월터 브래튼(Walter Brattain)과 존 바딘(John Bardeen)이 처음 만들었다. 1948년 쇼클리는 새로운 유형의 트랜지스터 개념을 제시했다. 쇼클리는 모든 연구 성과를 독점하려 했다. 이 때문에 브래튼, 바딘은 물론 회사와 심한 갈등을 빚었다. 결국 쇼클리는 벨을 떠나 자신의 반도체 연구소를 차려서 실리콘 반도체의 개발을 본격화했으나 고든 무어

점에서 비물질적으로 여겨진다.

를 비롯한 8명의 직원들이 떠났다. 쇼클리는 '실리콘 밸리에 실리콘을 가져온 사람'으로 평가되지만 독선과 욕심으로 성공을 거두지 못했다.

'실리콘 밸리'는 미국 샌프란시스코 인근의 소도시로 현대의 기술 혁신을 이끄는 곳인데, 실리콘으로 대표되는 반도체의 개발이 그 핵심이어서 이렇게 불리게 되었다. '실리콘 밸리'라는 명칭은 1971년에 돈 회플러(Don Hoefler)라는 기자가 처음으로 썼다. '트랜지스터'라는 명칭은 1948년 5월 월터 브래튼의 친구로 기술자이자 SF 작가였던 존 피어스(John Pierce)가 브래튼의 부탁을 받고 지었다. 그는 이 장치가 transre-sistance를 하는 것에 주의하고 당시 전자 장치들이 varistor, thermistor 같은 이름을 하고 나오는 것에 착안해서 transistor를 제안했다.

3극 진공관을 대체한 트랜지스터는 IC로, LSI로, VLSI로 계속 빠르게 발전하며 컴퓨터 기술의 발전을 이끌었다. 집적회로(IC, Integrated Circuit)는 전자회로를 가로와 세로가 1cm에 두께가 0.1cm인 작은 실리콘 칩[22] 위에 구현한 것이다.

실리콘(silicon)은 규소(硅素)로 만드는 대표적인 반도체 물질이다. 규소는 돌, 흙, 모래를 이루는 주성분으로 지구의 지각 위에 산소 다음으로 많이 존재한다. 실리콘 칩에 집적회로를 구현하면 컴퓨터 칩이 된다. 컴퓨터 칩은 메모리 칩(RAM, ROM 등)과 비메모리(CPU, GPU 등) 칩으로 크게 나뉜다. 실리콘 칩은 그 물리적 성분을, 반도체 칩은 그 전기적 성격을, 컴퓨터 칩은 그 기능을 강조한 말로서 구분될 수 있다.

집적회로의 핵심은 트랜지스터다. 1958년에 잭 킬비(Jack Kilby)가 만든 첫 집적회로는 1개의 트랜지스터와 몇 개의 보조 소자들로 이루

---

[22] 세계 최대의 메모리 반도체 제작사는 바로 삼성전자다. 삼성은 기술에서 세계 최고 수준이나 경영에서는 정경 유착과 노조 탄압이 잘 보여주듯이 결코 그렇지 않다.

표2 컴퓨터의 세대 변화(1946-90)

	1세대	2세대	3세대	4세대	5세대
논리 소자	진공관	트랜지스터	IC (집적회로)	LSI (고밀도 집적회로)	VLSI (초고밀도 집적회로)
처리속도(초)	1/1000	1/100만	1/10억	1/1조	1/1000조
시기	1946-55	1956-64	1964-71	1971-89	1990-

어진 것이었다.[23] 2020년 현재 컴퓨터의 CPU는 20억 개의 트랜지스터를 포함한 집적회로에 이르렀다. 인텔(Intel, 1968-)의 창업자 고든 무어(Gorden Moore, 1929-)는 1965년 반도체 칩의 집적회로 수가 매년 2배로 늘어날 것으로 예측하는 글을 발표했다. 10년 뒤인 1975년에 그는 이 예측을 2년에 2배로 수정했다. 이 경험적 예측이 '무어의 법칙'으로 널리 퍼졌다. '18개월마다 2배 증가'라는 것으로 알려졌지만 무어는 이렇게 말한 적이 없다. 이 법칙은 집적회로의 집적도 증가에 따라 컴퓨터의 성능 향상이 이루어지는 것을 뜻했는데, 이제 집적도 증가에 따른 성능 향상이 한계에 이르러서 이 '법칙'이 더 이상 유용하지 않은 것으로 평가되고 있다. 우리는 정말 놀라운 극소 전자기술의 시대를 살고 있다.

컴퓨터에게 일을 시키는 비가시적 요소를 프로그램으로 부른 것은 1945년부터인데, 1950년대에 들어와서 하드웨어에 대비해서 소프트웨어라는 말이 쓰이게 되었다.[24] 소프트웨어는 보통 프로그램(program)을 뜻하지만 정확히는 프로그램과 데이터(data)로 이루어진다. 프로그램

---

23 잭 킬비(Jack Kilby, 1923-2005)는 이 공로로 2000년에 노벨 물리학상을 수상했다.

24 1958년에 미국의 통계학자 존 투키(John Tukey)가 명확한 컴퓨터의 맥락에서 이 말을 사용한 글을 발표했다. 투키는 1947년에 이진수로 처리된 정보의 단위인 '비트'(bit, binary digit=이진수의 준말)를 섀넌에게 제안했다. 미국의 폴 니케트(Paul Niquette)는 자신이 1953년에 '소프트웨어'라는 말을 처음 고안했다고 1995년부터 주장했으나 명확한 근거를 제시하지는 못했다.

은 어떤 일을 시키는 지시들의 집합체이고, 데이터는 프로그램의 작동에 필요하거나 프로그램으로 처리하는 여러 자료들을 뜻한다. 프로그램은 여러 형태로 기계에 입력되어 기계를 제어한다. 9세기 페르시아의 자동 피리, 유럽의 뮤직 박스(music box) 등이 그 역사적 선구로 제시된다. 18세기 초 프랑스에서 시작된 천공 카드 프로그램은 19세기 초 자카드(Jacquard) 직조기에서 대단히 정교한 제어 수준에 이르렀다. 천공 카드는 컴퓨터에서도 입력 장치로 사용되었으며 컴퓨터 언어에도 그 흔적을 남기고 있다. 20세기 초에는 전선을 꽂아서 프로그램을 구현하는 제어판(control panel)이 만들어졌다. 데이터 중에서 이용자에게 유용한 것을 콘텐츠(contents)로 분류하기도 한다. 콘텐츠 중에서 문화적 요소를 갖고 있는 것을 문화콘텐츠, 즉 문화적 콘텐츠(cultural contents)[25]로 분류한다.

1843년 바이런 경(George Gordon Byron, 1790~1824)의 딸인 수학자 에이다 러브레이스(Ada Lovelace, 1817-1852)가 배비지의 계산기를 대상으로 베르누이 수(Bernoulli numbers)의 계산에 관한 알고리듬[26]을 작성해서 이론적으로 최초의 컴퓨터 프로그램을 제시한 것으로 평가된다. 그러나 컴퓨터에 프로그램이 내장되는 것은 1949년 EDSAC에서 처음 구현됐다. 그런데 컴퓨터가 프로그램에 따라 일을 하게 하기 위해서는 컴퓨터가 프로그램을 읽을 수 있어야 한다. 컴퓨터는 0과 1만 읽을 수 있

---

25 콘텐츠는 말 그대로 하면 내용물이라는 뜻이다. 콘텐츠와 문화콘텐츠의 법적 정의는 '문화산업진흥 기본법'의 2조에 규정되어 있다.

26 알고리듬(algorithm)은 어떤 문제를 해결하거나 계산을 수행하기 위한 명확히 정의된 일련의 절차를 뜻한다. 어원적으로 알고리듬은 9세기에 페르시아의 중요한 수학자였던 Muḥammad ibn Msā al-Khwārizmī의 al-Khwārizmī가 변형된 것으로 al-Khwārizmī는 Khwārizmī(전에는 이란의 지역이었고 현재는 우즈베키스탄에 속하는 지역)의 사람을 뜻한다.

그림5 운영체계와 프로그래밍 언어

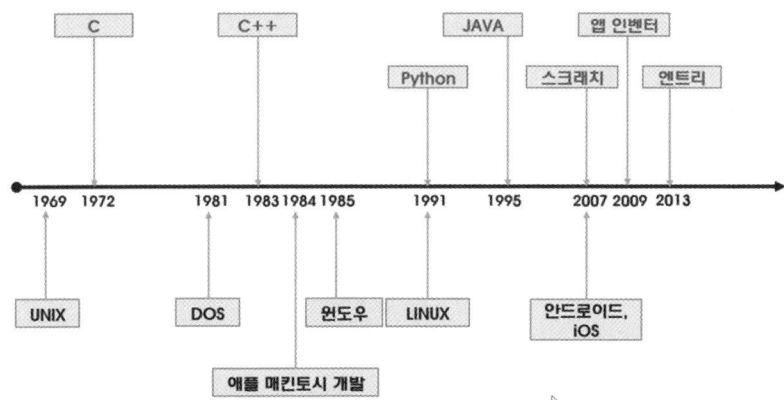

출처: sozerodev.tistory.com/83

는 데[27], 이렇게 0과 1로 된 것을 기계어(machine language)라고 한다. 이것은 사람이 읽기 어려워서 사람이 읽을 수 있는 어셈블리어(assembly language)가 만들어졌다. '코딩', 즉 컴퓨터 프로그램의 작성은 컴퓨터 언어, 즉 프로그래밍 언어에 의해 이루어진다.

　프로그램은 컴퓨터를 전체적으로 제어하는 운영체계(operating system) 프로그램과 그 위에서 작동하는 각종 응용 프로그램으로 이루어진다. 수퍼 컴퓨터, 대형 컴퓨터, 중형 컴퓨터는 제작사마다 다른 운영체계와 운영 프로그램들을 갖고 있다. 소형 컴퓨터의 운영체계는 1969년 벨의 연구원들이 만든 유닉스(UNIX)가 대표적인데, 유닉스는 컴퓨터 프로그램의 세계를 크게 바꿔놓은 것으로 평가된다. 가장 널리 쓰이는 운영체계는 바로 마이크로소프트(MS)의 윈도즈(Windows)인데, 세계에서 가장 많이 쓰이는 컴퓨터인 IBM PC의 호환형 개인용 컴퓨터의 운영체계이기 때문이다. 이로써 마이크로소프트는 세계 최대의 컴퓨터 회사가,

---

27　이것도 사실 0과 1을 읽는 것이 아니다. 0은 전기가 없는 상태이고 1은 전기가 있는 상태로서 컴퓨터는 전기가 있거나 없는 것에 반응하는 것일 뿐이다.

빌 게이츠는 세계 최고의 부자가 될 수 있었다.

1980년대 초에 미국의 컴퓨터 공학자 리처드 스톨만(Richard Stallman, 1953~)은 유닉스의 상업화를 비판하며 '누 프로젝트'(GNU Project)[28]를 시작했다. 누구나 자유롭게 제작하고 사용할 수 있는 운영체계의 개발을 핵심으로 하는 '자유 소프트웨어'(free software) 운동이 이렇게 시작됐다. 이 운동은 1991년에 리누스 토르발스(Linus Torvalds, 1969-)가 리눅스 커널을 개발하며 일단락되었다. 그런데 오늘날 세계의 모든 수퍼 컴퓨터가 채택한 리눅스는 '공개 소스'(open source) 운동을 추구한다. 공개 소스 운동은 컴퓨터 프로그램의 기초 코드(source code)를 공개해서 누구나 보고 알 수 있게 하는 것이다. 이 운동을 주창한 에릭 레이몬드(Eric Raymond, 1957-)는 이것을 '리누스의 법칙'으로 명명하고, "눈알이 충분하면, 모든 벌레가 드러난다"(given enough eyeballs, all bugs are shallow)는 말로 표현했다. 컴퓨터의 오류를 '버그'(벌레)로 부른 것은 1946년으로 거슬러 올라간다. '자유'는 독점과 유료를 다 반대하나 '공개'는 독점에 반대하되 유료는 반대하지 않는다. '자유'는 상업화를 전면 거부하나 '공개'는 폐쇄를 통한 독점 이윤에 반대하며 개방을 통한 프로그램의 향상을 추구한다.[29]

컴퓨터는 어디서 와서, 어디로 가나?

제2차 세계대전 이후의 사회를 현대 사회로 구분할 수 있다. 현대 사회는 컴퓨터 사회이고, 현대 문명은 컴퓨터 문명이다. 컴퓨터는 디지

---

28 보통명사로서 GNU는 '누'로 읽는데, 아프리카 초원 생태계를 지탱하는 대형 영양류 동물이다. 스톨만은 이 동물을 자유 운영체계의 상징으로 제시했다.

29 이에 대한 자세한 설명은 홍성태(2002), 〈현실 정보사회의 이해〉를 참고.

털 기술을 대표하는 기계이고, 디지털 문화는 컴퓨터 문화이다. 이런 변화는 1970년대에 소형 컴퓨터=개인용 컴퓨터가 개발됨으로써 이루어진 것이다. 이로부터 30여 년의 세월이 흘러 2007년에 아이폰이 나타나서 휴대용 컴퓨터의 시대가 시작됐다. 컴퓨터는 이미 인류의 생활방식은 물론 사고방식도 크게 바꿔 놓았다. 그러나 컴퓨터의 개발은 계속 진행되고 있다. 그 궁극적인 목적지는 어디인가? 그와 함께 인류는 어떤 변화를 겪게 될 것인가?

1897-98년 폴 고갱은 아름다운 남태평양의 타이티 섬에서 "우리는 어디서 왔나? 우리는 무엇인가? 우리는 어디로 가나?"(D'où venons-nous? Que sommes-nous? Où allons-nous?)라는 제목의 그림을 그렸다. 1896년에 이탈리아의 공학자 굴리엘모 마르코니(Guglielmo Marconi, 1874~1937)가 무선통신의 시대를 연 직후였다. 이 그림은 생로병사의 일생을 그린 것인데 철학적 질문 같은 제목으로 유명하다.[30] 컴

그림6   우리는 어디서 왔나? 우리는 무엇인가? 우리는 어디로 가고 있나?

---

30   프랑스 화가 폴 고갱(Paul Gauguin, 1848~1903)은 원시 자연에 대한 환상을 품고 타이티로 갔으나 그곳은 이미 유럽인들에 의해 오염되고 변형되어 있었다. 고갱은 매독에 걸린 상태로 계속 13-4살의 어린 여아들을 유린하고 매독을 퍼트리고 아이들을 낳았다. 고갱 자신이 더러운 유럽 제국주의자였다. 고갱은 성인이 된 뒤 증권업에 종사하며 10년 정도 유복한 생활을 했고 어려서부터 죽을 때까지 불우했는데, 이 그림은 딸이 병으로 죽어 특히 괴로운 시기에 자살을 결심하고 비장한 마음으로 그린 것이다. 그러나 자살

퓨터가 우리의 생활을 지탱하는 최고의 필수품이 된 상황에서 컴퓨터의 기능과 가치에 대해 이런 식의 질문을 제기해 볼 필요도 있지 않을까?

컴퓨터는 크기로 따지자면 초대형(수퍼), 대형(메인 프레임), 중형(미니), 소형(워크 스테이션, 마이크로컴퓨터), 초소형(노트북), 초초소형(태블릿), 초초초소형(스마트폰) 등으로 나눌 수 있을 것이다. 그런데 이 크기는 성능과 깊이 연관되어 있다. '크레이' 사가 대표했던 수퍼 컴퓨터는 수천-수백만 개의 중앙처리장치들을 연결한 병렬형 컴퓨터로 극도로 복잡한 계산을 수행하고, IBM이 대표하는 메인 프레임 컴퓨터는 정부나 은행의 업무를 확고히 지탱한다. 수퍼 컴퓨터의 가격은 수백억 원에서 1조원을 넘는 수준이고, 메인 프레임 컴퓨터는 수십억 원에서 수천억 원에 이르는 수준이다. 소형부터 개인용 컴퓨터라고 할 수 있는 데, 책상 위에 놓고 쓰는 것이어서 보통 '데스크 탑'이라고 부르는 마이크로 컴퓨터와 무릎 위에 놓고 쓴다고 해서 '랩 탑'이라고도 부르는 노트북 컴퓨터가 그 대표이다. 스마트폰은 컴퓨터와 휴대용 전화기의 결합체라고 할 수 있지만 사실 그 자체로 고성능 컴퓨터다.

컴퓨터의 역사에서 가장 두드러진 변화는 소형화와 강력화로 줄일 수 있다. 이 변화의 기초에는 소자 기술이 있다. 1951년 에커트와 모클리가 유니박(UNIVAC, UNIVersal Automatic Computer)을 제작해서 컴퓨터 산업의 시대를 본격 시작했다. 1952년 IBM이 상업용 컴퓨터 IBM 701을 제작했고, 1950년대를 지나며 메인프레임 컴퓨터의 대표가 되었다. 그런데 1950-60년대에 소자 기술이 계속 발달했고, 1970년대에 들어서서 새로운 시대가 시작되었다. 1971년 인텔은 마이크로프로세서(microprocessor)를 만들어서 소형 컴퓨터=개인용 컴퓨터의 길을 활짝 열었다.

은 실패했고, 고갱은 몇 년 더 타이티의 여아들을 괴롭히다가 결국 매독으로 죽었다.

개인용 컴퓨터는 개인이 자신의 용도를 위해 사용하는 독립적 컴퓨터를 뜻한다. 1960년대까지 컴퓨터는 대단히 크고 비싼 메인프레임 컴퓨터로서 정부와 대기업이 이용하는 전자 기계였다. 개인이 컴퓨터를 소유하고 이용하는 것은 상상조차 하기 어려웠다. 마이크로프로세서는 초소형 CPU로서 누구나 컴퓨터를 만들고 사용할 수 있는 길을 열었다.

1974년 에드 로버츠(Ed Roberts, 1941-2010)는 개인용 컴퓨터의 상업적 생산을 시작한 전설의 알테어(Altair) 8800을 만들었다. 1975년 로버츠는 당시 하버드 대 수학과 2학년이었던 빌 게이츠를 고용해서 알테어 8800을 작동하기 위한 프로그램을 만들었다. Popular Electronics라는 잡지의 1975년 1월호에 알테어 8800이 크게 소개됐고, 알테어 8800은 미국 전역에서 큰 인기를 끌게 되었다. 이 기사를 보고 빌 게이츠는 로버츠를 찾아가서 자신이 알테어 8800을 위한 프로그램을 만들 수 있다고 제안했다. 그런데 당시 하버드 대는 학생의 상업 활동을 허용하지 않았고, 빌 게이츠는 소프트웨어 개발에 전념하기 위해 하버드 대를 자퇴해 버렸다. 1976년 로버츠는 회사를 팔고, 자기가 자란 조지아 주의 시골로 돌아갔다. 1986년 로버츠는 치과의사가 되어 자신이 사는 조지아 주의 시골에서 치과를 개업했다. 2010년 로버츠가 병으로 조지아 주의 한 병원에서 세상을 떠나게 됐을 때, 빌 게이츠가 마지막 인사를 하기 위해 찾아와서 병원의 직원들이 깜짝 놀랐다고 한다.

1975년 4월 빌 게이츠(William Gates, 1955-)는 개인용 컴퓨터의 운영체계를 개발하는 마이크로소프트(Microsoft) 사를 설립했다. 1976년 4월 스티브 잡스(Steven Jobs, 1955-2011)는 스티브 워즈니악(Steve Wozniak, 1950-)과 자기 집의 차고에서 개인용 컴퓨터 제작사인 애플(Apple) 사를 설립했다. MS는 운영체계의 개발을 핵심으로 하는 소프트웨어 회사이고, 애플은 하드웨어와 소프트웨어를 모두 만드는 개인용 컴퓨터 회사이다. 1960년대 미국에서는 MIT의 학생들을 중심으로 열성적으로 전기-전자 기술의 개발을 추진하고 그 결과를 공유하는 '해커 문화'가 성장했다. 그 연장선에서 각자 집에서 컴퓨터를 제작하고 그 결과를 공유하는 Home Brew Computer Club이 1975년 만들어졌다. 잡스와 워즈니악도 그 회원이었다.

1981년 8월에 IBM이 개인용 컴퓨터를 개발해서 발표했다. IBM은 그 사양을 공개해서 세계 어디서나 IBM PC[31]가 조립되어 개인용 컴퓨터의 사실상 표준으로 확립됐다. IBM은 그 운영체계를 만들지 않고 마이크로소프트의 도스(DOS)를 구매했는데, 빌 게이츠는 저작권을 넘기지 않고 저작료를 받는 계약을 체결했다. 그 결과 IBM은 IBM PC의 사양을 공개했기 때문에 돈을 벌지 못했고 그 운영체계의 저작료를 택한 빌 게이츠가 돈을 벌게 되었다. 1982년 말에 미국의 시사 주간지 TIME은 '올해의 인물'이 아니라 '올해의 기계'를 선정했는데, 그 기계는 바로 개인용 컴퓨터였다. 이 놀라운 변화를 거대 회사 IBM의 오판으로 작은 소프트웨어 회사 마이크로소프트가 주도하게 되었다. 세계 개인용 컴퓨터의 95% 이상을 IBM PC와 그 호환품이 차지한다. 이 컴퓨터들은 모두 MS의 운영체계와 인텔의 CPU를 쓴다. 이 컴퓨터들의 성능은 MS와 인텔이 좌우하는 것이다. 1990년대에 MS와 인텔은 거의 주기적으로 운영체계와 CPU의 상향을 추진해서 엄청난 성공을 거두었다. 이것을 '윈텔(Wintel) 연합'이라고 부른다. MS의 윈도즈와 인텔의 결합을 뜻하는 말이다.

---

31 PC는 Personal Computer(개인용 컴퓨터)의 준말로서 IBM의 상표이다. IBM PC는 사양이 공개되어 누구나 부품을 구해 같은 것을 만들 수 있고, 이렇게 만든 것을 IBM PC 호환 컴퓨터(IBM PC compatible computers)라고 부른다. PC는 그냥 보통명사가 되었다.

스티브 잡스의 애플 사[32]는 1976년 애플 I을 만들었고, 매킨토시(Macintosh) 또는 맥(Mac)을 1983년에 최초의 GUI 방식 개인용 컴퓨터로 개발해서 1984년에 판매하기 시작했다.

GUI(Graphic User Interface)는 자판기로 주문 같은 문자 명령어를 입력하는 것이 아니라 마우스로 아이콘을 눌러서 컴퓨터를 이용하는 방식이다. MS는 1985년에 '윈도즈 1.0'을 발표했으나 실제 완전한 GUI 방식은 1995년에 발표된 '윈도즈 95'로 실현됐다. 이렇듯 1980년대 중반을 지나며 컴퓨터의 이용 방식이 문자 입력에서 그림 이용으로 바뀌면서 컴퓨터의 이미지 자체가 크게 바뀌었다.

그러나 맥의 성능에도 불구하고 그 폐쇄성 때문에 개인용 컴퓨터는 IBM PC의 호환제품이 장악했다. 그 결과 스티브 잡스는 애플 사에서 쫓겨나는 수모를 당하기도 했다. 그러나 2007년 1월 스티브 잡스는 아이폰(iPhone)을 발표해서 세계를 바꿔놓게 되었다. 이로써 휴대용 컴퓨터의 시대가 활짝 열렸고, 상시적 인터넷 접속의 시대가 시작되었다. 언제 어디서나 빠르고 편리한 고성능 컴퓨터와 인터넷의 이용이 가능해진 것이다. 이것으로 컴퓨터의 개발과 이용은 한 정점에 이르게 되었다. 그러나 컴퓨터의 진화는 계속 추구되고 있다.

---

32 애플 사의 최초 상징은 사과나무와 그 아래 앉아 있는 뉴튼이었다. 곧 이 상징은 무지개 색의 베어 먹은 사과로 바뀌었다. 그런데 베어벅은 사과가 '튜링의 사과'이고 무지개색은 튜링이 동성애자였던 걸 뜻한다는 말이 널리 퍼졌다. 그러나 고안자는 전혀 그렇지 않다고 밝혔다. 애플의 무지개 로고는 1976년에 만들어졌으나 동성애의 무지개 깃발은 1978년에 만들어졌다. 튜링의 시체 옆에 베어 먹은 사과가 있었는데, 튜링이 동성애 강제 치료로 우울증에 걸려 사과에 시안화물(청산가리)을 주입해서 베어 먹고 자살했다는 말이 널리 퍼졌다. 심지어 튜링이 좋아했던 디즈니의 '백설공주'를 흉내내서 그렇게 했다는 말도 퍼졌다. 그러나 철저한 조사를 통해 이 그럴 듯한 자살 설은 아무런 근거가 없는 것으로 드러났고, 튜링이 평소처럼 집에서 부주의한 화학 실험을 하다가 시안화물에 닿은 사과를 모르고 먹고 사고사한 것이라는 견해가 강력히 제기되었다.

인공지능의 희망과 현실

오래 전부터 컴퓨터 기술계와 산업계는 인공지능(AI, Artificial Intelligence)을 컴퓨터의 최고 정점으로 제시하고 있다.

1948년 5월에 위너는 사이버네틱스 이론을, 9월에 노이만은 오토마타(automata) 이론을 발표했다. 두 연구는 컴퓨터 기술의 발달에 의한 인공지능과 인공생명의 이론적 가능성을 제시한 것으로 큰 논란을 일으켰다.

1950년 튜링은 인공지능에 관한 논문을 발표해서 그 여부를 확인하기 위한 '튜링 검사'를 제안했다. '튜링 검사'(Turing Test)는 인간과 기계에게 같은 질문을 제시하고 답을 받아서 어느 쪽이 기계의 답인지 알 수 없다면 인간과 기계에 차이가 없다고 봐야 한다는 것이다. 튜링은 이런 기계를 만들 수 있게 될 것으로 생각했다. 튜링은 이것을 '모방 게임'(immitation game)이라고 불렀다.

1956년 다트머스 회의(Dartmouth Conference)가 마빈 민스키, 존 매카시, 클로드 셰넌 등의 참가로 열려서 인공지능 연구가 본격화되었다. 미국의 뉴햄프셔 주에 있는 '다트머스 대학교'에서 열렸다. 존 매카시가 이 대학교에 있었다. 그 제안서에서 존 매카시가 인공지능이라는 말을 처음 제시해서 널리 퍼지게 되었다.

1980년 철학자 존 썰(John Searle, 1932-)은 '튜링 검사'를 반박하는 '중국어 방' 실험을 제시하고, '강한 인공지능'과 '약한 인공지능'의 구분을 제안했다. 중국어를 모르는 사람이 중국어 질문에 주어진 표에 따라 대답해도 중국어를 아는 사람처럼 보일 수 있다는 것으로 아무리 컴퓨터가 사람처럼 보여도 사람이 아니라는 것이다. '강한 인공지능'은 정말 인간처럼 생각할 수 있는 컴퓨터를 뜻하고, '약한 인공지능'은 뛰어난 정보 처리 능력을 갖고 있지만 인간처럼 생각하는 것은 아닌 컴퓨터를 뜻한다. 나는 레드 제플린(Led Zeppelin)의 노래 'Stairway to heaven'을 떠올린다. 그 첫 가사는 'There's a lady who's sure all that glitters is gold'이다. 반짝인다고 다 금이 아니고, 사람처럼 보인다고 다 사람이 아니다.

1989년 영국의 수학자-물리학자 로저 펜로즈(Roger Penrose, 1931-)는 『황제의 새 마음』이라는 책에서 의식의 물리적 특성과 쿠르트 괴델(Kurt Gödel, 1906~1978)의 '불완전성 정리'에 기초해서 '강한 인공지능'의 불가능성을 제시했다. 괴델의 불완전성 정리는 요컨대 수학의 무모순성을 증명할 수 없다는 것, 인간의 이성은 불완전하다는 것인데, 여기서 기계는 인간의 정신을 구현할 수 없다는 주장이 도출된다.

한편 튜링은 미국 프린스턴 대의 교수였던 괴델과 노이만의 제자이기도 했는데, 괴델의 불완전성 정리에도 불구하고 노이만이 꿈꾼 '강한 인공지능'을 긍정했다. 괴델과 노이만의 또 다른 제자였던 마빈 민스키(Marvin Minsky, 1927~2016)는 튜링을 이어서 평생 '강한 인공지능'을 추구한 대표적인 수학자-공학자가 되었다. 더글라스 호프스테터(Douglas Hofstadter, 1945-)의 놀라운 책 『괴델 에셔 바하』(1979)는 '인공지능의 성경'처럼 여겨지기도 했지만 호프스태터는 '강한 인공지능'을 전혀 믿지 않는다. 로저 펜로즈의 주장은 철학자 존 루카스(John Lucas, 1929~)가 먼저 제시한 것으로 '펜로즈-루카스 논증'이고, 그 기초인 루카스의 괴델 해석은 '괴델-루카스 논증'이라고 한다.

인공지능에 대한 관심은 거의 사그라졌다가 2016년 구글의 알파고(AlphaGo)[33]로 되살아났다. 알파고는 체스보다 훨씬 복잡한 바둑에서 세

---

33 Go는 바둑을 뜻하는 일본어 '고'(碁, ご)를 뜻한다. 碁의 한국어 발음은 '기'이고, 한국과 중국은 棋(기)를 주로 쓴다.

계 최고 이세돌(1983-)을 이겼다. 그리고 애플의 시리(Siri)는 인간과 대화하는 인공지능에 대한 기대를 크게 키웠다.[34] 여기에는 세 가지 기술 발전이 연관되어 있다. 첫째, 집적회로 기술의 발전으로 컴퓨터의 성능이 크게 향상되었다. 둘째, 이른바 인공신경망 기술의 발전으로 복잡한 정보를 더욱 빨리 처리할 수 있게 되었다. 셋째, 심층학습(deep learning) 기술의 발전으로 컴퓨터가 수많은 자료들을 처리하며 스스로 변화할 수 있게 되었다. 자기 학습의 알고리듬이 구현된 것은 큰 기술적 성과이나 그만큼 큰 우려도 제기된다. 편파적인 알고리듬 작성과 거대 자료 수집의 위험이 그것이다.

인공지능을 목표로 해서 DNA 컴퓨터, 양자 컴퓨터 등 새로운 소자를 이용하는 컴퓨터의 개발도 계속 제기되고 있다. 그러나 인간의 정신과 같은 상태를 구현한 '강한 인공지능'은 물론 새로운 소자의 개발도 여전히 요원하다.[35] '4차 산업혁명'의 주장이 잘 보여주듯이 인공지능은 컴퓨터 계의 '성배'로서 계속 제기되겠지만 현실은 전혀 그렇지 않다. 나는 '약한 인공지능'이 옳다고 생각한다. '강한 인공지능'은 영원히 불가능할 것이다. 기계는 기계이고, 인간은 인간이다. 위너, 노이만, 튜링 등의 꿈은 꿈일 뿐이다. 인간은 생각하고, 기계는 프로그램될 뿐이다.

컴퓨터는 이미 현대 문명을 지탱하고 유지하는 보편기계로서 확립

---

34 문예, 음악, 미술 등 다양한 표현 분야에서 '인공지능'의 활약이 계속 증가하고 있다. 그러나 이것은 '창작'이 아니다. 컴퓨터가 수많은 자료들을 수집해서 조합하는 프로그램의 작동이다.

35 완전한 자율 자동차는 일론 머스크(Elon Reeve Musk, 1971-)의 사기라는 주장이 제기되는 것처럼 '강한 인공지능'도 민스키 파의 사기로 파악될 수 있다. 2020년 현재 '테슬라' 사의 사장 머스크는 210조원을 넘는 재산을 갖고 있는 세계 최고 부자다. 그러나 머스크는 자율 자동차, 비트코인 등을 내세워 희대의 사기를 저지르고 있다는 비판을 받고 있다.

되었고, 계산기를 훨씬 넘어서 최고의 다능매체(mutimedia)로서 모든 분야에서 활용되고 있다.[36] 문예, 음악, 미술, 영화 등의 창작 분야에서도 이른바 '인공지능'이 적극 논의되고 이용되는 상황이 되었다. 이미 우리가 잘 보고 있듯이 '약한 인공지능'도 대단히 강력한 기계이고 매체이기 때문에 우리는 이것을 올바로 쓰기 위해서도 '인공지능 기본법'을 비롯한 여러 제도의 정비에 힘을 쏟아야 한다. 프로그램의 기초인 알고리즘의 공개는 그 핵심이다.

인간이 만드는 알고리즘은 오류는 물론 편견을 갖게 되어 있다. 알고리즘을 공개해서 철저히 평가하지 않으면 안 된다. 이와 함께 정보의 수집도 철저히 공개되고 감시돼야 한다. 거대 자료(big data)의 수집은 그 자체로 거대 인권 침해의 문제와 거대 편견 작동의 문제를 안고 있다. 그리고 바로 이 점에서 만일 '강한 인공지능'을 만들 수 있다면, 그것이야말로 인류 파멸의 재앙이 될 것이다. 인류는 전쟁과 학살을 일삼은 유일한 생물종이고, 그런 인류가 만드는 '강한 인공지능'은 최악의 전쟁과 학살의 기계가 될 수 있다.

위너는 우주에서 엔트로피의 증가는 피할 수 없는 법칙이고, 이에 따른 인류의 멸절도 피할 수 없는 사실이라고 했다. 그리고 만일 인류가 파멸을 맞게 되더라도 존엄한 태도로 그 파멸을 맞자고 했다. 엔트로피라는 우주 최강의 물리 법칙에 대해서는 그렇게 해야 옳을 것이다. 그러

---

36 한국에서 개인용 컴퓨터는 1982에 이용태(1933-)의 '삼보 컴퓨터'가 처음 출시했고, '삼보 컴퓨터'는 컴퓨터에서 한글도 처음 구현했다. 1990년대에 계속 성장한 삼보는 2000년에 매출 4조를 넘기며 신흥 IT 재벌이 되었으나 경영의 실수와 문제로 10년도 되지 않아 사실상 망하고 말았다. 한국에서 만든 컴퓨터 프로그램으로는 이찬진(1965-)의 흔글이 가장 중요한 데, 2009년에 삼보가 경영 부진의 '한글과 컴퓨터 사'를 인수했다. 흔글은 한글의 원리인 완성형으로 한글을 완전하게 구현한 프로그램으로서 한글의 원리를 무시한 조합형인 MS의 워드(Word)와는 비교되지 않는 문화적 가치를 갖는다.

나 자동기계에 대해서는 그렇지 않다. 인류는 자신과 같은 자동기계를 만들 수 없고, 만일 만들 수 있다면 만들 수 없도록 해야 한다. 자신을 파멸할 기계를 만들지 않는 것이야말로 인류에게 걸맞은 존엄한 태도이다.

미셸 푸코(Michel Foucault, 1926~1984)는 『말과 사물』(1966)에서 근대의 인간 개념이 끝나게 될 것으로 전망했다. 위너, 노이만, 튜링 등은 인공지능과 인공생명의 제작으로 생물적 인간의 종말을 전망했다. 여기서 생명의 개념 자체를 바꾸는 이른바 '탈인간'(posthuman) 또는 '초인간'(transhuman)의 전망이 자라나게 되었다. 그러나 우리는 이런 전망을 결코 당연시해서는 안 된다. 위너는 이런 변화가 인간에게 가져올 위험에 대해 숙고했다. '발전'에 대한 위너의 의견은 오늘날 더욱 큰 의미를 갖는다. 우리는 인간을 망치는 기술이 아니라 인간을 위하는 기술을 추구해야 한다. 인간을 그저 기계로 취급하는 로봇 공학자 한스 모라벡(Hans Moravec, 1948-)에 대한 화학도 출신 문학자 캐서린 헤일즈(Katherine Hayles, 1943-)의 비판은 옳다. 기계는 주체가 아니고, 인간은 기계가 아니다.

4장

인터넷이라는 신대륙

인터넷의 뜻

오늘날 우리는 인터넷의 시대를 살고 있다. 지구의 어디에서 살고 있더라도 인터넷이라는 전기-전자기술이 만든 신대륙에 접속해서 살아가는 것이 현대인의 기본처럼 되었다. 현대인은 언제나 인터넷에 접속해서 살아가는 '접속인'(homo conneticus)이다. 컴퓨터는 그 자체로 대단히 중요한 기계이지만 인터넷에 접속해서 인터넷을 이용하기 위한 단말장치로서 더욱 더 중요한 의미를 갖게 되었다. '클라우드' 서비스[37]가 널리 퍼지면서 컴퓨터의 기능과 인터넷의 접속은 더욱 더 긴밀하게 되었다. 이런 변화가 계속되면 인터넷의 접속이 컴퓨터의 기능을 규정하는 상태에까지 이르게 될 것이다. 컴퓨터가 인터넷을 이용하는 것에서 인터넷이 컴퓨터를 지배하는 것으로 바뀌는 것이다.

그런데 인터넷은 무엇인가? 인터넷(Internet)은 inter+net으로 이루어진 말이다. inter는 '~간의, 사이의'를 뜻하고, net은 그물을 뜻한다. 그러니까 직역하면 '간망'(間網) 또는 '사이 그물'이다. 그러나 물론 인터넷은 이런 뜻이 아니다. 인터넷은 고유명사로서 지구 전체에 형성되어

---

[37] 클라우드(cloud)는 구름을 뜻하지만, 인터넷 서비스에서는 대용량 서버 컴퓨터를 이용하는 것을 뜻한다.

있는 수많은 컴퓨터들을 연결한 컴퓨터 통신망을 뜻한다. 인터넷은 보통 명사로 쓰일 수도 있다. 컴퓨터 통신망과 컴퓨터 통신망을 연결하는 컴퓨터 통신망이 그것이다. 실제로 internet은 internetwork의 준말로서 서로 독립된 컴퓨터 통신망들을 이어주는 컴퓨터 통신망을 뜻한다. 그런데 고유명사로서 인터넷은 Internet으로 표기하며 그 기능은 컴퓨터 통신망들을 이어주는 컴퓨터 통신망이지만 지구 전체의 모든 컴퓨터 통신망들을 이어주는 컴퓨터 통신망이다.

인터넷은 인류가 만든 최대의 기계로서 그 기반은 지구 전역은 물론 우주까지 이어져 있으며, 모든 인류가 다양한 정보를 이용하고 자신의 생각을 표현하기 위해 자유롭게 이용할 수 있다. 물론 실제로는 국가에 따라 인터넷의 이용이 제약되고 있다. 예컨대 '인터넷 자유 지수'로 보면 태국, 사우디아라비아, 중국 등은 인터넷의 이용이 '부자유'한 국가들이다. 북한은 아예 조사도 되지 않는 완전한 언론 자유 침해국이다.

초기에 인터넷은 '정보의 바다'나 '세계로 열린 창'으로 제시되었는데, 오늘날 인터넷은 정보를 찾거나 세계를 보는 것을 훨씬 넘어서 이용자가 자신을 실시간 동영상 방식으로 세계에 전할 수 있는 지구적 개인 동영상 방송매체가 되었다. 플라톤의 아틀란티스 섬은 전혀 존재하지 않았던 완전한 허구의 거대한 섬이지만,[38] 인류는 인터넷을 만들어서 지구를 전혀 존재하지 않았던 놀라운 곳으로 만들었다. 인터넷은 신대륙으로 제시되기도 하지만, 인터넷이 만든 것은 아예 신지구라고 할 수 있다.

---

38 고대 그리스-아테네의 플라톤(기원전 430~427-기원전 348~347)은 『티마이오스』와 『크리티아스』라는 책에서 '아틀란티스'라는 섬에 대해 썼다. 이 섬은 높은 수준의 문명을 이루고 있었는데, 지진으로 바닷속으로 가라앉았다는 것이다. 아틀란티스는 '아틀라스의 섬'이라는 뜻이고, 아틀라스는 그리스 신화에서 제우스와 그 형제들에 앞서서 이 세상을 다스렸으나 제우스에게 제압된 거신(Titan)족의 일원이다.

전신에서 TV로

로마가 하루 아침에 만들어지지 않은 것처럼 인터넷도 하루 아침에 만들어지지 않았다. 물론 인터넷은 수백년에 걸쳐 이루어진 로마에 비하면 정말 짧은 시간에 만들어졌다고 할 수 있다. 직접적인 기술로 보자면 인터넷은 1960년대 초부터 개발되어 1990년대 초에 일단락되었다고 할 수 있기 때문이다. 그러나 관련 기술의 발달을 보자면 인터넷은 19세기 초에 시작된 전기 시대가 도달한 한 정점으로서 거의 200년에 가까운 역사적 맥락을 갖고 있다. 사람이 만든 것으로 하루 아침에 그냥 나타나는 것은 없다. 복잡한 것일수록 오랜 시간과 많은 사람들의 노력이 필요하다. 눈앞의 결과만을 보고 그것이 마치 하늘에서 떨어진 것처럼 여겨서는 안 된다. 인터넷도 그렇다.

인류는 오랜 옛날부터 먼 곳으로 빠르게 소식을 전하기 위해 애썼다. 연기를 이용한 봉수(烽燧), 불빛을 이용한 봉화(烽火)는 그 대표적인 예이다. 이런 노력은 전기 시대의 개막과 함께 완전히 새로운 단계에 들어서게 되었다. 전기 현상은 고대로부터 알려져 있던 것이지만, 1600년대에 이르러서야 그것을 올바로 이해할 수 있는 길이 열렸고, 1800년대에 이르러서야 그것을 만들 수 있는 길이 열렸고, 1831년에 이르러서야 전기의 생산이 본격화될 수 있는 길이 열렸다. 그 결과 인류의 생활은 크게 변하게 되었다.

방직기와 방적기로 시작되고 증기기관으로 가속된 1차 산업혁명(1760-1820)에 이어서 전기, 화학, 철강, 석유 등을 핵심으로 2차 산업혁명(1865-1900)이 전개되었다. 20세기에 들어서서 전기혁명은 곧 전자혁명으로 이어졌고, 3차 산업혁명(정보기술)과 4차 산업혁명(인공지능 등)을 촉발했다.

모든 것은 전기를 만들어 쓰게 된 것으로, 즉 전기 시대의 개막으로 시작되었다.**39** 전기를 통신 매체로 사용하면, 즉 전기에 신호를 실어서 보내면, 빛의 속도로 전달할 수 있다. 그 방법은 전류를 이용한 유선과 전파를 이용한 무선의 두 가지다.

통신(通信)은 신호를 주고받는 것이지만 영어 communication은 더 깊은 뜻을 담고 있다. 본래 commune+cate로 된 말로 공동체를 만들다는 뜻이다. commune은 com(함께)+munis(돌보다)로 이루어진 말로 이탈리아(와 프랑스)의 최소 행정단위인데 우리 말로는 바로 '마을'에 해당된다고 할 수 있다. commune을 중심에 두고 제안된 것이 communism(공산주의)이다. 공동체가 만들어지기 위해서는 구성원들이 서로 의견을 잘 나누고 뜻을 잘 통해야 한다. 매체는 인간의 정신을 표현하고 전달하는 도구로서 크게 자연 매체, 수기 매체, 인쇄 매체, 음상 매체, 전기 매체, 전자 매체 등으로 나뉜다.

가장 먼저 전류를 이용한 유선전신(telegraph)이 발명됐다. 사무엘 모스(Samuel Morse, 1791~1872)는 예일대학교를 졸업한 화가였으나, 1932년 우연히 전신에 관한 얘기를 듣고 1837년 전신기를, 1844년 '모스 부호'(Morse code)를 발명했다.**40** 이렇게 해서 전기를 이용한 원격 통신의

---

39 전기와 자기는 사실 4대 자연력의 하나인 전자기력의 두 현상으로 자석을 움직여서 전기를 만든다. 물리학의 표준모형에서는 중력, 전자기력, 강력, 약력을 자연의 4대 기본 힘으로 제시한다. 중력은 거시세계, 전자기력은 원자의 미시세계, 강력과 약력은 소립자의 극미세계에서 작용한다. 물질의 최소 단위는 페르미온이고, 에너지의 최소 단위는 양자(量子, quantum)인데, 또한 양자는 물리적 독립체의 최소 단위이다. 광자(光子, photon)는 눈에 보이는 가시광선을 포함한 모든 전자기파를 이루는 양자이고 전자기력을 매개하는 입자이다.

40 전신(電信) 또는 전보(電報)는 전기로 전하는 글이라는 뜻이다. 그런데 그 영어인 telegraph 또는 telegram은 멀리 보내는 글이라는 뜻이다. tele는 '멀다'는 뜻의 접두어이다. 모스는 전신기를 처음 발명한 것이 아니라 기존의 전신기를 개량했고, '모스 부호'는

그림7　국제 모스 부호

```
1. 점의 길이 값은 1.
2. 선의 길이 값은 3.
3. 한 글자를 구성하는 부호 사이의 공백 길이 값은 1.
4. 한 글자 사이의 공백 길이 값은 3.
5. 한 단어 사이의 공백 길이 값은 7.

A ● ▬           U ● ● ▬
B ▬ ● ● ●       V ● ● ● ▬
C ▬ ● ▬ ●       W ● ▬ ▬
D ▬ ● ●         X ▬ ● ● ▬
E ●             Y ▬ ● ▬ ▬
F ● ● ▬ ●       Z ▬ ▬ ● ●
G ▬ ▬ ●
H ● ● ● ●
I ● ●
J ● ▬ ▬ ▬
K ▬ ● ▬         1 ● ▬ ▬ ▬ ▬
L ● ▬ ● ●       2 ● ● ▬ ▬ ▬
M ▬ ▬           3 ● ● ● ▬ ▬
N ▬ ●           4 ● ● ● ● ▬
O ▬ ▬ ▬         5 ● ● ● ● ●
P ● ▬ ▬ ●       6 ▬ ● ● ● ●
Q ▬ ▬ ● ▬       7 ▬ ▬ ● ● ●
R ● ▬ ●         8 ▬ ▬ ▬ ● ●
S ● ● ●         9 ▬ ▬ ▬ ▬ ●
T ▬             0 ▬ ▬ ▬ ▬ ▬
```

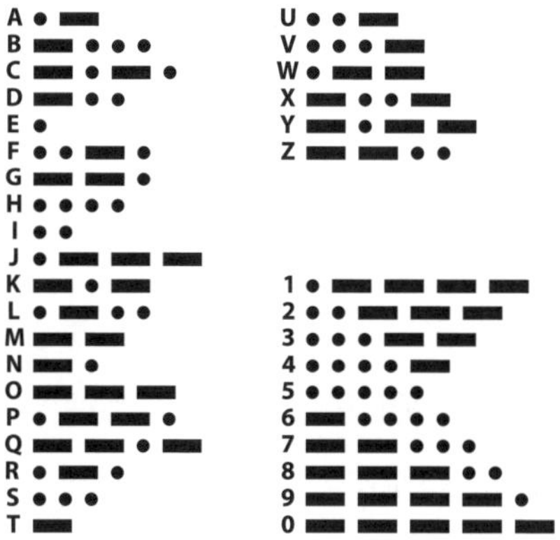

시대가 본격 시작되었다. 1849년 쿠바에 살고 있던 이탈리아인 안토니오 메우치(Antonio Meucci, 1808~1889)는 전류에 소리를 실어서 보내는 기술을 발명했고, 1878년 미국의 조지 캐리(George R. Carey, 1851 – 1906)는 영상을 전기 신호로 전환하는 데 성공했다. 이렇게 해서 소리와 모습을 전류로 보낼 수 있게 되었다. 나아가 1896년 이탈리아의 굴리엘모 마르코니(Guglielmo Marconi, 1874~1937)는 전파를 이용한 무선통신의 특허를 획득했다.

　전파(電波, radio waves)는 진동수 3KHz부터 3THz까지의 전자기파를 뜻한다. 1864년 영국의 제임스 맥스웰(James Maxwell, 1831~1879)이 전자기파의 존재를 이론적으로 밝혔고, 1888년 독일의 하인리히 헤르

그의 동료가 확장해서 완성했다. 모스는 노예 해방 반대론자였다.

츠(Heinrich Hertz, 1857~1894)가 그 존재를 실험으로 입증했다. 마르코니는 전자기파의 이용을 실현했고, 1909년 노벨 물리학상을 받았다. 1920년대 초에 무쏠리니가 파시즘을 전개하자 마르코니는 적극적인 파시스트가 되었다. 무선통신 기술을 1893년에 니콜라 테슬라(Nikola Tesla, 1856~1943)가 가장 먼저 발명했다는 설은 근거가 없다. 테슬라는 세르비아 계 오스트리아 인으로 1884년 미국으로 이민해서 장거리 송전이 가능한 전력의 교류 시스템을 개발해서 현대 전기 사회의 기반을 다졌다. 1900년에 그는 무선 통신과 무선 송전의 '세계 무선 체계'에 관한 글을 발표했다.

1912년의 타이타닉 호 침몰 사고에서 무선통신의 중요성이 여실히 확인됐다. 그리고 1914-18년의 1차 세계대전에서 무선통신은 전략적 가치를 갖게 되었다. 무선통신의 군사적 가치는 다시 말할 필요가 없다. 영화 〈1917〉은 연락병이 참호 사이를 뛰어가서 본부의 지시를 전하는 데, 무선통신을 이용한다면 이렇게 할 필요가 없다. 1903년 미국의 라이트 형제가 비행기를 발명하고 1차 세계대전은 최초의 비행기 전쟁이 되었다. 무선통신은 비행기의 제어에서 결정적인 가치를 갖는다. 이어서 무선통신은 방송으로 나아갔다. 1920년 미국에서 라디오 방송이, 1935년 독일에서 텔레비전 방송이 시작됐다. 그러나 텔레비전의 성장은 1939-45년의 2차 세계대전으로 억제되었다. 1950년대에 들어와서 텔레비전은 미국을 중심으로 서구에서 급속히 성장하게 되었다. 이로써 텔레비전으로 대표되는 대중매체의 시대가 확립되었다.

메멕스에서 아르파넷으로

19세기 말-20세기 초에 과학-기술의 발전으로 세계는 빠르게 변모했다. 1927년에 독일의 영화감독 프리츠 랑(Fritz Lang, 1890~1976)은 거대 도시와 인조인간의 사회를 암울하게 묘사했고, 미국의 SF에서는 과학-기술에 의해 크게 바뀐 미래 사회의 모습을 대단히 낙관적으로 제시했다. 테크노디스토피아(기술 지옥)와 테크노유토피아(기술 낙원)의 대립이었다. 그런데 2차 세계대전이 끝나고 자본주의의 황금기가 도래했고, 텔레비전과 컴퓨터는 미국의 SF에서 제시된 미래를 실현해 주는 것 같았다.

그러나 현실은 그렇지 않았다. 2차 세계대전이 끝나고 세계는 미국을 중심으로 한 자유주의-자본주의 진영과 소련을 중심으로 한 통제주의-사회주의 진영으로 크게 나뉘어서 대립했다. 서구는 빠르게 풍요사회, 소비사회로 변해갔다. 그러나 그 화려한 외양의 이면에서 핵탄두를 장착한 대륙간 탄도 미사일의 공포가 계속 커져갔다. '풍요 속의 빈곤'이 운위되었지만 '풍요 뒤의 공포'가 더욱 더 강력했다.

인터넷은 이런 사회적-기술적 배경에서 싹텄다. 그 출발은 배네버 부시의 글이었다. 부시는 1939년 '기계화와 기록'이라는 글을 발표했다. 그는 2차 세계대전의 종전을 앞둔 1945년 7월 이 글을 고쳐서 '우리가 생각하는 대로'(As we may think)라는 제목으로 발표했다. 당시 그는 '미국 과학연구개발국'(the Office of Scientific Research and Development)의 국장으로서 6천 명이 넘는 미국의 과학자들을 이끌고 있었다. 그는 과학-기술이 사람들을 죽이는 것이 아니라 현명하게 살게 만들고 싶었다. 이를 위해 그는 인류의 경험을 기억하고 지식을 공유하는 기계를 제안했다. 그 기계의 이름은 '메멕스'(Memex, memory extender, 기억 확장기)로 제시됐다.

그러나 배네버 부시의 기대와는 달리 2차 세계대전 뒤의 세계는 미-소 냉전으로 말미암아 대단히 흉흉했다. 1950년대 미국은 세계 최고의 풍요사회가 되었지만 매카시즘에 의해 최악의 고통을 겪게 되었다.

사진12 영화 – 메트로폴리스   사진13 책 – '어제의 내일들'

사진14 비키니 섬의 핵폭탄 실험   사진15 최초의 비키니 수영복[41]

---

41   비키니는 남태평양의 작고 아름다운 산호초 섬이다. 미국은 1946년 7월 1일 여기서 핵폭탄 폭발 실험을 했다. 신문 보도를 본 프랑스의 비키니 수영복 디자이너는 자기가 디자인한 브래지어와 끈팬티의 두 조각 여성 수영복이 핵폭탄처럼 널리 알려지길 바라며 그 이름을 비키니로 정했다. 비키니 섬의 원주민들은 모두 강제이주되어 아직까지 돌아가지 못하고 있고, 세계는 비키니를 민망한 두 조각 여성 수영복으로 알고 있다. 저 프랑스인 디자이너는 비키니 섬을 두번 죽인 셈이다.

매카시즘은 1950-54년 미국 공화당의 상원의원 조지프 매카시(Joseph McCarthy, 1909-1957)라는 자가 주도했던 공산주의자 색출 광풍을 뜻한다. 미-소 냉전, 1949년 사회주의 중국의 건국, 1950-53년의 한국전쟁 등을 배경으로 자행된 극심한 반인권 반민주 권력 범죄로 수백명이 투옥되었고 1만 명이 넘는 사람들이 일자리를 잃었다. 찰리 채플린은 미국에서 추방되었고 다시는 미국으로 돌아가지 않았다. 1954년 에드워드 머로(Edward R. Murrow, 1908~65) 기자의 논박으로 매카시즘은 무너지게 되었다. 이로써 사실상 미국 사회에서 추방된 매카시는 술에 절어 지내다가 1957년 급성 간염으로 죽었다. 에드워드 머로의 언론 활동은 조지 클루니가 감독한 훌륭한 영화 '굿나잇 앤 굿럭'(2005)으로 만들어졌다.

냉전으로 평화를 위한 과학-기술의 활용은 요원해 보였다. 2차 세계대전은 끝났지만 핵폭탄과 미사일이 계속 늘어났다. 그러나 역사가 나아가는 길은 예측하기 어렵다. 일찍이 헤겔이 말한 '이성의 간지'(List der Vernunft, 理性의 奸智)에 주의해야 한다. 평화를 위해 전쟁에 대비해야 한다는 금언도 있지만 전쟁에 대비하는 것이 여러 다양한 결과를 낳을 수 있다. 인터넷의 개발도 미-소 냉전으로 거슬러 올라가서 살펴봐야 한다. 냉전이 인터넷의 형성을 촉진한 것이다.

인터넷은 아르파넷(ARPANet)으로 시작되었다. 아르파넷은 아르파의 넷, 즉 아르파의 통신망이라는 뜻이다. 아르파는 Advanced Research Projects Agency(선진 연구 기획청)을 뜻한다. 아르파는 1958년 아이젠하워 대통령의 지시로 만들어졌다. 바로 전 해인 1957년 8월에 소련은 최초의 ICBM을 만들었고, 10월에 최초의 인공위성인 '스푸트니크'(Sputnik, 동행자) 호의 발사에 성공했다. 당시 소련의 흐루시초프(Nikita Khrushchev, 1894~1971) 서기장[42]은 이제 소련은 우주에서 지구의 어

---

[42] 1953년 최악의 독재자였던 스탈린(Joseph Stalin, 1878~1953)이 죽고 소련의 최고

디에도 핵폭탄을 떨어뜨릴 수 있다고 떠벌였다. 미국은 그야말로 경악했다. 미국은 소련의 위협에 적극 대응하기 위해 과학-기술의 연구를 서둘러 대거 강화했다. 현대의 전략 전력은 핵폭탄, 운반체(폭격기, 미사일), 그리고 유무선 통신망으로 이루어진다. 아르파넷은 새로운 전략 유무선 통신망으로 개발된 것이다.

1962년 10월-1964년 6월 아르파의 정보처리기술국(IPTO) 국장으로 재직한 조지프 리클라이더(Joseph Licklider, 1915~90)는 아르파넷의 기본을 정립했고, 1968년에 "컴퓨터는 통신을 혁명화할 수 있다"(the computer can revolutionize communication)는 말로 컴퓨터 통신의 중요성을 제시했다. 아르파넷은 1966년 2월에 개발되기 시작해서 1969년 10월에 처음 가동되었다. 그 기본은 멀리 떨어진 여러 컴퓨터들을 연결한 분산형 통신망과 통신 내용을 패킷들로 나누어 보내는 패킷 스위칭(packet switching, 보따리 교환)이었다.

통신망은 집중형, 탈집중형, 분산형으로 나뉜다. 집중형은 하나의 중심에 모든 통신이 집중되는 것이라면, 분산형은 수많은 노드(node, 결절)들이 거대한 그물처럼 연결되는 것이다. 패킷 스위칭은 송신지에서 통신 내용을 많은 패킷들로 나누어 보내고 수신지에서 그것들을 모아서 원래대로 복원하는 방식이다. 이 일을 하는 장비가 라우터(router, 경로기)이다. 이 방식을 가장 먼저 제시한 사람은 랜드 연구소[43]의 폴 바란(Paul Baran, 1926~2011)이었다.[44] 그에 이어 영국의 도널드 데이비스가 독자적

권력자가 되어 스탈린 비판을 적극 시행하며 소련을 정상 국가로 만들려고 했으나, 집단지도 무시, 농업정책 실패, 쿠바 미사일 위기에서 미국에 양보 등으로 1964년 실각했다.

43 RAND(Research and Development) Corporation은 1948년에 미국의 거대 군수산업체 맥도넬 더글라스(McDonnell Douglas)가 세운 군사 전문 연구소다.

44 1959년에 폴 바란은 랜드 연구소에 입사했는데, 1962년 '쿠바 미사일 위기'를 계기

으로 같은 방식을 제시했다. 이렇게 해서 중심이 없어서 파괴되기 어려운 새로운 통신망이 나타났다. 그것은 컴퓨터들이 결합되어 다양한 자료들을 실시간으로 주고받을 수 있는 새로운 통신망이기도 했다.

TCP/IP와 WWW

1970년대 초에 TCP/IP라는 컴퓨터 통신 규약이 개발되어 인터넷의 기술적 기반이 확립되었다. 둘은 한쌍을 이루는 것이어서 둘을 인터넷 프로토콜 스위트(Internet Protocol Suite)라고 부른다. 이것은 1972년 아르파의 밥 칸(Robert Kahn, 1938~)이 시작하고, 1974년 스탠포드대의 빈트 서프(Vint Cerf, 1943~)가 일단락짓고, 1976년 둘이 함께 TCP/IP로 마무리했다. 1974년 12월 빈트 서프의 주도로 첫번째 TCP가 작성되었는데, 그 제목은 Specification of Internet Transmission Control Program (RFC 675)이다. 여기서 네트워크들을 연결하는 네트워크라는 뜻으로 사용한 internet이라는 말이 고유명사 Internet이 되었다. TCP(the Transmission Control Protocol, 전송 제어 규약)는 받은 패킷들의 순서를 정리해 주고, IP(the Internet Protocol, 인터넷 규약)는 패킷들을 순서에 상관없이 지정된 곳으로 보낸다. IP는 숫자로 된 'IP 주소'를 기반으로 작동하며, 이걸 알아보기 쉽게 문자로 된 DNS(Domain Name System)로 표현

로 미국 정부는 랜드 연구소에 소련의 선제 핵공격에도 살아남을 수 있는 통신망에 대한 연구를 의뢰했고, 바란은 분산형 통신망과 패킷 스위칭을 고안했다. 동명이인인 맑스주의 경제학자 폴 바란(1909-64)은 러시아 제국 출신으로 베를린 대에서 공부했고, 1939년 나치가 폴란드를 침공하기 직전에 미국으로 이민했다. 그는 스탠포드 대의 경제학 교수가 되어 하버드 대 출신 폴 스위지(Paul Sweezy, 1910~2004)와 함께 맑스주의 시사지인 Monthly Review의 대표 논자로 활동했다.

한다. 기술적으로 인터넷은 TCP/IP 통신망이라고 할 수 있다. 하드웨어와 소프트웨어의 차이를 떠나서 모든 컴퓨터 통신망이 TCP/IP 통신망으로 연결되어 인터넷이 만들어진 것이다.

오늘날 우리는 '월드 와이드 웹'(World Wide Web, WWW, W3, 웹)으로 인터넷을 이용한다. 1989년 유럽 입자물리연구소(CERN)의 팀 버너스-리(Tim Berners-Lee, 1955~)가 웹을 개발했다. 웹의 실체라고 할 수 있는 웹 페이지(웹 문서)는 HTML(Hypertext Markup Language)로 제작된 hypertext로 이루어진다. 보통 '웹 주소'로 불리는 URL(Uniform Resource Locator, 단일형 자원 지정자)로 웹 페이지를 특정한다. URL은 http(Hypertext Transfer Protocol)로 시작된다. 웹은 멀티미디어 하이퍼텍스트[45]로 작동된다. 1980년대를 지나며 개인용 컴퓨터의 성능이 향상되어 멀티미디어화한 것에 따라 웹이 만들어졌다고 할 수 있다. 웹은 인터넷을 편하고 즐거운 멀티미디어의 세계로 바꾸어 놓았다. 이로써 인터넷은 세계의 누구나 쓰고 싶고, 써야 하는 새로운 매체로 확립되었다. 20세기의 최고 발명품으로 웹이 뽑히기도 한 것은 결코 우연이 아니고 과장도 아니다. 웹은 현대 사회의 최고 기반이자 최고 매체로서 세계를 지탱하고 유지하게 되었다.

1990년 미국 정부는 인터넷을 공개해서 그 상업적 이용을 허용했다. 당시는 공화당의 조지 부시 정부였다. 이어서 들어선 민주당의 빌 클린턴(William Clinton, 1946~) 정부는 '정보 초고속도로'(Information Super-highway)를 내걸고 인터넷의 활용을 대대적으로 촉진했다. 그 결과

---

45 하이퍼텍스트(hypertext)는 사회학자이기도 했던 테드 넬슨(Theodor Nelson, 1937~)이 1963년에 고안한 말로 숫자, 문자, 시각 자료, 청각 자료 등이 서로 연결되어 있는 전자 자료이다. 더글러스 엥겔바트(Douglas Engelbart, 1925~2013)도 그 개발에 관여했는 데, 그는 GUI 개발의 선구자로 마우스(mouse)를 만들었다.

이른바 '신경제'(new economy)의 도래와 미국 역사상 최장 흑자 경제가 기록됐다. 그러나 이 시기는 '닷컴 버블'(정보기술 거품 경제)로 비판을 받기도 했다. '정보초고속도로' 정책은 부통령 앨 고어(Albert Gore Jr, 1948~)가 주도했는데, 그의 아버지 앨 고어 시니어(Albert Gore Sr, 1907~1998)는 1952년에 민주당의 상원의원이 되어 주간(interstate) 고속도로 건설을 주도했다. 2000년 대선에서 고어는 공화당의 부정선거로 조지 부시 2세에게 패하고 사실상 정계를 떠나서 환경운동에 주력했다. 2006년에 발표된 〈불편한 진실〉은 앨 고어가 출연해서 지구 온난화의 문제를 설명하는 다큐 영화로서 세계적으로 큰 주목을 받았다.

한편 1974년에 백남준은 록펠러 재단의 예술 프로그램에 뉴미디어와 예술에 관한 보고서를 제출했는데, 여기서 그는 '전자 초고속도로'(electronic super highway)라는 개념을 제시했다. 이것은 정보기술에 대한 백남준의 지식과 통찰을 잘 보여주는 명확한 예다.

웹은 '모자이크'로 본격 시작된 브라우저[46], '야후'로 본격 시작된 검색엔진 등을 통해 더욱 편하게 이용할 수 있게 되었다. 넷스케이프, 익스플로러, 크롬 등의 브라우저들이 계속 만들어졌고, 라이코스, 알타비스타, 구글 등의 검색엔진들이 계속 만들어졌다.

1998년에 설립된 검색엔진 구글(google)이 검색엔진을 넘어서 인터넷을 지배하게 되었다. 검색은 인터넷을 이용하는 가장 기본적인 활동이다. 한국은 네이버, 다음, 엠파스가 경쟁하다가 사실상 네이버 독주 체제로 확립되었다. 구글이 지배하지 못하는 곳은 중국, 북한 등이다. 북한은 사실상 인터넷 차단국이고, 중국은 강력한 인터넷 자립국이다. 중국은

---

46 웹 브라우저(browser)는 웹을 이용하기 위한 기본 프로그램이다. browse는 본래 '풀을 뜯어먹다'는 뜻이다. 웹 브라우저는 소가 풀을 뜯듯이 웹 페이지들을 찾아볼 수 있게 해 주는 것이다. 이런 점에서 '웹 탐색기'로 번역되기도 한다.

구글이 아니라 '바이두'(百度)를 사용하고, 페이스북, 유튜브 등도 중국에서는 사실상 사용할 수 없다. 인터넷이라는 '정보 신대륙'은 현실의 국경에 의해 차단되고 왜곡될 수 있다.

수많은 웹 페이지들이 만들어졌다. 그리고 기술의 발달에 의해 웹의 이용방식에서 큰 변화가 나타났다. 그 결과 2005년에 웹 1.0과 웹 2.0으로 크게 나뉘게 되었다. 웹 1.0은 '홈 페이지'를 통한 서버(제공자)-클라이언트(이용자) 방식의 정보 활용이었고, 웹 2.0은 사용자들이 직접 정보의 제공자가 되고 서로 소통하는 방식이다. 웹 1.0이 홈 페이지의 시대였다면, 웹 2.0은 SNS의 시대이다. 이렇게 모든 인류가 상시 인터넷에 접속해서 소통하는 놀라운 시대가 되었다. 이로써 인터넷은 웹 2.0의 기본 정신인 개방, 참여, 공유의 활성화로 정치와 경제의 발전을 촉진하게 되었다. 그러나 이와 함께 감시, 사기, 폭력의 문제도 극히 심각해졌다. 독일이 강력한 가짜뉴스 처벌법을 제정한 것은 이 때문이다. 우리도 2021년에 국민의 열망에 의해 가짜뉴스 처벌법을 제정하게 됐다. 크게 다행스러운 것이고 올바른 것이나 아직 많이 미약하다.

인터넷의 기술은 계속 발전하고 있다. 사람들의 소통은 사람들과 사물의 소통으로, 사물과 사물의 소통으로 변화하고 있다. 이른바 '사물인터넷'(IoT, Internet of Things)이다. 이 기술은 이른바 '자율주행 자동차', '스마트 도시'의 기반이 된다. 개방형 통신망인 인터넷의 성장과 함께 개인정보의 보호를 위한 암호기술, 우회기술도 계속 발전했다. 암호기술이 분산기술과 결합해서 블록체인(block chain)기술이 개발되었다. 그리고 비트코인(Bitcon)으로 시작된 암호 화폐-가상화폐들이 만들어졌다.[47] 그러나

---
[47] 암호 화폐-가상화폐는 실제 화폐가 아니라 정보기술을 이용한 새로운 투기대상으로 빠르게 확산되었다.

지금 인터넷을 대표하는 것은 페이스북, 트위터, 인스타그램, 틱톡, 유튜브 등의 SNS이고, 그 중에서 유튜브는 세계를 상대로 한 개인 TV 방송을 실현해서 개인-대중매체의 새 장을 확실히 열었다.

대중매체의 대표인 신문과 방송은 극소수가 다수에게 일방적으로 정보를 송신하는 것으로 히틀러와 괴벨스가 극명히 보여주었듯이 정보 조작을 통한 인식 왜곡의 문제를 안고 있다. 인터넷은 정보의 송신자와 수신자가 쌍방향 통신을 하게 해서 이 문제를 크게 개선하며, 나아가 개인들이 세계를 상대로 발신하게 해서 개인이 신문과 방송의 주체가 될 수 있게 한다. 이 점에서 인터넷은 개인-대중매체로서 매체의 새 장을 열었다. 유튜브는 동영상 공유 사이트로서 개인의 방송을 가능하게 해서 개인-대중매체의 주역이 되었다. 유튜브를 이용한 개인 방송을 하는 사람들을 유튜버 또는 유튜브 크리에이터로 부른다. 유뷰브 방송은 인터넷의 대표로 확립되었다.

그런데 2010년대의 댓글 조작에 이어서 2020년대에 들어와서 유튜브의 악용 문제가 극심한 상황에 이르렀다. 비리 세력이 조직적으로 유튜브를 이용해서 허위사실을 유포하고, 돈을 벌기 위해 온갖 허위사실을 유포하는 유튜버들이 대단히 많아졌다. 올바른 규제가 이루어지지 않으면 좋은 매체가 쉽게 나쁜 매체로 전락할 수 있다.

2020년 1월에 시작된 코로나19 바이러스 사태로 말미암아 세계는 큰 고통을 겪었다. 이에 대응해서 인터넷의 중요성은 더욱 더 커졌다. 인터넷을 활용한 실시간 화상회의가 크게 중요해졌기 때문이다. 컨택트(contact, 접촉, 만남)는 사회의 기본인데, 이 기본이 어려워진 상태에서 '온택트'(온라인 컨택트, online contact)가 대안으로 확립되었다. 그리고 더욱 입체적인 온택트 방법으로 '아바타'를 활용하는 '메타버스'(metaverse)가 크게 각광을 받게 되었다. '메타버스'에 대한 과장과 사기에 속지 않도록

주의해야 한다. 이렇게 인터넷의 중요성이 더욱 더 커지고 있는 것과 함께 그 이용방식이 더욱 더 다양해지고 있다. 인터넷의 이용방식은 컴퓨터와 통신기술의 성능에 의해 규정된다. 이른바 5G(5세대 이동통신 기술)가 완전히 구현되면 스마트폰의 인터넷 이용이 더욱 더 다양화될 것이다.

망 중립성과 망 사용료

인터넷은 공기처럼 우리 곁에 있다. 그러나 인터넷은 공기처럼 그냥 무료로 이용할 수 있는 게 아니다. 인터넷은 방대한 하드웨어와 소프트웨어로 이루어져 있는 정보통신망이고, 이것을 설비하고 운영하는 데는 많은 돈이 들어간다. 따라서 우리가 인터넷을 이용하기 위해서는 사용료를 지불해야 한다.

인터넷은 크게 인터넷 서비스 제공자(Internet Service Provider, ISP), 인터넷 컨텐츠 제공자(Internet Content Provider, ICP), 이용자의 관계를 통해 운영된다. ISP는 대체로 인터넷을 구축해서 운영하는 통신회사이고, ICP는 인터넷으로 다양한 컨텐츠를 제공하는 회사들이고, 이용자는 인터넷을 이용하는 모든 사람들이다. 우리는 ISP에 돈을 내고 인터넷에 접속해서 ICP가 제공하는 다양한 컨텐츠를 이용하게 된다. 3자의 관계를 어떻게 규정할 것인가에 따라 인터넷의 성격은 크게 바뀔 수 있다.

기술은 세상을 바꾼다. 그런데 그것은 그냥 바꾸는 게 아니라 제도를 통해 그렇게 한다. 기술은 사회를 변형하고, 사회는 기술을 규정하는 것이다. 제도는 그냥 만들어지는 게 아니라 관계자들의 치열한 경쟁과 투쟁을 통해 만들어진다. 이 경쟁과 투쟁을 적절히 조절해서 제도를 만드는 것이 정치의 역할이다. 여기서도 정치의 중요성을 다시 확인할 수 있다. 정치는 법이라는 강제적 규범을 통해 사회를 운영하는 집합활동이다. 정치가 잘못되면 나라가 잘못되고 만다. 인터넷의 이용도 그렇다.

현실 정보사회는 기술에 의해 시작되고, 경제에 의해 활성화되고, 정치에 의해 규정된다. 기술은 물리적 법칙에 의거해서 개발되고, 정치적 규정에 의해 사회적으로 확립된다. 인터넷의 초기에 '사이버스페이스 독립선언' 같은 것이 발표되기도 했지만 인터넷은 기존의 국가와 사회를 벗어나서 존재하는 것이 아니라 그것들을 강력하게 연결하는 지구적 정보통신망이다. 개방성은 인터넷의 기본적 특성이다. 인터넷에 접속하는 것은 가장 높은 수준의 표현의 자유를 누릴 수 있는 가능성이 열리는 것이다.

현실 정보사회에서 인터넷을 규정하는 두 원칙은 표현의 자유와 이용의 자유로 압축된다. 두 원칙은 자유주의의 일반 원칙이나 각국에 따라 크게 다르게 구현될 수 있다. 표현의 자유는 가장 일반적인 원칙이고, 이용의 자유는 인터넷의 이용을 직접 규정하는 것이다. 이용의 자유에 관한 규정은 2003년에 미국에서 '망 중립성'(網 中立性, Net Neutrality)의 원칙으로 정리되었다. 이 원칙은 ISP, ICP, 이용자가 모두 동등하게 인터넷을 이용할 수 있어야 한다는 것이다. 각자의 능력과 특성에 따라 인터넷을 차별적으로 이용하지 못하게 하는 것이다.

이 원칙은 약육강식-승자독식의 문제를 막고 누구나 인터넷을 가능한 한 자유롭게 이용할 수 있게 하기 위한 것으로서 특히 개인, 중소기업, 창업기업 등에 중요하다. 이 원칙이 지켜지지 않는다면 인터넷은 소수가 지배하는 괴물로 전락할 수 있다. 미국의 공화당-트럼프 정권이 이 정책을 폐기했고, 미국의 민주당-바이든 정권이 그 부활을 추구하는 것은 이 때문이다. 미국의 공화당은 그야말로 반인류 비리 세력이고, 미국의 민주당은 정상적인 정치 세력이다. 망 사용료 정책의 변화는 이 원칙을 기초로 치밀하게 이루어져야 한다.

ISP는 망 중립성을 폐지하고 인터넷을 장악하고 싶어 한다. 그러나 이것은 공기와 물을 장악하겠다는 것과 다르지 않다. 이렇게 되면 인터넷은 인류를 위한 '정보의 바다'와 '세계로 열린 창'에서 ISP의 돈벌이 대상으로 전락하고 마는 것이다. 망 사용료 정책은 인터넷 경제를 크게 왜곡할 뿐만 아니라 표현의 자유도 크게 침해할 수 있다. 국내의 인터넷 동영상 서비스 기업들이 망하고 유튜브가 대세를 이루게 된 것도 이 때문이라는 비판도 강력히 제기됐다. 망 사용료는 그야말로 국가적인 차원에서 넓고 깊게 논의돼야 한다.

2부

디지털 문화의 실제

5장

표현 문화

표현과 매체

디지털 문화에서 가장 두드러진 것은 표현 문화이다. 표현(表現, expression)은 우리의 인식을 겉으로 드러내는 것이다.

일본에서는 '표상(表象) 문화'라는 말을 많이 쓴다. 象은 본래 '코끼리 상'이지만 像과 같이 '모양 상'으로도 쓴다. 표상은 표현과 비슷한 말로 보이지만 영어로는 확연히 다르다. 일본에서 표상은 영어 representation의 번역어로서 외부의 것이 지각에 나타나는 것을 뜻한다. 그런데 우리는 이 말을 보통 재현(再現)이나 대표(代表)로 번역하며, 어떤 것을 우리의 지각은 물론 현실에서 다시 구현하거나 대신하는 것을 가리킨다. 예컨대 대의(代議) 민주주의는 구성원들의 자유 투표로 대표를 뽑아서 운영되는 민주주의로서 representative democracy이다.

표현 문화는 예술로 대표된다. 예술은 가장 세련된 표현이자 가장 전문적인 표현이다. 그러나 예술이 표현의 전부는 아니다. 우리는 누구나 자기의 느낌과 생각을 겉으로 드러내서 살아간다. 표현은 소통의 기초이고 생활의 기반이다. 디지털 기술은 표현을 훨씬 쉽고 다채롭게 즐길 수 있게 해 줄 뿐만 아니라 그렇게 할 수 있게 만들어 준다. 표현에 서투른 사람도 디지털 기술을 이용해서 멋진 표현을 쉽게 할 수 있다. 이렇게 해서 디지털 기술은 전문가는 물론 일반인의 표현도 크게 촉진한다.

표현 문화는 디지털 문화의 기본이자 대표이다.

표현은 감각과 직결되어 있다. 우리는 시각, 청각, 후각, 촉각, 미각 등 오감을 갖고 있다. 우리는 오감으로 외부 정보를 수용하고, 또한 오감으로 우리의 내적 인식을 표현한다. 오감은 독립적이지만 연관되어 있다. 시각과 청각은 각각 광자(빛)와 공기를 매체로 해서 이루어지는 것이고, 후각, 촉각, 미각은 물질을 매체로 해서 이루어지는 것이다.

엄밀히 말해서 물질(material)은 매질(matter), 에너지, 정보의 세 속성을 갖고 있다. 정보는 물질의 형태를 뜻한다. 시각과 청각도 각각 광자와 공기라는 물질을 매체로 해서 이루어진다. 그러나 일찍이 노버트 위너가 말했듯이, 그것은 원자 수준의 극미한 것이어서 물질이 아니라 정보만 전하는 것으로 여길 수 있다. 전류와 전파로 시각과 청각의 정보를 전할 수 있는 것은 이 때문이다. 이에 비해 후각, 촉각, 미각은 분자 이상의 가시적 물질이 접촉되는 것이다. 이 때문에 후각, 촉각, 미각은 전류와 전파로 전할 수 없다. TV 드라마 〈스타 트렉〉의 '순간 이동기'나 영화 〈파리〉의 '물질 전송기'는 흥미롭지만 불가능하다.

오감 중에서 가장 강력한 것은 바로 시각이다. 시각에 이어 청각이 중요하다. 시각이 지배하고, 청각이 보조한다. 전자기학(Electromagnetism)이 잘 밝혔듯이, 시각은 광자(빛)를 통해 모습을 인식하고, 청각은 공기를 통해 소리를 인식한다. 외부 정보를 수용하는 것뿐만 아니라 내적 인식을 표현하는 것도 대체로 시각과 청각을 통해 이루어진다. 그리고 외부의 수용과 내부의 표현은 직접적으로 이루어지는 것이 아니라 매체를 통해 이루어진다.

매체는 우리의 몸으로 시작되어 전기-전자 기술에 의해 완전히 새로운 상태에 이르게 됐다. 사실 매체(media)는 20세기에 들어와서 전기-전자 기술의 발달과 함께 널리 쓰이게 된 말이다. 이전에는 그냥 '매개체'라는 뜻으로 쓰이던 말이었으나 20세기에 들어와서 기술의 발달에 따라 이른바 '대중 매체'(mass media)가 등장하면서 매체라는 말이 널리 퍼지게 됐다. 그런데 mass media는 사실 '대량 매체'라고 하는 게 더 정확하다. mass는 본래 큰 덩어리를 뜻하는 말로 대량, 대중을 뜻하게 됐다. 대중(大衆)이란 말은 그 자체로는 많은 사람들을 뜻하지만, 어떤 개성도 의미도 없이 그저 큰 덩어리 같다는 비난의 뜻을 담고 있었다. 대중 매체는 사람들에게 똑같은 저질의 정보를 대량으로 보내서 사람들을 저질의 큰 덩어리처럼 만드는 표현 기계를 뜻했다.

대중에 대응되는 용어는 선량(elite)이다. elite는 능력과 인품이 출중해서 사람들이 대표로 제시하는 사람을 뜻한다. elite의 어원은 elect(선출하다)와 같다. 근대화의 정치적 핵심은 민주화다. 민주화는 모든 사람들을 사회적 주체로 만들었다. 이에 대해 민주론과 대중론의 대립이 제기됐다. 민주론은 모든 사람을 존중하는 것이고, 대중론은 다수의 사람들을 무시하는 것이다. 우파 대중론은 호세 오르테가 이 가세트, 하이데거 등이, 좌파 대중론은 아도르노, 아렌트 등이 대표적으로 나타냈다.

매체는 외부 정보의 수용과 내적 인식의 표현을 위해 쓰이는 도구이다. 가장 기본적인 의미에서 광자와 공기를 비롯해서 물질 일반이 기본 매체이다. 그러나 일반적으로 매체는 인간이 시각과 청각의 정보를 처리하고 전달하는 도구를 가리킨다. 이런 점에서 매체는 표3과 같이 구성되어 있다.

인류가 이용한 최초의 매체는 자연 매체였다. 그것은 우리의 육체와 다른 자연의 것들로 이루어졌다. 우리의 목, 얼굴, 손, 발, 몸, 그리고 주변의 돌, 나무, 뼈, 물 등이 최초의 매체였다. 갓 태어난 아기가 울음을 터트리는 것은 자기의 목을 매체로 써서 자기를 알리는 것이다. 자기 자

표3 매체의 구성

자연 매체	육체	
	자연	
인공 매체	필기 매체	
	인쇄 매체	
	상음 매체	
	전기 매체	
	전자 매체	아날로그
		디지털

신이 최초의 매체다.

인류는 자연 매체에 이어서 인공 매체를 만들었다. 문자의 발명과 함께 매체의 발전도 이루어졌다. 문자의 발명은 단순히 글자를 만드는 것으로 그치지 않았다. 문자는 쓰는 것(기록기)와 쓰이는 것(수록기)에 의해 나타나게 된다. 즉 필기구는 기록기와 수록기로 이루어진다. 기록기는 정, 붓, 펜, 연필 등을 가리키고, 수록기는 돌, 진흙판, 나무판, 대나무판, 가죽, 종이 등을 가리킨다.

인쇄 매체는 나무나 쇠로 활자를 만들어서 종이에 찍는 것이다. 15세기 중반을 지나며 '구텐베르크 혁명'으로 불리는 인쇄 기술의 발달로 빠른 시간에 많은 책을 만들 수 있게 됐다. 이로써 널리 지식을 퍼트리기 쉽게 되어 지식 혁명이 촉발됐다.

세계 최초의 금속활자는 고려에서 만들어졌다. 1377년 청주의 흥덕사에서 인쇄된 『백운화상 초록 불조 직지심체 요절』(白雲和尙抄錄佛祖直指心體要節)이 그 증거다. 1967년부터 프랑스 국립도서관에서 일한 박병선 박사(1923~2011)가 이 책을 발견했고, 1972년에 이 책이 가장 오래 된 금속활자 책이라는 사실도 밝혔다. 19세기 말 주한 프랑스 공사로 고서적 수집가였던 플랑시(Collin de Plancy)가 길에서 구입해서 프랑스로 보냈다고 한다. 금속활자의 활판 인쇄술과 인쇄의 활성화는 독일의 구텐베르크(Johannes Gutenberg, 1400-68)에 의해 1455년에 시작되어 유럽의 지식 혁명을 추동했다.

그리고 19세기에 들어와서 모습과 소리를 직접 기록하는 상음(像音) 매체가 개발됐다. 사진기와 축음기가 그것이다. 사진은 화학기술과 기계 기술의 발달로 광자를 고정해서 보이는 모습을 그대로 기록하는 것이다. 축음은 기계기술의 발달로 소리를 금속판에 그대로 기록하고 재생하게 하는 것으로 시작됐다. 상음 매체의 정점은 바로 영화이다.

영화(映畫)는 빛을 비춰서 보는 그림이라는 뜻인데, 여기서 그림은 사실 움직이는 그림이다. 영화(movie)는 하나의 장르이고, 영상(image) 은 비춘 그림을, 동영상(video)은 움직이는 비춘 그림을 뜻한다. 뤼미에 르 형제가 고안한 '시네마토그래프'에서 cinema는 동작을 뜻하는 그리 스 어 kinema에서 왔다. 영화는 사실 연속사진이다.

영국 계 미국인 마이브리지(Eadweard Muybridge, 1830~1904)가 1878 년 달리는 말의 연속사진 촬영에 성공했고, 1895년 프랑스의 뤼미에 르 형제(Auguste Lumière, 1862-1954. Louis Lumière, 1864-1948)가 '열차 의 도착'이라는 50초 영화를 발표해서 세상을 놀라게 했다. 그런데 이 영화는 사실 그냥 실사 동영상이었고, 조르주 멜리에스(Georges Méliès, 1861~1938)가 SF 작가 쥘 베른(Jules Verne, 1828~1905)의 소설을 기초로 1902년에 '달나라 여행'을 만들어서 극 영화의 길을 열었다. 이로써 새 로운 문화 장르로서 영화가 정립됐다. 마틴 스콜세지(Martin Scorsese, 1942~)의 2011년 영화 〈휴고〉는 조르주 멜리에스를 기려서 만든 아름다 운 영화다.

발터 벤야민(Walter Benjamin, 1892~1940)은 1935년에 발표한 '기술 적 복제 시대의 예술작품'에서 복제성을 영화의 핵심 특징으로 제시했 다. 영화는 쉽게 복제해서 같은 것을 무수히 만들 수 있다. 그런데 그가 말한 기술적 복제는 사진 기술, 즉 화학 기술과 기계 기술에 의한 복제를 뜻한다. 그래서 이 글의 영역본은 기계적 복제로 되어 있다. 기계적 복제는 물질적 제약과 한계가 있어서 복제가 거듭될수록 복제본의 질이 떨어지게 된다. 전자 기술의 복제, 즉 전자적 복제는 훨씬 쉽게 실행될 수 있는데, 아날로그 복제는 기계적 복제와 비슷한 문제가 있으나, 디지털 복제는 아무런 제약과 한계가 없이 원본과 같은 복제본을 무수히 만들 수 있다.

전기 매체는 유선 전신(전보)으로 시작되어 유선 전화로 이어졌다. 전기를 일상에서 사용하는 최초의 방식은 전신(전보)를 보내는 것이었다. 이를 위해 일정 간격으로 나무 기둥을 세우고 그 위에 전깃줄을 가설했다. 이 나무 기둥을 전신주(電信柱), 전봇대(電報ㅅ대)라고 부르게 된 것은 이 때문이다. 전기 매체에서 소리와 모습을 전기 신호로 바꿀 수 있게 됐다.

그리고 진공관의 발명에 의해 전자를 제어할 수 있게 됨으로써 전자 매체가 등장하게 됐다. 전자 매체는 무선 통신으로, 방송으로, 컴퓨터로, 인터넷으로 계속 발전했다. 전자 매체는 아날로그 방식으로 시작되어 디지털 방식으로 나아갔다. 아날로그(상사형) 방식은 원래의 전기 신호/정보와 유사하게 연속적으로 처리하는 것이고, 디지털(수치형) 방식은 원래의 전기 신호/정보를 숫자로 치환해서 이산적으로 처리하는 것이다. 컴퓨터 기술의 발달에 따라 모든 청각, 시각 신호/정보를 디지털 방식으로 처리할 수 있게 됐다.

매체는 신호/정보 처리 매체와 신호/정보 전달 매체로 구분할 수 있다. 오늘날 처리 매체는 없는 것을 있는 것처럼 들리고 보이게 만들 수 있는 수준에 이르렀고, 이른바 '인공지능'이 문예, 음악, 미술, 영화 등의 '창작자'로 나타나고 있다. 한편 근대 이전에 사용된 전달 매체는 사람, 동물, 봉화, 봉수, 햇빛 등이었다. 전기-전자 매체의 등장과 함께 전달 매체는 혁명적인 변화를 겪게 됐다.[48] 유선 전신(전보)과 유선 전화는 전선을 통해 빛의 속도로 신호/정보를 보낼 수 있고, 무선 통신은 전파를 통해 더욱 더 자유롭게 그렇게 할 수 있다. 그런데 달라진 것은 단지 신호/정보의 전달 속도만이 아니었다. 전기-전자 매체에 의해 아무리 먼 곳에 있더라도 발신자와 수신자가 실시간으로 연결될 수 있게 된 것이다. 이 사실은 방송에서 명확하게 나타났다.

맥루한(Marshall McLuhan, 1911~80)의 말마따나 방송은 지구를 '지구촌'으로 만들었다. 그러나 방송은 발신자와 수신자의 차이가 강력하고, 이에 따른 정보 조작과 인식 왜곡의 문제가 크다. 인터넷은 이런 차이와 문제를 크게 약화했지만 또 다른 악용 문제를 낳았다.

시각 문화

전기-전자 기술의 발달에 따라 시각 문화의 새 장이 열리게 됐다. 전기 불빛은 무엇보다 어둠을 밝히는 조명으로서 중요하지만 조명 예술이라는 새로운 시각 문화도 만들었다. 1897년 독일의 페르디난트 브라운(Ferdinant Braun, 1850~1918)이 음극선 관(陰極線 管, Cathode Ray Tube, CRT, 브라운관)을 만들면서 전자를 이용한 새로운 시각 문화가 시작됐다.

음극선 관은 1869-75년 동안에 영국의 물리학자 크룩스 등에 의해 개발된 '크룩스 관'을 개량한 것이다. 이 관은 반진공 전기 방전관으로 극초기의 입자 가속기로서 음극선, 즉 전자선을 발견했다. 음극선(cathode ray, 陰極線)이라는 말 자체는 음극(음의 전극, negative electrode)에서

---

[48] 사실 전기-전자 기술에 의해 처리 매체에서 혁명적 변화가 나타난 것은 컴퓨터의 발전에 의해서이다.

나오는 선이라는 뜻인데, 음극은 전기 회로에서 전류를 받아들이는 쪽을 가리킨다. 전기 회로에서 음극은 cathode(캐쏘드)이고, 양극은 anode(애노드)이다. 이 말은 1834년 패러데이가 처음으로 썼다. 둘 다 그리스 말에서 온 것으로 cathode는 '아래로', anode는 '위로'의 뜻이다. 원래는 하극, 상극인 것이 일본에서 음극, 양극으로 번역된 것이다. 이 바탕에는 중국의 음양 사상이 있다. 음극선은 사실 전자의 흐름으로 19세기 중반에 이 현상이 발견되고 연구가 이어져서 1897년 영국의 조지프 톰슨(Joseph Thomson, 1856~1940)이 마침내 전자를 발견하고 그 질량을 정확히 측정했다. 조지프 톰슨은 전자의 발견으로 1906년 노벨 물리학상을 수상했고, 페르디난트 브라운은 1909년 무선통신에 관한 연구로 마르코니와 함께 노벨 물리학상을 수상했다.

음극선 관은 진공관 안쪽에 형광물질을 바르고 거기에 전자를 쏘아서 모습이 나타나게 한다. 형광물질이 작은 점의 형태로 화소(畵素)로 구실하는 것이다. CRT는 음극선, 즉 전자선(electron beam)을 이용해서 전자 시각 표현의 장을 열었다. 그리고 CRT가 텔레비전의 화상 장치(monitor)가 되면서 전자 시각 표현의 시대가 활짝 열리게 됐다. 텔레비전이라는 말은 1900년에 처음 제시됐지만 그것이 방송으로 확실히 구현된 것은 1935년이다. 텔레비전은 '원격 화상'이란 뜻인데, 방송국에서 화상 전파를 보내면 시청자들이 수상기로 그것을 받아서 보는 텔레비전 방송으로 발전했다.

텔레비전은 기계식에서 전자식으로 변화했다. 기계식은 전동기를 이용해서 많은 전구들을 빠르게 점멸하게 하는 방식으로 텔레비전을 보는 방식이었다. 1926년에 영국의 존 베어드(John Baird, 1888~1946)에 의해 기계식 텔레비전 사업이 시작됐다. 그러나 1927년에 미국에서 전자식 텔레비전이 개발됨으로써 기계식에서 전자식으로 빠르게 변하게 됐다. 전자식 텔레비전은 CRT를 화상 장치로 쓰는 것으로 1927년 미국의 파일로 판즈워스(Philo Farnsworth, 1906~1971)가 완전한 전자식 텔레비전의 시연에 최초로 성공했다.[49] 판즈워스는 1922년에 개발이 시작된 전자식 텔레비전의 발명자다.

판즈워스는 자신의 발명에 대해 특허를 냈으나 RCA의 방해로 오랫동안 승인받지 못했다. 1930년 RCA는 러시아 계 미국인 발명가 즈보리킨(Vladimir Zworykin, 1888~1982)을 고용해서 텔레비전을 개발했으나 이것은 사실 판즈워스의 특허를 침해한 것이었다. RCA는 판즈워스의 특허를 사려고 했으나 판즈워스가 거절하자 오랜 소송으로 판즈워스를 괴롭혔다. RCA(the Radio Corporation of America)는 1919년 전자기계 회사로 시작되어 1926년 NBC(the National Broadcasting Company)를 설립해서 라디오 방송(1926년)으로, 텔레비전 방송(1939년)으로 확장해 갔다.

텔레비전 방송은 1935년 독일에서, 1936년 영국에서 시작됐으나 2차 세계대전으로 중단됐다. 2차 세계대전이 끝나고 곧 텔레비전의 시대가 됐다. 미국과 유럽을 중심으로 텔레비전은 세계로 퍼졌고, 이 세계는 텔레비전 세계가 됐다. 텔레비전 방송은 21세기에 이르기까지 아날로그 기술이었다. 21세기에 들어와서 세계의 텔레비전 방송은 모두 디지털 기술로 바뀌었다.

텔레비전 방송은 촬상(撮像) → 전송 → 수상(受像)의 과정으로 이루어지며, 따라서 각 단계에 해당되는 기계가 필요하다. 촬상은 모습을 잡는다는 뜻으로 영어로는 image capture로 할 수 있다. 촬영(撮影)은 그림자를 잡는다는 뜻으로 사실 이상한 말이다. 사진(寫眞)은 진짜를 그린다는 뜻이다. 연속사진 기술이 발달하면서 사진기(camera)와 촬영기

---

49 일본의 다카야나기 겐지로(高柳健次郎, 1899~1990)는 1926년 기계식과 전자식을 결합해서 성공했다.

(movie camera)로 분화됐다. 사진기는 정지 화상을 찍는 것이고, 촬영기는 동작 화상을 찍는 것이다. 둘 다 광자를 필름에 고정시키는 화학 기계다. 이에 비해 촬상기는 전자 신호로 바꾸는 전자 기계다. 촬상기는 화상을 잡아서 전기 신호로 바꾸는 입력기이며, 전송은 유선(전류)이나 무선(전파)으로 이루어지고, 수상기는 전송된 화상을 볼 수 있게 해 주는 출력기이다. 1920년대에 판즈워스를 시초로 CRT를 이용한 수상기가 만들어졌고, 1930년대 초에 즈보리킨과 판즈워스가 각각 CRT를 이용해서 촬상기를 만들었다. 이렇게 해서 전자식 텔레비전 방송이 시작될 수 있었다.

한편 1951년 초에 미국의 가수 빙 크로스비(Bing Crosby, 1903~77)가 자신의 텔레비전 쇼를 쉽게 녹화하기 위해 당시 음악을 녹음하던 자기(磁氣, magnetic) 테이프에 화상을 녹화[50]하는 기술을 잭 멀린과 전자회사 Ampex에 요청했다.

빙 크로스비는 20세기 중반 미국을 대표하는 가수로서 그가 부른 '화이트 크리스마스'는 지구 전체에 알려졌다. 그는 부드러운 목소리로 유명한 가수였는데 일찍 BCE를 세우고 전자 기술의 개발에도 적극 나섰다. 자기 테이프는 녹음용으로 1928년 독일에서 발명됐다. 잭 멀린은 2차 세계대전 뒤 미국에 이 기술을 도입했고, 빙 크로스비의 요청으로 자기 테이프 녹화 기술을 개발했다. 1951년 UNIVAC I이 처음으로 컴퓨터의 자료 저장장치로 자기 테이프를 사용했다. BCE(Bing Crosby Enterprises)의 기술자 잭 멀린이 1951년 말에 시제품을 만들었으나 성과가 좋지

---

50 녹화는 화상을 기록한다는 뜻이지만 전자 기술에서 녹화는 녹음을 동시에 수행한다. 영화에서 '토키'(talkie)로 불린 유성 영화가 나타나서 화상과 소리를 동시에 즐길 수 있게 되었는데 최초의 유성 영화는 1927년 개봉된 Jazz Singer로 노래하는 장면이 동시녹음됐다. 유성 영화는 동시녹음과 후시녹음으로 제작된다.

않았고, Ampex의 기술자 찰스 긴스버그의 팀이 1952년에 방송에서 사용할 수 있는 시제품을 개발하는 성과를 거두었다. 이렇게 '화상 테이프 녹화기'(Videotape Recorder, VTR)가 만들어졌다. VTR은 누구나 쉽게 전자 촬상-녹화-시청하는 VCR로 나아갔다.[51]

CRT는 텔레비전의 시대를 만들었다. 그리고 CRT는 다양한 용도의 전자 화상 장치로 쓰이게 됐다. CRT로 반복적인 전자 신호의 화상 장치인 오실로스코프(oscilloscope)가 만들어졌고, 이것을 이용해서 1930년대에 레이다(Radar)가 만들어졌고[52], 1951년에 드디어 디지털 컴퓨터의 화상 장치로 쓰이게 됐다. MIT가 미국 해군을 위해 개발한 '훨윈드(Whirlwind, 회오리바람) I'이 그것이다.

이렇게 시작된 컴퓨터와 CRT의 결합으로 컴퓨터는 완전히 새로운 시각 표현 기계로 탈바꿈하게 됐다. CRT가 새로운 시각 표현 기계가 된 것은 미국의 수학자이자 예술가였던 래포스키(Benjamin Laposky, 1914~2000)의 1950년 오실로스코프 작품으로 시작됐다. 1960년대를 지나며 래포스키에 이어 백남준(白南準, 1932-2006)[53]에 의해 CRT는 아날

---

[51] VTR은 Videocassette Recoder(VCR)로 변모했으며, 그 표준을 놓고 일본의 소니와 JVC(Japan Victor)가 싸워서 JVC의 VHS(Video Home System)가 표준으로 확립됐다. 이것을 '비디오테이프 표준 전쟁'(videotape format war)으로 부른다. Cassette는 '작은 상자'라는 뜻의 프랑스 어다.

[52] 1927년에 처음 사용된 oscilloscope(진폭 관측기)라는 말은 라틴어 oscillare(흔들리다)+scope(살펴보다)로 이루어졌다. radar는 1940년에 미국 해군에서 Radio Detection and Ranging(라디오 탐지와 범위 측정)의 약자로 만든 말이다. radio는 30 hertz(Hz)~300 gigahertz(GHz)의 전자기파를 뜻한다. 이 전파를 이용한 소리 방송이 라디오 방송이며, 이 방송을 들을 수 있게 하는 기계가 라디오 수신기다. radio의 어원은 라틴어 radius로 그 뜻은 ray, 즉 광선 또는 빛줄기다.

[53] 백남준은 한국계 일본인-미국인이었다. 서울의 창신동 출신으로 1950년 한국 전쟁이 일어나기 직전에 가족이 일본으로 도피 이민했다. 그는 1951년 도쿄대에 입학해서 미

로그 전자 기술의 새로운 시각 표현 기계로 확립됐다. 그런데 CRT는 아날로그만이 아니라 디지털로도 이용될 수 있다. 디지털 컴퓨터는 CRT와 결합되어 계산을 넘어서 문자를, 소리를, 화상을 처리하는 보편 정보 처리기계로 발전했다.

1963년 아이반 서덜랜드(Ivan Sutherland, 1938~)가 '스케치 패드'(Sketch Pad) 프로그램을 발표해서 컴퓨터 화상 기술(computer graphics, CG)의 문을 열었다. 그는 입체형 CG인 '가상현실'의 화상 장치로 쓰이는 HMD(head-mounted display)도 고안했다.

'가상현실'(Virtual Reality, VR)은 3D 그래픽과 이것을 입체로 지각하게 하는 양안 밀착형 화상 장치로 이루어진다. 우리의 양 눈은 시각차를 갖고 있고, 이에 따라 같은 대상을 양 눈이 다르게 보는데, 두뇌가 그것들을 종합해서 입체로 인식하게 된다. 양 눈의 시각차에 따른 영상을 제작하고 양 눈에 밀착된 시현 장치로 보게 해서 완전한 입체로 인식하게 하는 것이 '가상현실'의 기본이다. 이 말은 제론 레이니어(Jaron Lanier, 1960~)라는 기술자가 1985년에 제시한 전신형 컴퓨터 그래픽 체험 장

학과 미술사학을 공부했고, 독일 뮌헨대로 가서 철학과 음악학 석사가 됐고, 1964년 미국 뉴욕으로 가서 활동하며 미국인이 됐다. 백남준은 공부를 많이 한 미술가였다. 그런데 그가 서구에서 자유롭게 살며 지식을 갖춘 예술가가 될 수 있었던 것은 그의 아버지 백낙승(白樂承, 창씨개명 白川樂承 시라카와 라쿠쇼, 1886~1956)이 주요 친일파 부자였던 덕이 크다. 백낙승은 부유한 종로 시전상의 아들로 메이지대 법률과와 니혼대 상과를 졸업했고, 일제에 적극 부역해서 물려받은 회사를 크게 키웠다. 백낙승은 2002년 '친일파 708인 명단', 2008년 '친일인명사전 명단', 2009년 '친일반민족행위 705인 명단'에 다 들어있는 주요 '부일 매국노'다. 해방 뒤 백낙승은 이승만에게 적극 유착해서 한국 최초의 재벌인 '태창 재벌'을 만들고 죽었으나, 1961년 박정희가 군사반란으로 권력을 찬탈한 뒤 정당성 확보를 위해 벌인 부패 척결로 '태창 재벌'은 몰수되었고, 백남준의 가족들은 일본인으로 살게 되었다. 백남준은 1960년대에 거친 행위 미술을 하면서 텔레비전 수상기와 비디오 카메라를 이용한 작품을 만들기 시작했다.

치를 통해 널리 퍼지게 됐다.

이렇게 1960년대에 CG와 그 극한인 VR의 기초가 제시됐다. 1960-70년대에 미국의 백남준, 영국의 로이 애스콧(Roy Ascott, 1934~), 독일의 한스 하케(Hans Haacke 1936~), 미국의 잭 번햄(Jack Burnham, 1931~2019) 등 여러 미술가들과 연구자들이 컴퓨터 미술의 가능성에 대해 탐구하고 시도했다. 이들은 밀접히 연관된 것인 사이버네틱스와 체계이론의 영향을 크게 받았다. 사이버네틱스에 대한 관심은 피드백(feedback, 되먹임)을 통한 상호작용에 대한 관심으로, 체계이론에 대한 관심은 개체를 넘어선 전체(자연, 사회)에 대한 관심으로 이어졌다.

래포스키나 백남준의 아날로그 미술은 CRT를 직접 제어해서 그 내부의 음극선(전자들의 흐름)을 CRT에 표현하는 것이지만, 디지털 미술은 컴퓨터 프로그램으로 화상을 만들어서 CRT를 비롯한 다양한 화상 장치들로 표현하는 것이다. 21세기에 들어와서 CRT는 거의 사용되지 않고 LCD(liquid crystal display, 液晶 表示裝置), LED(light-emitting diode, 發光 diode)로 바뀌었다. 이 셋이 전자 화상 장치의 3대 유형을 이룬다. 컴퓨터 화상 기술은 음극선의 움직임 같이 추상적인 형태도, 현실의 사물 같이 사실적인 형태도 표현할 수 있다. 디지털 미술의 핵심은 바로 CG이고, 또 그 핵심은 컴퓨터 프로그램이다. CG는 디지털 미술을 넘어서 훨씬 넓은 디지털 시각 문화의 세계를 만들었다.

CG는 1970-80년대 컴퓨터 기술의 발달과 함께 놀랍게 발달했다. 1993년에 개봉된 영화 '쥬라기 공원'은 CG로 세계를 깜짝 놀라게 했다. 분명히 현실에 존재하지 않는 것을 분명히 현실에 존재하는 것처럼 보이게 했던 것이다.[54] 1989년에 개봉된 영화 '터미네이터 2'의 CG도 세

---

54 이 때문에 심각한 위변조의 문제도 많이 일어난다. CG로 만든 가짜 사진, 가짜 영

계를 놀라게 했으나 '쥬라기 공원'은 완전히 상상을 초월하는 수준이었다. 2010년대에 '어벤져스' 시리즈나 '가디언스 오브 갤럭시' 시리즈 같은 영화들이 헐리우드를 휩쓸게 된 것도 모두 CG의 힘이다. CG의 발달로 만화를 실사 같은 영화로 만들 수 있게 된 것이다. 이로써 '만화의 영화화'라는 커다란 추세가 형성됐다. CG는 영화에 보조적으로 쓰이는 차원을 훨씬 넘어서 영화의 패러다임을 바꿔놓았다. 한마디로 불가능한 표현이 없게 된 것이다.

실사형과 만화형의 차이를 떠나서 CG는 인간의 표현력을 그야말로 극대화했다. 이 놀라운 변화는 시각 관련 하드웨어와 소프트웨어의 동시적 발전을 통해 이루어졌다. 시각 처리의 비중이 커지면서 CPU와 별도로 GPU가 만들어졌다. 실사형 CG는 '쥬라기 공원'의 실리콘 그래픽스(Silicon Graphics) 사가 주도했으나 2009년에 이 회사는 망하고 말았다. 만화형 CG는 스티브 잡스가 투자해서 키우고 디즈니 사의 자회사가 된 픽사(Pixar Animation Studios) 사가 '토이 스토리'로 만화 영화의 새 장을 열면서 주도했다.

오늘날 CG는 모든 시각 표현에서 사용된다고 할 정도로 보편화됐다. 전통적인 그림(회화, 만화), 사진, 영화 등에서도 CG를 활용할 수 있고, 디지털 그림, 디지털 사진, 디지털 영화는 CG를 필수적으로 써야 한다. 비플(Beeple)의 그림[55]은 CG 기술로 그려지는 디지털 회화이고, 구르스키(Andreas Gursky, 1955~)의 사진도 CG 기술로 완성되는 디지털 사진이고, 디지털 영화에서 CG 기술의 활용은 기본으로 확립됐다.

상에 의한 여론 왜곡, 인권 침해 등에 주의해야 한다.

55 비플의 본명은 Michael Winkelmann(1981~)으로 그의 작품 '매일'(Everydays)이 2021년 3월에 약 7천만 달러(약 777억 원)에 판매되어 세계적 유명 작가가 되었다.

디지털 작품은 물리적으로 원본과 복사본의 차이가 없어서 작품 가치를 유지하기 어렵다. 여기에 NFT(Non-Fungible Token, 대체불가능 토큰)라는 블록체인 암호기술을 적용해서 원본을 지킬 수 있다. NFT 미술 시장은 빠르게 성장하고 있다. BTS의 회사도 2021년 11월에 NFT 사업을 본격 시작했다. 그러나 NFT는 작품 도용, 해킹, 전기 낭비 등의 문제를 안고 있다. 전기 낭비는 블록체인의 핵심 문제다.

디지털 영화(digital cinema, digital movie)는 디지털 카메라로 촬영되는 영화를 뜻한다. 기존의 카메라는 필름에 화상을 남기는 방식이지만 디지털 카메라는 화상을 0과 1의 디지털 화일로 변환해서 기억장치에 남기는 것이다. 크리스토퍼 놀란은 디지털 카메라에 비판적이고, 쿠엔틴 타란티노는 디지털 카메라를 거부한다. 그러나 디지털 영화는 분명히 대세다. 촬영에 편하고, 후반 작업(편집과 조정)에는 더욱 더 편하기 때문이다. 그리고 필름은 대단히 반생태적이기도 하다.

이른바 '매체 미술'(media art)은 CG 기술을 중심으로 다양한 디지털 기술을 망라해서 고도로 현란한 시청각 작품들을 보여준다. 투사기(projector)를 이용해서 화상 장치를 벗어날 수 있고, 인터넷을 이용해서 지구적 차원의 작품을 만들 수 있고, 관람자나 다른 작가들과 상호작용을 적극 구현할 수 있다. Das ZKM(Zentrum für Kunst und Medien Karlsruhe), MUTEK(Festival of digital creativity and electronic music), EDC(Electric Daisy Carnival) 등에서 그 현황을 잘 살펴볼 수 있다. MUTEK과 EDC는 음악 축제를 기본으로 한다. '매체 미술'에서 매체는 사실 전자 매체를, 특히 최근에는 거의 디지털 매체를 가리키며, 그 핵심은 바로 컴퓨터다. 이 점에서 사실 '컴퓨터 미술'이 더 정확한 말이다. 컴퓨터가 아니라면 현재의 '매체 미술'은 성립할 수 없다.

백남준은 아날로그 기술로 지구적 차원의 작품을 만들었다. 1984년

1월 1일 인공위성으로 서울-파리-뉴욕을 연결해서 실연된 '굿모닝 미스터 오웰'이 그것이다. 영국의 소설가 조지 오웰(George Orwell, 1903~50)은 1948년에 『1984』라는 소설을 발표해서 미래의 독재국에서 '대형'(big brother)으로 불리는 독재자가 정보 기술을 통해 사람들을 철저히 감시하는 암울한 상태를 묘사했다. 이것은 사실 희대의 독재자 스탈린이 통치하던 당시 소련에 대한 비판이었다. 백남준은 오웰의 전망과 달리 정보 기술로 더욱 즐겁고 편해진 세상을 보여주고자 했다. 인공위성은 지구적 차원의 동시성을 구현했는데, 그 첫 공연은 1973년 1월 엘비스 프레슬리(Elvis Presley, 1935~77)의 하와이 공연이었다.

그런데 디지털 미술은 전문 CG 프로그램들이 아니라 윈도우의 '그

사진16 비플의 '매일'

사진17 호리우치의 책

사진18 '팀랩'의 작품

사진19 디스트릭트의 작품

림판', 심지어 엑셀의 그리기 기능으로도 멋지게 할 수 있다. 일본의 호리우치 타쓰오(堀内辰男, 1940~)는 은퇴 뒤에 엑셀의 그리기 기능을 몇 년에 걸쳐 연마해서 이 사실을 입증한 놀라운 '파소콘'[56] 화가다.

컴퓨터의 발달에 따라 디지털 미술의 영역이 크게 넓어졌고 다양한 디지털 시각 문화가 만개하게 됐다.

디스트릭트(D'strict)의 서울 삼성동의 전광판 작품은 높은 수준으로 디지털 시각 문화에 대한 관심을 크게 높인 중요한 사례다. 디스트릭트는 한국의 디지털 미디어 컨텐츠 전문회사로 2004년에 설립됐다. 디스트릭트는 영리 회사로서 상업성을 기초로 예술성을 추구하는 데, 높은 예술성으로 상업성과 예술성의 경계를 크게 약화시켰다.

또한 일본의 디지털 미디어 컨텐츠 전문회사 '팀랩'(teamLab)은 디지털 시각 문화를 대표하는 창작 집단으로 디지털 동영상과 투사 화상을 중심으로 상호작용 작품을 만들어서 세계적 명성을 쌓았다. 도쿄대에서 응용물리와 통계를 공부하던 이노코 토시유키(猪子寿之, 1977~)가 2001년 설립했고, 현재는 미술, 만화, 수학, 프로그래머 등 예술, 공학, 과학을 망라해서 400명이 넘는 전문가들이 공동작업하는 회사가 되었다. '팀랩'은 회사라고는 해도 예술성을 최고 가치로 추구하는 창작 집단이다.

시각 문화를 대표하는 그림, 사진, 영화 등을 넘어서 웹 디자인, 동시 공연(synchro dance), 미디어 파사드(media facade), 투사 화상(projection mapping), 증강현실(AR, Augmented Reality), 홀로그램(hologram),[57]

---

56 '파소콘'은 일본어 パソコン를 한글로 표기한 것으로 personal computer를 일본어로 줄여서 말하는 것이다. 사실 personal computer의 줄임말은 '퍼스컴'이다. 그런데 일본어에는 모음 어, 으가 없고, 받침 ㅅ이 ㅁ이 아니라 ㄴ으로 발음되어 '파소콘'으로 쓴다.

57 3차원 입체 화상인 홀로그램을 만드는 홀로그래피는 1947년 헝가리 계 영국인 데니스 가보르(Dennis Gabor, 1900~79)가 발명했다. 그는 1971년 노벨 물리학상을 받았다.

표4 전자 시각 문화의 구성

아날로그	오실로스코프	
	텔레비전	
	투사기	
디지털	컴퓨터 시각 표현	그림(회화, 만화)
		사진
		영화
		동영상
		가상현실
	컴퓨터 활용 표현	홀로그램
		투사 화상
		동시 공연
		드론 공연
		증강현실
		조명 예술

조명 예술, 소형 비행체 공연(drone show) 등 다양한 기술을 이용한 다양한 용도의 디지털 시각 문화가 활발히 실행되고 있다.**58** 컴퓨터는 다양한 (동)화상을 만들어서 화상 장치나 투사기로 보는 것을 넘어서 완전히 새로운 시각물을, 나아가 팀랩이 잘 보여주듯이 거대하고 복합적인 시각물 쇼를 만들어냈다. 우리는 '디지털 시각 문화'(digital visual culture)의 개념으로 이 변화를 더욱 명확하게 포착할 수 있다.

청각 문화

컴퓨터 화상기술(Computer Graphics, CG)이 인류의 시각 문화를 크

---

58 웹 디자인은 MIT의 존 마에다(John Maeda)의 1990년대 작품, 동시 무용은 일본의 카게무(Kagemu, 影舞)의 2009년 Black Sun, 투사 화상은 Ralph Lauren의 2010년 4D Experence, AR은 제프 쿤스(Jeff Koons)의 2017년 조각, 드론 공연은 2018년 2월 평창 동계 올림픽 등을 참고.

게 바꾼 것처럼 컴퓨터 음향술(Computer Aquatics, CA)이 인류의 청각 문화를 크게 바꾸었다.

디지털 청각 문화(digital auditory culture)는 디지털 시각 문화(digital visual culture)와 마찬가지로 전기를 이용해서 나타난 전기-전자 문화에 속하는 것으로 청각 신호, 즉 소리를 전기 신호로 전환해서 처리하는 것으로 시작됐다. 전기는 전자의 작용으로 물체 속으로 흐르는 전류[59]와 공기 속으로 퍼지는 전파로 나타나는데, 전류를 사용하는 유선 통신에서 전파를 사용하는 무선 통신으로 발전했다. 유선 통신은 전류를 끊었다 이었다 하는 방식으로 신호를 보내는 전신에서 전류에 소리를 실어서 보내는 전화로 발전했다. 전화는 소리를 전기 신호로 전환해서 전송하는 것으로서 정보통신 기술에서 일대 비약이 이루어진 것이었다.

사실 전화와 전화기를 구별할 필요가 있다.[60] 전화기의 발명으로 전화, 즉 전기를 통한 대화가 가능해졌다. 소리를 전기 신호로 전환해서 전송하고, 다시 그 전기 신호를 소리로 전환하는 기계가 바로 전화기이다. 이 놀라운 기계를 발명한 사람은 미국의 그레이엄 벨(Graham Bell, 1847~1922)이 아니라 미국의 안토니오 메우치(Antonio Meucci, 1808~1889)였다. 메우치는 이탈리아의 기술자였는데, 1835년에 당시 이탈리아의 정치적 상황에 의해 쿠바로 이민해야 했다. 1850년 메우치는 다시 미국으로 이민했다. 그는 아바나를 떠나서 뉴욕으로 갔다. 아바나에서 가리발디의 친구로서 감시 대상이 된 것도 한 요인이었다.[61] 1854

---

[59] 전류를 기준으로 보자면, 물체는 전류가 잘 흐르는 도체, 전류가 잘 흐르지 않는 부도체, 둘의 중간에 해당되는 반도체로 나뉜다.

[60] telephone은 먼 곳의 소리를 듣는 것이고, 그 번역어인 전화(電話)는 전기를 통해서 대화를 나누는 것이다. 전화기의 발명으로 전화가 실현되었다.

[61] 당시 이탈리아는 여러 소국들로 나뉘어서 큰 혼란을 겪고 있었는데, 1834년 청년

년 메우치는 아파서 3층에 누워 있는 아내와 1층에서 대화할 수 있는 전기 장치를 만들었다. 1871년 그는 이에 대해 미국 특허청에 특허를 신청했으나 돈이 없어서 완전한 특허를 획득할 수 없었다. 결국 1876년 그레이엄 벨이 전화 특허를 획득하고 독점하게 되었다. 그러나 2002년 미국 의회는 메우치가 전화기의 발명자라는 사실을 확정했다.

1876년 2월 14일 그레이엄 벨(Graham Bell, 1847~1922)과 얼라이샤 그레이(Elisha Gray, 1835~1901)가 전화기 특허를 신청했다. 같은 날 사실상 같은 기술이 특허 신청된 것인데, 벨이 2시간 빨리 신청해서 특허를 받게 되었다. 이에 대해 여러 의혹이 제기되었다. 당시 29살로 무명이었던 벨이 함께 사무실을 쓰고 있던 메우치의 발명을 도용하고 당시 이미 뛰어난 발명가였던 그레이의 발명도 도용해서 자기의 발명으로 만들었다는 것이다. 같은 날 같은 기술이 특허 신청된 것은 결코 우연이 아니었다.

소리를 기록하는 것, 즉 녹음도 비슷한 시기에 이루어지게 되었다. 녹음은 전기 기술이 아니라 기계 기술로 이루어졌다. 1857년 프랑스의 인쇄업자 스코트(Édouard-Léon Scott de Martinville, 1817~79)가 인류 최초의 녹음기를 만들었다. '포노토그래프'(phonautograph)라는 이름의 이

쥬세페 가리발디(Giuseppe Garibaldi, 1807~1882)는 이탈리아 통일전쟁에 참여해서 사형 선고를 받고 남미로 망명하게 됐다. 가리발디는 유럽의 '1848년 혁명' 때 귀국해서 다시 이탈리아 통일전쟁을 펼쳤으나 또 실패하고 1850년 미국으로 망명했다. 뉴욕으로 간 가리발디는 친구인 메우치가 뉴욕에서 운영하던 초 공장에서 일하며 지냈다. 1854년 가리발디는 이탈리아로 귀국해서 다시 통일전쟁을 펼쳤다. 마침내 1860년 가리발디의 통일전쟁은 승리로 끝났다. 그러나 그가 꿈꾸던 공화제는 이루지 못했고, 사르데냐의 왕 비토리오 엠마누엘레 2세를 이탈리아 국왕으로 만드는 것으로 일단락되었다. 그 뒤에도 가리발디는 통일된 이탈리아를 지키기 위해 프랑스, 오스트리아, 로마 교황청 등에 맞서서 계속 전쟁을 하다가 세상을 떠났다. 가리발디는 마치니, 엠마누엘레 2세와 함께 통일 이탈리아의 아버지이자 이탈리아를 넘어서 유럽과 남미에 혁명적 자유주의와 민족주의를 퍼트린 시대의 영웅이었다. 이 때문에 가리발디는 '두 세계의 영웅'으로 불리게 되었다.

장치는 그을음을 입힌 종이에 소리를 녹음했는데 재생을 할 수는 없었다. 그가 만든 녹음은 2008년에 디지털 화일로 전환되어 재생될 수 있었다. 그 뒤 1877년에 토마스 에디슨(Thomas Edison, 1847~1931)이 녹음과 재생을 할 수 있는 장치를 만들었다. 이 장치의 이름은 '포노그래프'(phonograph)였다. 이로써 축음 문화의 길이 열리게 되었다.

실제 상업화는 몇 해 뒤 독일계 미국인 베를리너(Emile Berliner, 1851~1929)가 1887년 개발한 그라모폰(Grammophone)이 주도했다. 그래미(Grammy) 상은 바로 그라모폰을 기리는 것으로 그 트로피는 이것을 본 따서 만들었다. 베를리너는 에디슨이 사용한 원형 은박지 통을 당시 개발된 플라스틱 기술을 이용해서 플라스틱 판으로 바꾸었다. 이것을 '비닐 판'이라고 부른다. 베를리너의 음반은 SP(Standard-Playing Record, 표준시간 음반)판으로 1948년에 LP(Long Playing Record, 장시간 음반)판이 만들어져서 사라지게 되었다.

사진과 마찬가지로 녹음은 전혀 전기 기술이 아니다. 에디슨은 처음에 원형 통에 은박지를 씌워서 거기에 소리가 기록되어 재생될 수 있게 했다. 은박지는 비닐 판으로 바뀌었고, 자기 테이프로 바뀌었고, 컴팩트 디스크로 바뀌었다. 자기 테이프는 소리를 아날로그 전자 신호로 바꾸어 기록하고 것이고, 컴팩트 디스크[62]는 소리를 디지털 전자 신호로 바꾸어 기록하는 것이다.

소리를 전기 신호로 바꾸는 것은 전화기에서 가장 먼저 이루어졌고, 이어서 마이크와 스피커가 같은 원리로 만들어졌다. 독일의 요한 라이스(Johann Reis, 1834~1874)가 1860년 전화기의 원형을 만들었고, 1875년

---

62 컴팩트 디스크는 레이저(LASER, Light Amplification by Stimulated Emission of Radiation, 복사 유도 방출에 의한 광 증폭)로 기록하고 재생하는 레이저 디스크 기술의 부산물이다.

영국의 데이빗 휴즈(David Hughes, 1831~1900)가 마이크로폰(microphone, mic)[63]을 만들었고, 1898년 영국의 올리버 롯지(Oliver Lodge, 1851~1940)가 확성기(loudspeaker, speaker)를 만들었다. 이렇게 메우치, 라이스, 벨, 에디슨, 휴즈, 롯지 등 여러 사람들의 노력으로 소리의 전기적 전송, 기계적 저장이 이루어지게 되었다.

음반에 소리를 기록하는 것은 아날로그가 아니라 그냥 기계적(mechanical) 기록이다. 영화의 녹음은 영상과 기계적 녹음을 맞추는 것(sound on disc)에서 필름에 영상과 소리를 광학적으로 동시에 녹음하고 재생하는 것(sound on film)으로 바뀌었다. 화학과 광학을 사용하나 이것도 역시 기계적 기록이다. 아날로그는 전자 신호의 처리방식이다. 전자 신호는 원래의 신호를 전자 신호로 바꾸었을 때와 똑같은 파형으로 처리하는 연속적=아날로그 방식과 부분적으로 끊고 숫자로 치환해서 처리하는 이산적=디지털 방식으로 나뉜다. 소리의 처리에서 기계적(mechanical), 전기적(electrical), 전자적(electronical) 방식은 명확히 구분된다. LP판의 소리는 아날로그가 아니라 원음을 기계적 녹음으로 기록한 것이다. 아날로그는 그것을 연속적인 전자 신호로 바꾼 것이다.

악기도 비슷한 변화를 겪었다. 전기를 이용해서 소리를 전기 신호로 바꾸고 증폭하는 전기 악기가 나타났고, 전자 장치를 이용해서 아예 완전히 새로운 소리를 만들어내는 전자 악기가 나타났다. 전기 악기는 아마도 전기 기타가 대표할 수 있을 것이다. 최초의 전기 기타는 1932년에 만들어졌고, 최초의 솔리드 바디 전기 기타는 뛰어난 기타 연주자 레스 폴(Les Paul, 1915-2009)이 1945년 경 제안했다.[64] 전자 악기는 신세사

---

[63] 우리가 보통 '마이크'라고 부르는 것이 바로 이것이다. 이 장치는 소리를 전기 신호로 바꾸는 변환기(transducer)다.

[64] 레스 폴(Lester Polsfuss, 1915~2009)은 20세기 최고의 기타 연주자였고 기타 개발

이저(synthesiser)로 대표되는데 아날로그에서 디지털로 바뀌면서 완전히 새로운 표현의 세계를 열게 되었다.

신세사이저의 역사는 19세기 말로 거슬러 올라가기도 하지만 직접적으로는 1956년에 개발된 RCA Electronic Music Synthesizer Mark I 으로 시작됐다.[65] 신세사이저의 상업적 개발은 1964년에 미국의 전자공학자인 로버트 모그(Robert Moog, 1934~2005)에 의해 이루어졌다. RCA의 신세사이저는 진공관을 이용했지만, 모그는 트랜지스터를 이용해서 더욱 효율적인 신세사이저를 만들었다.[66] 모그로 대표된 아날로그 신세사이저는 1970년대에 전자 음악의 장을 활짝 열었다. 그리고 컴퓨터 기술의 발달로 1980년대에 디지털 신세사이저가 만들어져서 더욱 편리하게 신세사이저를 이용할 수 있게 되었다.

'가라오케'(karaoke)는 일본어 가라(空)와 oke(orchestra)를 합쳐서 일본에서 만든 말로서 말 그대로는 '빈 악단'인데 전자기술을 이용해서 악단이 연주하듯이 음악을 들려주는 장치로서 '전자 악단'이라고 할 수 있다. 이 기술은 1971년에 일본에서 처음 개발되었고, 1975년에 필리핀인이 반주에 맞춰서 노래를 부르는 기술을 개발했다.

1980년대에 들어서서 이렇게 디지털 신세사이저로 대표되는 디지털 전자 악기의 개발이 촉진되는 것과 함께 '미디'(MIDI, Musical Instru-

---

자였다. 그의 전성기는 1940-50년대였지만 세상을 떠나기 얼마 전까지 그는 뉴욕의 '블루 노트'와 같은 무대에서 계속 연주했다.

[65] 신세사이저라는 말은 이 기계에서 처음 사용됐다. synthesiser는 music synthesiser, 즉 '음악 합성기'였다. 1957년에 개발된 II는 Sound Synthesizer, 즉 '소리 합성기'로 이름이 바뀌었다. 신세사이저는 전자 장치들로 소리들을 합성하는 전자 기계이다.

[66] 모그의 신세사이저로 유명한 연주자로는 ELP(Emerson, Lake and Palmer, 1970~79)의 키스 에머슨(Keith Emerson, 1944~2016)이 꼽힌다.

ment Digital Interface)가 만들어졌다.67 미디는 전자 악기와 컴퓨터, 그리고 전자 악기와 전자 악기가 서로 신호를 주고받을 수 있는 표준 규약이다. 이로써 전자 악기들과 그 프로그램들이 표준화될 수 있게 되었고, 컴퓨터로 다양한 소리와 음악을 쉽게 만들어서 즐길 수 있게 되었다. 또한 1980년대에 소리 화일을 녹음하고 편집하기 위한 DAW(Digital Audio Workstation)도 만들어졌다. 컴퓨터 기술의 발달에 따라 DAW는 소프트웨어로 구현되어 더욱 쉽게 사용할 수 있게 되었다. 이렇게 1980년대를 지나며 컴퓨터 기술의 발달과 함께 청각 문화의 새로운 장이 활짝 열렸다.

전자 음악(electronic music)은 전자 기기를 이용하는 음악으로 그 역사는 1948년으로 거슬러 올라간다. 전자 음악은 전자 기술의 발달에 따라 음악의 전 분야로 확산되어 갔다. ELP, Kraft Werk 등이 1970년대에 전자 음악의 길을 활짝 열었고, 1990년대에 들어서서 댄스 음악으로 크게 성장했다. 그 결과 Electric Daisy Carnival(EDC) 같은 커다란 전자 음악 축제가 만들어지게 되었다. EDC는 1997년에 미국의 LA에서 시작되었고, 지금은 세계 여러 곳에서 매년 수백만 명이 참가해서 즐기는 축제로 성장했다.

문자 문화

컴퓨터로 문자 문화의 새로운 전개가 이루어지기 위해서는 우선 컴퓨터가 문자를 처리할 수 있게 되어야 했다. 1950년대에 컴퓨터는 계산

---

67 롤랜드의 설립자 가케하시 이쿠타로(梯 郁太郎, 1930~2017)의 제안으로 시작되었다. 롤랜드(Rolland)는 가케하시가 1972년에 설립한 전자 악기, 전자 장비의 전문 개발 회사이다.

을 넘어서 문자, 소리, 그림 등을 처리하는 기계로 변모했다.[68]

전기 소리의 디지털 처리는 1937년에 PCM(Pulse-code modulation)의 개발로 시작되어 1950년대에 더욱 발전됐다. 1951년에 처음으로 디지털 화상 신호가 자기 테이프에 기록됐고, 1957년에 처음으로 디지털 이미지가 만들어졌으며, 1975년에 코닥 사가 첫 디지털 카메라를 만들었다. 21세기에 디지털 카메라가 널리 퍼져서 코닥 사는 2012년에 파산 신청을 했다. 그런데 개발사들마다 또는 기술자들마다 다른 방식으로 문자를 처리해서 컴퓨터 통신을 할 수가 없었다. 이 문제를 해결하기 위해 1961년 5월에 '미국 표준협회'에서 첫 ASCII 실무회의가 열렸다.[69] ASCII(아스키)는 '미국 정보교환 표준부호'(American Standard Code for Information Interchange)을 뜻한다. 여기서 알파벳을 비롯해서 문자 작업에서 사용하는 여러 부호들[70]의 표준을 정했고, 1967년에 완료된 ASCII에 이어서 다른 문자들의 디지털화도 계속 이루어졌다. 1987년에는 세계의 모든 문자들을 단일의 표준으로 처리하기 위한 유니코드(Unicode)가 제안되어 계속 진행되고 있다.[71]

인류의 역사를 돌이켜 보면, 인류는 문자의 발명으로 문명의 비약을 이룰 수 있었다. 문자는 생각과 사건을 기록할 수 있게 해 주었다. 문자는 실용적인 글을 넘어서 깊고 넓은 글 예술을 낳았다.[72] 기술의 발달

---

68 Wikipedia의 Digital Audio, Digital Photography, Image Scanner 등을 참고.

69 미국 표준협회(ASA, American Standards Association)는 미국 국립 표준협회(ANSI, American National Standards Institute)로 바뀌었다.

70 이것을 문자 집합(Character Set)이라고 부른다.

71 UTF 8(Universal Coded Character Set+Transformation Format 8bit)이 유니코드의 방식이다.

72 문자 자체를 시각 표현물로 다루는 것은 서예, 펜글씨, 캘리그라피 등이 있다. 캘리

로 글을 촉각과 청각으로도 전할 수 있게 됐다. 점자책과 소리책(audio book)이 그것이다.

책은 종이로만 만드는 게 아니다. 책(冊)이라는 한자는 나무판이나 대나무판에 글을 써서 묶어 놓은 것을 가리킨다. 서기 100년 정도에 한 나라에서 종이의 제조법이 확립되고 종이가 책의 기본이 되었다. 책은 정보나 지식을 모아 놓은 것으로 돌로도, 나무로도, 종이로도, 소리로도, 점자로도, 전자 신호로도 만들 수 있다.

디지털 기술의 발달로 글을 더욱 더 다양한 방식으로 쓰고 전할 수 있게 됐다. 전자책은 완전한 다중매체(multi media)로, 지구적 차원의 상호작용 매체(interactive media)로 구현될 수 있다. 그러나 디지털 기술의 초기에는 문예를 중심으로 그 원리에 대한 추상적 논란과 허구적 혼란이 퍼졌다.

1948년에 발표된 노버트 위너의 『사이버네틱스』와 클로드 셰넌의 '통신의 수학적 이론'[73]은 정보(information) 개념에 바탕을 두고 있다. 그런데 양자는 정보를 상반되게 정의했다. 전자는 정보를 엔트로피에 맞서는 것으로, 후자는 정보를 엔트로피와 같은 것으로 정의한 것이다. 이런 차이는 있지만 단순히 무엇에 대해 알려주는 것을 뜻했던 정보는 사이버네틱스와 통신 이론을 통해 과학-기술의 대상으로 변모하게 되었다. 특히 셰넌의 통신 이론은 특수한 정보 개념을 제시하고 그것을 활용해서 전기-전자 기술의 수학적 기초를 확립했다.

그런데 정보는 무엇인가? 그것은 신호나 의미와 다른 것이다. 우리는 신호에 의미를 담아 표현한다. 정보 이론에서 정보는 의미와 연관되

그라피(calligraphy)는 그리스어 kalos(아름다운)+graphy(쓰기)의 합성어다.

[73] 여기서 통신(communication)은 전기-전자적 방식으로 신호를 주고받는 것, 즉 전기-전자 통신을 뜻한다.

는 것이지만 결코 같은 것은 아니다. 셰넌에게 신호는 항상 의미를 담고 있지만 항상 정보를 주는 것은 아니다. 정보는 기존에 알고 있던 것이 아니라 새롭게 알게 되는 것이다. 또한 발신한 쪽에서 정보라고 인식하는 것이 수신한 쪽에서도 정보로 인식되는 것은 아니다. 같은 신호라고 해도 맥락에 따라, 발신자에 따라, 수신자에 따라 그것이 주는 정보는 달라진다.

사이버네틱스에서 정보는 주체가 자신을 지키는 데 결정적으로 중요하다. 모든 생물은 물론이고 비생물인 기계도 정보를 주고받아 자신을 지킨다. 사이버네틱스에서 정보는 이 세상을 지배하는 엔트로피(entropy)에 맞서는 것으로 제시된다. 엔트로피의 법칙은 이 세상이 완전한 무질서 상태, 즉 완전히 파괴되고 해체되는 상태를 향해 가는 것을 뜻한다. 정보는 물질을 이루는 매질이나 에너지가 아니지만 바로 그것들을 올바로 인식하고 교환하게 해서 엔트로피에 맞설 수 있게 하는 것이다.

셰넌이 정립한 통신 이론의 하위 분야인 정보 이론에서 정보는 어떤 신호를 보낼 것인가의 선택의 자유를 뜻한다. 그 선택의 첫째 원칙은 불확실성을 줄이는 것이고, 둘째 원칙은 최대한 생략하고 압축하는 것이다. 이 원칙에 따라 이산 회로에서 전송-저장해야 할 정보의 양을 계량할 수 있다. 이산 회로에서 전기-전자 신호가 on과 off로 작동하기 때문에 0과 1의 이진법으로 그 정보의 양을 계량한다. 셰넌은 정보량의 기본 단위를 비트(bit)로 확립했고, 셰넌의 정보량 공식은 열역학의 엔트로피 공식과 같다.

1940년에 노이만이 셰넌에게 '정보'를 '엔트로피'라고 부르라고 말했는데, 셰넌은 그 말을 명심하고 있다가 1945년의 암호 이론 논문에서 그렇게 썼다. 노이만이 그렇게 말한 이유는 셰넌이 제시한 정보의 양을 측정하는 공식이 열역학의 엔트로피 공식과 같았기 때문이었다. 셰넌이 말한 정보는 정보에 관한 것이지만 정보가 아니라 열역학의 엔트로피에 가까운 것이어서 '정보 엔트로피'(information entropy)라고 부르는 게 혼동을 줄일 것이다. 섀넌은 1948년 논문을 사실 1944년에 거의 완성했다. 비트는 섀넌과 투키가 얘기를 나누던 중 투키가 이진수의 줄임말로 제안했다.

한편 엔트로피(entropy)는 독일의 물리학자 루돌프 클라우지우스(Rudolph Clausius, 1822~88)가 1865년에 고안한 용어로 en+tropy의 합성어인데, en은 in이고 tropy는 turning으로 energy가 변해서 되는 것이라는 뜻을 담고 있다. energy는 16세기 말에 프랑스에서 사용되기 시작한 용어로 en+ergy의 합성어인데, ergy는 work로 energy는 활력, 활동, 작동 등을 뜻한다. 클라우지우스에 이어 오스트리아의 볼츠만(Ludwig Boltzmann, 1844~1906)과 미국의 깁스(Josiah Gibbs, 1839~1903)가 밝혔듯이, 이 세상의 에너지의 양은 변하지 않지만 사용할 수 있는 에너지의 양은 계속 줄어들어 간다. 요컨대 에너지는 계속 줄어들고, 엔트로피는 계속 늘어난다.

1940-50년대 통신 기술과 정보 기술이 빠르게 발전하고 있던 때에 시각, 청각, 문예를 막론해서 전자 기술은 아직 표현의 매체로 활용되기 어려운 상태였다. 그러나 전자 기술을 지배하게 된 사이버네틱스와 정보 이론은 문예를 비롯한 모든 예술 분야에서 큰 영향을 미쳤다. 사이버네틱스는 피드백과 체계의 개념을 중심으로, 정보 이론은 특수한 정보의 개념을 중심으로 그렇게 했다. 사이버네틱스는 행위자와 체계의 관계, 발신자와 수신자의 상호작용 등에 대한 인식을 강화했다. 정보 이론은 표현에 대한 수치적 계량을 통해 작품에 대한 과학적 이해를 추구할 수 있다는 인식을 널리 퍼트렸다.

그러나 이런 노력은 1960년대를 지나며 사실상 사라져 버렸다. 사이버네틱스는 더 이상 사용되지 않는 말이 되었으나 사실 그 내용은 널리 퍼져서 당연한 것이 되었다. 이에 비해 정보 이론의 적용은 청년 움베르토 에코가 잘 밝혔듯이 작품의 이해에 적합한 것이 아니었다.

셰넌의 정보 이론은 전기-전자 통신에서 최적의 전송 방식을 찾기 위한 수학 이론이지 일반적인 정보에 관한 이론이 전혀 아니다. 셰넌이 말했듯이 "통신의 의미론적 측면은 그 공학적 측면과 무관하다." 이 말에 올바로 유의하지 않고 셰넌의 정보 이론으로 표현을 계량하고 작품을 평가하는 것은, 즉 일반적인 정보에 관해 논의하는 것은 애초에 큰 문제를 안고 있는 것이다.

그런데 전기-전자 기술의 면에서 보자면 위너의 사이버네틱스보다 셰넌의 정보 이론이 훨씬 더 중요한 역할을 했다. 셰넌은 1937년에 모든 시각과 청각의 정보를 0과 1의 전자 신호로 전환해서 처리할 수 있다는 것을 밝혔고, 이어서 1948년에 그것을 가장 효율적으로 수행할 수 있는 완전한 수학 공식을 제시했다.

튜링과 노이만이 디지털 컴퓨터의 원리를 확립했다면, 셰넌은 디지털 정보의 처리 방식을 확립했다. 그들은 컴퓨터의 개발과 활용을 위한 길을 활짝 열었다. 컴퓨터는 계산기에서 문자를 포함한 모든 시각과 청각의 기호를 자유롭게 다루는 기계로 변모했다. 새로운 기술의 논리가 아니라 새로운 기술 자체가 세상을 빠르게 바꾸게 되었다.

1970년대에 들어서서 컴퓨터로 문자를 처리하는 기술(word processor)이 개발됐다. CRT 시현 장치로 문자를 보며 쓰고, 결과를 플로피 디스크에 저장할 수 있게 됐다. 1983년에 마이크로소프트 사가 '워드'(Word)를 발표했다. 이로써 컴퓨터로 글을 쓰는 것이 빠르게 확산됐다. 한국에서는 1985년에 삼보 컴퓨터의 '보석글'이 출시되어 주도했으나 1989년에 이찬진이 '흔글'을 발표해서 세상을 바꾸어 놓았다. '흔글'

은 조합형으로 한글을 가장 완벽하게 구현한다. 이 점에서 '훈글'은 완성형인 '워드'를 넘어서는 중요한 문화적 가치를 갖고 있다.

1980년대에 개인용 컴퓨터의 시대가 되어 컴퓨터를 통한 글쓰기는 당연한 것으로 변모했고, 컴퓨터 통신[74]이 널리 확산되면서 글쓰기의 장이 기존의 지면을 넘어서 크게 확대됐고, 글쓰기를 매개로 만들어지는 인간 관계도 공간적 제약을 넘어서 크게 늘어났다. 밀란 쿤데라(Milan Kundera, 1929~)는 1990년에 발표한 소설『불멸』에서 '이마골로기'에 대해 썼다. 이념의 논리(이데올로기, ideology)가 지배하던 시대에서 이미지의 논리(이마골로기, imagology)가 지배하는 시대로 바뀌었다는 것이다.

당시 이런 변화를 주도한 것은 화려한 동영상의 음악 전문 케이블 방송 MTV(1981년 개국), 세계의 소식을 24시간 실시간으로 전하는 CNN(1980년 개국)이었다. 프랑스의 사회학자 장 보드리야르(Jean Baudrillard, 1929~2007)는 이런 변화를 '시뮬라시옹'(simulation, 모사)이라는 개념으로 설명했다. 사람들이 TV나 컴퓨터가 만든 허구의 형상을 사실로 여기고 홀랑 속아 넘어가게 된다는 것이다. 우리는 시각으로 대부분의 정보를 지각하는 시각적 동물이다. 이런 점에서 이미지는 언제나 큰 힘을 발휘한다. TV는 물론 컴퓨터는 이미지의 힘을 더욱 더 강화했다. 그러나 인간은 이념에도, 이미지에도 그저 굴복하고 마는 존재가 아니다. 쿤데라와 보드리야르의 주장은 너무 일방적이다. 자신의 주장을 과학적 설명으로 내세운 사회학자 보드리야르가 더욱 더 그렇다.

실로 우리는 이미지가 넘쳐나는 시대에 살고 있다. 이데올로기는 글이 주도하고, 이마골로기는 형상이 주도한다. 그러나 21세기에 들어

---

[74] 개인용 컴퓨터를 통신망으로 연결해서 이용하는 것이어서 'PC 통신'으로 불렸다. '천리안'은 1984년에, '하이텔'은 1986년에 시작됐다. 둘은 한국의 양대 PC 통신사였다.

와서 컴퓨터를 활용한 문예의 부흥이 이루어지고 있다. 스마트폰의 대중화와 함께 글 전문 인터넷 사이트들이 크게 성장했다. 스마트폰으로 글을 편하게 읽을 수 있기 때문이다. 그리고 글이 갖는 복합적 상상력과 심오한 정보력은 어떤 것도 대체할 수 없는 것이다.

오늘날 우리는 단순히 문자 처리기를 사용하는 것을 넘어서 훨씬 다양한 컴퓨터의 도움을 받을 수 있다. 예컨대 글쓰기를 위한 각종 보조 프로그램을 사용할 수 있고, 여기서 나아가 아예 글쓰기 프로그램을 사용할 수 있다. 컴퓨터의 도움으로 쉽게 그림을 그리고 음악을 만들 수 있는 것처럼 쉽게 글쓰기도 할 수 있는 것이다. 또한 이미지가 글을 축출하는 것이 아니라 이미지가 글과 아주 다채롭고 편리하게 어우러질 수 있다. 책은 종이의 묶음이 아니라 많은 정보와 지식을 모아 놓은 것이고 종이는 그 매체일 뿐이다. 전자 책, 전자 잡지, 전자 신문 등 전자 글은 종이라는 매체의 한계를 떠나서 훨씬 풍부한 표현을 할 수 있다. 영화 〈해리 포터〉의 마법지도처럼 사진, 그림뿐만 아니라 동영상도 글에 포함될 수 있다. 글이 완전한 다중매체 표현물로 바뀔 수 있는 것이다.

6장

게임 문화

게임의 이해

　게임(game)은 무엇인가? 게임은 놀이(play)와 비슷한 말이지만 사실 놀이의 특수한 유형을 뜻한다.[75] 놀이는 우리에게 즐거움을 주는 것으로서 크게 규칙이 없는 것과 규칙이 있는 것으로 나뉜다. 게임은 규칙이 있는 놀이를 가리킨다. 놀이는 보통 여가에 속하는 것으로 여겨지고, 또 여가는 보통 있으면 좋은 것으로 여겨진다. 그러나 여가(餘暇, leisure)는 휴식의 시간으로서 우리가 건강하게 살아가기 위해 반드시 필요한 시간이다. 제대로 쉬지 못하면 우리의 육체와 정신이 망가지게 된다. 이른바 '과로사'가 잘 보여주듯이 일을 너무 많이 하면 죽을 수 있다. 심지어 기계도 휴식과 정비가 필요하다. 사람은 더 말할 것도 없다.

　현대 사회에서 하루 24시간은 크게 생리 시간, 노동 시간, 자유 시간으로 삼분된다. 기술의 발달과 인권의 신장에 따라 노동 시간은 계속 줄어들고 자유 시간은 계속 늘어나고 있다. 사실 생각해 보면 우리는 노동하기 위해 존재하는 것이 아니라 자유를 위해 노동하는 것이다. 자유가 목적이고 노동은 수단이다. 자유 시간, 즉 여가를 어떻게 보낼 것인가는 삶의 질에서 핵심을 차지한다. 우리는 다양한 여가 활동을 즐긴다. 사

75　game은 '~할 용의가 있는'이라는 뜻의 형용사로도 쓰인다.

람들은 여행, 감상, 운동 등 여러 활동들을 하며 여가를 보낸다. 놀이도 여가 활동에서 큰 비중을 차지하며, 그 중에서 게임이 차지하는 비중이 대단히 크다.

아이들은 규칙이 없는 놀이도 많이 하지만, 어른들은 대체로 게임, 즉 규칙이 있는 놀이를 한다. 가장 좋은 예는 바로 운동이다. 운동은 육체 문화[76]의 대표로서 모든 인류가 항상 즐기고 있으며, 이 때문에 세계 최대의 행사와 산업으로 확립되어 있다.[77]

게임의 유형과 종류는 대단히 다양하다. 게임이라는 말의 의미를 살펴본 최초의 학자는 바로 루트비히 비트겐슈타인(Ludwig Wittgenstein, 1889~1951)으로 그는 '언어 게임'을 설명하며 가족적 유사성만 갖고 있는 여러 놀이들을 게임이라는 말로 부르고 있다고 주장했다.

그런데 사실 비트겐슈타인을 전후해서 게임을 포함한 놀이에 대한 체계적인 연구가 이루어졌다. 그것은 네덜란드의 문화사학자 요한 하이징가((Johan Huizinga, 1872~1945)의 『호모 루덴스』(1938년)로 시작되어 프랑스의 사회학자 호제 카유와(Roger Caillois, 1913~78)의 『놀이와 인간』(1958년)에서 크게 발전되었다. 전자는 놀이의 가치와 의미를 잘 설명했고, 후자는 그 원리를 세밀히 분석해서 제시했다.

하이징가는 인간의 규정으로 호모 사피엔스에 대해 호모 루덴스를 제시했다. 호모 사피엔스(*Homo sapiens*)는 생물 분류학을 정립한 스웨덴의 칼 린네(Carl von Linné, 1707~78)가 1758년에 고안한 학명으로 호모는 사람, 사피엔스는 현명하다는 뜻이다. 이에 대해 호모 파베르(*Home*

---

76 문화는 크게 정신 문화와 육체 문화로 나뉜다. 전자는 정신을 주로 쓰는 문화로 지식과 표현으로 대표되며, 육체 문화는 육체를 주로 쓰는 문화로 운동으로 대표된다.

77 모든 인류가 함께 참여해서 벌이는 행사로서 올림픽과 월드컵을 능가하는 것은 없다.

faber)는 사실 기원전 300년대 고대 로마 공화국의 장님 정치인 아피우스 카에쿠스(Appius Caecus, 312~279 BC)가 처음 한 말로 도구를 만들어서 자신의 운명과 환경을 통제하는 사람을 뜻한다. 파베르는 제작하다는 뜻이다. 20세기에 들어서서 프랑스의 철학자 앙리 베르크손(Henri-Louis Bergson, 1859~1941)이 『창조적 진화』(1907년)에서 이 말을 썼다. 호모 루덴스(*Homo ludens*)는 놀이하는 사람이라는 뜻이다. 인류는 오랫동안 노동을 신성시하고 놀이를 무시했으나 하이징가는 놀이가 중요한 사회적 가치를 갖는 것으로 설명해서 놀이에 대한 인식을 바꿔놓았다.

그런데 하이징가는 물론 카유와도 놀이와 게임을 명확히 구분하지 않았다. 둘의 구분은 놀이를 올바로 이해하기 위한 기본이다. 우선 규칙의 유무로 놀이와 게임을 구분하고, 다시 놀이와 게임은 혼자 노는 것과 둘 이상이 노는 것으로 구분할 수 있다.

컴퓨터와 게임

컴퓨터의 개발과 함께 게임의 새 장이 열렸다. 컴퓨터는 초기부터 계산기를 넘어서 새로운 표현 기계로, 새로운 오락 기계로 그 용도가 확장되어 갔다. 그런데 컴퓨터가 이렇게 변화하기 위해서는 우선 CRT와 결합돼야 했다.

현재 컴퓨터의 외형은 입력기인 타자기(keyboard)와 출력기인 화상 장치(monitor)로 대표된다. 키보드는 1868년에 처음 발명된 타자기에서 발전해 온 것이고, 화상 장치는 1951년에 훨윈드 컴퓨터가 CRT를 사용하는 것으로 시작되었다. 처음에 컴퓨터의 CRT는 화상 정보를 보여주는 것으로 사용되었으나, 1964년에 타자기로 입력하는 문자, 숫자, 기호 등을 바로 보여주는 컴퓨터 시스템이 개발되었다. 이로써 VDT(video display terminal, 화상 시현 단말기)로 불리는 사용자 연결 장치(interface)가 확립되었다.[78]

컴퓨터를 이용한 게임의 개발은 에니악이 발표된 다음 해인 1947년부터 시작됐다. 그러나 실제 시작은 1958년에 미국의 물리학자 윌리엄 히긴보텀(William Higinbotham, 1910~1994)이 만든 'Tennis for Two'였다. 이 게임은 디지털 컴퓨터가 아니라 아날로크 컴퓨터를 이용한 것이었다. 이어서 1961년 9월에 MIT에 설치된 DEC의 PDP1[79]을 이용해서 하버드 대의 직원이었던 스티브 러셀(Steve Russell, 1937~)의 주도로 'Spacewar!'가 개발되어 1962년 2월에 발표됐다. 이렇게 해서 본격적인 컴퓨터 게임의 길이 활짝 열렸다.

Tennis for Two는 컴퓨터의 성능을 시험하는 것이 아니라 사람들의 재미를 위해 만들어진 최초의 컴퓨터 게임이다. 히긴보텀은 2차 세계대전 때 로스 알라모스(Los Alamos) 국립 연구소에서 일본의 히로시마와 나가사키에 투하된 핵폭탄에 사용된 전자장치의 개발을 주도했다. 1948년에 그는 브룩헤이븐(Brookhaven) 국립 연구소로 옮겨서 매년 수천 명에 이르는 방문자들을 위한 전시를 책임지게 됐는데, 이 방문자들의 관심을 끌 창의적인 상호작용 전시로 Tennis for Two라는 컴퓨터 게임을 만들게 됐던 것이다. 그의 노력은 큰 성공을 거둬서 이 컴퓨터 게임을 즐

---

[78]   VDT는 VDT 증후군(Visual Display Terminal Syndrome)으로 불리는 병을 낳기도 했다. 오랫동안 화상 장치를 들여다보며 일을 해서 어깨, 목, 눈, 허리 등에 이상이 생기는 증상이다. 한편 키보드와 함께 컴퓨터 입력장치의 양 축을 이루고 있는 마우스(mouse)는 1968년에 발명되었다.

[79]   1959년에 처음 생산된 컴퓨터로 MIT의 해커(hacker) 문화에 큰 영향을 미쳤다. 그 기본형의 가격이 당시 12만 달러였는데, 2020년 가격으로 104만 달러(약 12억 4,400만 원)로 추산됐다. 게임용으로 쓰기에는 너무나 비싼 기계였다.

사진20 Tennis for Two

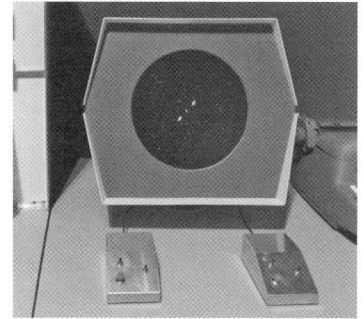
사진21 Spacewar!

기기 위해 방문자들이 길게 줄을 섰다고 한다. 방문자들은 장비들의 전시를 보거나 딱딱한 강의를 듣는 것이 아니라 컴퓨터 게임을 하며 즐겁게 놀면서 컴퓨터와 과학에 대해 관심을 키우게 됐다.[80]

　Spacewar!는 획기적인 컴퓨터 게임이다. 우주선이 우주를 날면서 미사일을 쏘아서 싸우는 것이다. 이로써 컴퓨터에 화상을 띄워서 역동적인 게임을 할 수 있다는 사실이 입증됐다. 이 게임은 게임 공간을 우주로 확장하고 우주선과 미사일로 사람들의 흥미를 더욱 강력히 자극했다.

　1961년은 우주 개발에서 중요한 해였다. 그 해 1월에 미국 대통령에 취임한 존 케네디(John Kennedy, 1917~1963, 재임 1961.1.20.~1963.11.22.)는 1960년 7월 15일 대통령 후보 수락 연설에서 '새로운 개척지'(New Frontier)를 강력히 제시했다. 우주는 그 대표였다. 1961년 5월 25일 케네디는 '국가의 긴급 과제에 대한 특별 교서'를 발표했는데, 거기에는 앞으로 10년 내에 달 착륙과 지구 귀환을 이룬다는 내용도 있었다.

　이 계획의 배경은 미국과 소련의 무시무시한 냉전이었다. 소련은 1967년 10월 4일 인류 최초 인공위성 스푸트니크의 성공, 1961년 4월

---

[80] 컴퓨터 게임은 이렇듯 교육과 놀이가 결합된 에듀테인먼트(edutainment)를 구현하는 것으로 시작됐던 것이다.

6장　게임 문화　117

12일 인류 최초 유리 가가린(Юрий Гагарин, 1934~1968)의 우주 비행 성공으로 우주 개발을 주도하고 있었다. 케네디는 '뉴 프론티어'를 내걸고 이에 강력히 맞설 계획을 추진했다. 우주 개발은 어마어마하게 많은 비용이 드는 것으로 소련보다 비할 수 없이 부유한 미국이 결국 소련을 이기고 1969년 7월 20일 아폴로 11호로 달 착륙에 성공했다. 7월 24일 아폴로 11호의 승무원들은 무사히 지구로 귀환했다.

'새로운 개척지'는 19세기의 서부 개척에서 연원한 것으로 1848년 캘리포니아에서 금광 발견, 1869년 미국 대륙 횡단철도 개통 등을 계기로 1850-90년대 동안 미국 서부는 대대적으로 개발되었다. 이 과정은 미국의 원주민에게는 너무나 끔찍한 학살과 약탈의 시간이었다. 자연의 훼손과 파괴도 극심했다. 19세기 초에 4천만 마리가 넘었던 미국의 들소는 19세기 중반에 거의 멸종 상태에 이르게 되었다. 이런 문제에 대응해서 1872년 미국 의회는 세계 최초의 국립공원인 '옐로우스톤 국립공원'을 지정했다.

미국과 소련의 우주 개발 경쟁을 배경으로 스티브 러셀은 1961년 여름부터 Spacewar!를 구상하기 시작했다. 이런 상황에서 1963년 영국의 BBC가 '닥터 후'(Doctor Who)를 시작했고, 1966년 미국의 NBC가 '스타 트렉'(Star Trek)을 시작했고, 이어서 1977년 조지 루카스의 '스타 워즈'(Star Wars)가 개봉됐다. 참고로 한국은 2021년 10월 21일 한국 최초의 저궤도 실용위성 로켓인 '누리호'를 발사했다. 비록 위성 모사체의 궤도 투입에는 실패했지만 이 로켓의 발사로 한국은 세계 7번째 인공위성 발사체 기술 보유국이 됐다. 군사적으로 보자면 이것은 대륙간 탄도 미사일(ICBM)의 기술을 보유한 것이라고 할 수 있다.

1960년대에 들어서 컴퓨터 게임이 새로운 산업으로 성장할 수 있는 기반이 계속 빠르게 강화되었다. 1972년에 놀란 부시넬(Nolan Bushnell,

1943~)이 설립한 아타리(Atari) 사에서 '퐁'(Pong)을 출시했다. 1969년에 그는 Spacewar!를 모방한 Computer Space를 개발했다. '퐁'은 상업적으로 성공한 첫 게임으로 손꼽힌다. '퐁'은 핑퐁(pingpong), 즉 탁구를 뜻한다. 이 게임은 Tennis for Two가 발전된 것이라고 할 수 있는데, 다른 제품을 표절한 것으로 고소당하기도 했다.[81] 이런 문제에도 불구하고 '퐁'은 세계적으로 큰 성공을 거두었다. 이로써 컴퓨터 게임의 시대가 본격 시작되었다. 아래 위로 움직이는 작은 막대기로 좌우로 움직이는 작은 공을 치는 형태의 단순한 게임이 컴퓨터 게임의 본격적 시작이었다. 이로부터 컴퓨터 게임은 빠르게 성장해서 거대한 산업을 형성하게 되었다.

컴퓨터 게임의 발전

컴퓨터 게임의 역사는 개념으로는 1947년부터, 시연으로는 1951년부터 시작되었다고 할 수 있다. 그러나 실질적인 시작은 1958년으로 볼 수 있다. 컴퓨터 게임은 언제나 당대 컴퓨터 기술의 발전상을 잘 보여주었다. 컴퓨터 게임은 그냥 아이디어의 산물이 아니라 우선 디지털 기술의 산물이다. 컴퓨터 게임의 명칭에도 이런 사실이 반영되어 있다.

컴퓨터 게임을 보통 '비디오 게임'(video game)이라고 부른다. 이것은 CRT로 시작된 컴퓨터의 화상 장치로 보는 전자 화상을 강조한 용어인데, 사실 모든 컴퓨터 게임이 비디오 게임인 것은 아니다. 컴퓨터 게임은 문자나 숫자로 할 수도 있다. 그러나 대부분의 컴퓨터 게임이 비디오 게임인 것은 맞다. 사실 비디오, 즉 화상이 컴퓨터 게임의 외적 실체라고

---

81 가정용 게임기 게임인 Magnavox Odyssey에 들어 있는 탁구 게임을 모방했다. 아타리 사는 마그나복스의 요구를 받아들여 합의했다. 아타리(あたり)는 한자 단수(單手)의 일본식 발음이다. 알파고의 '고'는 바둑을 뜻하는 한자 기(碁)의 일본식 발음이다.

할 수 있다. 컴퓨터 게임의 제작에서 가장 많은 인력이 필요한 것도 화상 분야이다.

'아케이드 게임'(arcade game)이라는 말도 많이 쓴다.[82] 이것은 가게에 게임기를 설치해서 동전을 넣고 하는 게임을 뜻한다. 오락실 또는 오락장은 여러 놀이 기계들을 모아 놓고 노는 곳인데, 컴퓨터 게임의 발전과 함께 컴퓨터 게임이 이곳의 주종을 이루게 되었다. 게임기는 컴퓨터 게임을 즐기기 위해 만든 전용 기계로 가게 게임기와 가정 게임기로 나뉜다. 가게 게임기는 특정한 하나의 게임을 하도록 제작된 것이지만, 가정 게임기는 보통 여러 종류의 게임을 즐길 수 있도록 제작되어 있다.

컴퓨터 기술이 발전하면서 게임기가 아니라 컴퓨터로 게임을 즐기는 것이 당연하게 됐다. 컴퓨터로 일을 하거나 공부를 하는 것뿐만 아니라 즐기고 노는 것도 당연하게 된 것이다. 이렇게 되면서 'PC 게임'이라는 말도 널리 쓰이게 됐다. 이어서 컴퓨터 통신의 발전에 따라 컴퓨터 통신에 접속해서 하는 게임도 늘어났다. 인터넷의 확산과 함께 이 추세는 더욱 강화되어 이제는 아예 온라인(online)[83]이 일반적인 상태가 되었다. 이에 따라 '온라인 게임'이라는 말이 널리 퍼지게 되었다. 그리고 2007년 아이폰의 출시로 스마트폰 시대가 개막되고 '모바일[84] 게임'이 빠르

---

82 아케이드는 본래 아치(arch)를 이어서 만든 복도를 뜻하는 데, 그 양편에 가게들이 들어서게 되어 상가(商街)를 뜻하게 되었다.

83 online 또는 on-line은 본래 on line으로 쓰던 것으로 19세기에 철로와 전신의 상태에 관한 말이었다. 그러나 1950년대에 컴퓨터 통신이 시작되면서 컴퓨터 단말기가 전선을 통해 컴퓨터 본체에 연결되어 있는 것을 뜻하게 되었다.

84 모바일(mobile)은 '움직이는, 이동하는'의 뜻으로 영어로는 휴대폰을 셀룰라(cellular) 폰 또는 모바일 폰으로 부른다. 셀룰라 폰은 휴대폰의 작동방식에서 비롯된 것으로 공간을 일정한 크기의 육각형으로 구획해서 전파를 주고받아 휴대폰이 작동된다. 이 육각형을 셀(세포)이라고 부른다.

표5 주요 컴퓨터 게임의 등장

연도	게임
1946	ENIAC 공개
1951	Whirl Wind I
1958	Tennis for Two
1962	Spacewar!
1972	Pong - Atari
1974	Dungeon & Dragon - TSR
	Maze War - ARPANet 이용
1976	Adventure
1977	Zork(Dungeon)
1978	MUD(Multi-User Dungeon)
	Space Invader - タイト(Taito)
1980	Pacman - ナムコ(Namco)
1981	Galaga/Gallag - ナムコ(Namco)
1982	Sokoban(倉庫番) - シンキングラビット
1984	Tetris
1985	Super Mario - 任天堂(Nintendo)
1987	Street Fighter - カプコン(Capcom)
1988	Cyberpunk - R. Talsorian Games
1989	SimCity - Maxis
1990	지뢰 찾기(Minesweeper) - MS
1993	단군의 땅 - 마리텔레콤
1994	Warcraft - Blizzard
	Sony PlayStation
1996	바람의 나라 - 넥슨
1998	Starcraft - Blizzard
	리니지(Lineage) - 엔씨소프트
2000	Sims - Maxis
2001	동물의 숲(あつ森) - 任天堂(Nintendo)
2004	카트라이더 - 넥슨
2006	Roblox - Roblox
2009	League of Legends(LoL) - Riot Games
	Minecraft - Mojang
2016	Overwatch - Blizzard
2017	Nintendo Switch
	배틀 그라운드 - 크래프톤
2020	리니지M - 엔씨소프트

게 성장했다. 스마트폰은 초소형 고성능 컴퓨터로 인터넷에 상시 접속되어 있다. 스마트폰으로 우리는 '호모 코네티쿠스'(*Homo Conneticus*, 접속인)가 되었다.

게임을 즐기는 사람의 수에 따라 1인 게임, 2인 게임, 다수 게임으로 나눌 수 있다. 다수 게임은 여러 사람이 동시에 서버[85]에 접속해서 함께 즐기는 온라인 게임이다. 가장 많은 사람들이 모여서 하는 게임은 MMORPG(Massive Multiplayer Online Role Playing Game, 대규모 다중사용자 온라인 롤 플레잉 게임)으로 전세계에서 수십만 명이 한번에 접속해서 놀 수 있다. MMORPG는 컴퓨터와 컴퓨터 통신의 최고 수준을 보여주는 게임으로 그 개발과 유지에 막대한 비용이 필요하다.

컴퓨터 게임의 실제 역사는 1958년의 Tennis for Two로, 상업화 역사는 1972년의 Pong으로 본격화됐다. 오늘날 컴퓨터 게임은 내용에 따라 다양하게 분류된다. 퍼즐 게임, 어드벤처 게임, 시뮬레이션 게임, 롤 플레잉 게임, 액션 게임, 스포츠 게임, 샌드박스 게임 등 대단히 다양하다.

컴퓨터 게임의 현황

오늘날 컴퓨터 게임은 단순히 놀이에 그치지 않는다. 컴퓨터 게임은 디지털 시대를 대표하는 상호작용형 다매체 문화 콘텐츠(interactive multimedia cultural contents)로서 디지털 기술을 이용한 표현의 최고 수준을 보여준다. 컴퓨터 게임은 이야기, 동영상, 소리가 융합된 다매체 문화

---

85 서버(server)는 봉사자라는 뜻이지만 컴퓨터에서는 통신망을 통해 이용자들에게 각종 정보나 서비스를 제공하는 컴퓨터를 뜻한다. 서버를 이용하는 컴퓨터를 클라이언트(client, 고객)로 부른다. 이 서버-클라이언트 시스템은 1969년 ARPANet의 방식으로 제시됐다.

콘텐츠로서 새로운 표현의 장을 열었을 뿐만 아니라 상호작용형 문화 콘텐츠로서 인간과 컴퓨터의 관계, 인간과 인간의 관계에서도 새로운 관계의 장을 열었다. 컴퓨터 게임을 하는 것은 우선 놀이와 휴식으로서 중요하다. 그러나 그것을 넘어서 컴퓨터 기술이 만든 새로운 문화 콘텐츠를 익히는 것이며, 놀면서 배우는 이른바 '에듀테인먼트'(edutainment, 학습 놀이)의 방식으로 다양한 내용들을 학습하는 것이다.

그런데 컴퓨터 게임은 강한 몰입성(immersion)을 갖고 있다. 이 때문에 컴퓨터 게임에 너무 몰두해서 해야 할 일을 하지 않는다거나, 컴퓨터 게임의 세계와 현실을 혼동한다거나 하는 문제가 발생한다. 이런 상황을 배경으로 컴퓨터 게임에 대한 강한 규제의 요구가 제기된다. 여기서 이른바 '게임 중독'[86]을 둘러싼 논란이 비롯된다. 이에 대해서는 개발자와 이용자가 모두 크게 주의할 필요가 있다. 특히 이용자에 대한 디지털 문해력 교육이 중요하다. 게임에 과몰입하기 쉽고, 이에 따라 여러 문제가 생기게 되는 것을 어려서부터 잘 배울 수 있어야 한다. 컴퓨터 게임이 디지털 시대의 핵심인 만큼 그 특성에 대해 어려서부터 잘 배우고 대응할 수 있는 능력을 길러야 한다.[87]

컴퓨터 게임은 디지털 문화의 핵심이자 디지털 산업의 대표이다. 컴퓨터 게임은 놀이와 재미의 중요성을 아주 잘 보여준다. 웃고 즐기는 중에 기술과 문화에 대해 많은 것을 배우고, 사람과 사회에 대해 많은 것을 알게 되고, 산업과 경제의 성장이 이루어진다. 싸움이 아니라 놀이와

---

[86] 영어로는 game addiction이다. 사실 독이 몸에 퍼져서 위험해지는 게 중독(poisoning)이다. addiction은 '탐닉'으로 무엇을 지나치게 즐기는 것이다. 게임에 대해 '중독'은 지나친 표현으로 '과몰입'(over-immersion)이 적당하다.

[87] 컴퓨터 게임은 '게임산업 진흥에 관한 법률'을 통해 관리되고 있는데, '게임 과몰입이나 사행성·폭력성·선정성 조장 등 게임의 역기능을 예방'하는 것이 중요 과제로 규정되어 있다.

재미가 사회를 이끌고 가는 동력이 될 수 있다. 이 사실을 컴퓨터 게임은 입증했다. 이런 면에서 컴퓨터 게임에 대한 관심이 사회적으로 더욱 넓어지고 깊어져야 한다. 컴퓨터 게임은 이미 생활문화와 대중문화로 확립된 상태이다. 컴퓨터 게임의 경제적 가치가 계속 크게 성장하는 것도 이 때문이다. 문화와 산업의 양 면에서 컴퓨터 게임에 대한 깊고 넓은 논의가 널리 시행되고 교육돼야 한다.

2020년 1월에 시작된 지구적인 코로나19 바이러스 사태는 이른바 '온택트'(ontact)를 '새로운 정상'(new normal)으로 만들었다.[88] 이 무서운 전염병 사태에 직면에서 디지털 기술을 이용해서 직접 접촉하지 않고 사는 것이 널리 확산된 것이다. 컴퓨터 게임은 이미 빠르게 성장하고 있었지만 온택트 시대에 더욱 더 빠르게 성장하게 되었다. 여가는 사람들을 만나는 게 중심이었으나 바이러스의 확산으로 그렇게 할 수 없게 되었기 때문이다. 세계의 게임산업은 더욱 더 빠르게 성장하게 될 것이다. 한국의 게임산업도 마찬가지이다. 한국의 문화컨텐츠 산업에서 게임산업이 차지하는 비중은 아주 크다. 특히 문화콘텐츠의 수출액에서는 압도적이다. 사실 '기생충', BTS, '오징어 게임'에 앞서서 '리니지'가 세계에서 한국을 대표하는 문화콘텐츠였다.

컴퓨터 게임 산업은 많은 회사들과 종사자들이 있는 거대 산업이다. 2020년 매출액 기준으로 세계 게임산업은 약 160억 달러(약 188조 원), 국내 게임산업은 17조 원 이상(국내 자동차 산업 매출 59조 원의 1/3 규모)이었다. 2020년 매출액 기준으로, 세계 10대 게임회사는 텐센트, 소니, 애플, MS, 구글, NetEase, 닌텐도, 블리자드, Electronic Arts, Take-Two

---

88   ontact는 online contact(온라인 접촉)의 준말이다. '뉴 노멀'은 본래 저성장에 따른 사회 전반의 기준 변화를 뜻하는 말이었으나 코로나19 사태에 따른 변화를 뜻하는 말로 변했다.

카카오톡 채널 추가하세요

진인진(사회과학) ＋

카카오톡 채널 추가하는 방법
① 카톡 상단 검색창 클릭
② 스캐너로 QR코드 스캔
③ 홈에서 채널추가

진인진 발간 사회과학 도서 신간정보를 가장 빨리 알려드립니다.

도서출판 진인진

kakaotalk

그림8 『2021 게임 백서』의 통계 자료

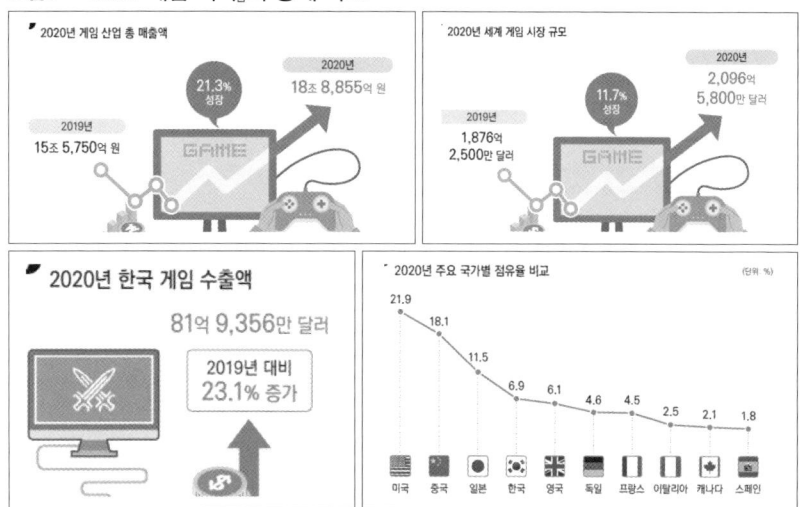

Interactive 등으로 중국의 텐센트가 1위였고,[89] 국내 10대 게임회사는 넥슨, 넷마블, 엔씨소프트, NHN, 컴투스, 카카오게임즈, 펄어비스, 그라비티, 웹젠, 네오위즈 등이었다. 컴퓨터 게임 산업의 성장과 함께 컴퓨터 게임 회사들의 사회적 책임도 계속 커지고 있다.

텐센트(Tencent, 腾讯텅쉰)는 1998년에 창립된 중국의 최대 정보산업 기업이다. QQ, 위챗(WeChat, 微信웨이신) 등 메신저 서비스로 급성장해서 게임을 비롯한 엔터테인먼트 분야로 급성장했다. QQ의 이용자는 7억 명, 위챗의 이용자는 12억 명이 넘는다. 창립 이후 불과 20년만에 텐센트는 세계 7대 기업이 되었는데, 이런 급성장은 중국의 공산당 정부가 중국의 인터넷을 강력히 통제해서 텐센트가 중국의 인터넷 산업을 독점한 결과이나, 텐센트는 이런 바탕 위에서 세계의 모든 정보산업 기업을 대상으로 강력한 학습과 투자를 시행해서 역량을 강화해 왔다.

---

[89] 한국의 3대 컴퓨터 게임 회사인 3N의 세계 순위는 넥슨 12위, 넷마블 16위, 엔씨소프트 18위였다.

7장

소통 문화

소통의 의미

소통(疏通)은 막히지 않고 통하는 것을 뜻한다. 소(疏)는 물 흐르듯이 탁 트이는 것이고, 통(通)은 막히지 않고 잘 오가는 것이다. 소통은 말을 주고받는 것에 많이 쓰이지만 교통이나 물자의 흐름에도 두루 쓰인다. 말을 주고받는 것은 뜻을 주고받기 위한 것이다. 말 자체가 뜻을 표현하는 매체이다. 뜻이 목적이고, 말은 수단이다. 이런 점에서 '의사 소통'이라는 말이 널리 쓰이기도 한다. 의사(意思)는 생각을, 더 정확히는 생각에 담겨 있는 뜻을 가리킨다. 그 내용이 말/뜻이건, 교통이나 물자이건 소통은 사회의 작동에서 대단히 중요하다. 소통이 제대로 이루어지지 않는다면 사회는 유지될 수 없다.

특히 말/뜻의 소통 면에서 유대교-기독교의 '바벨 탑' 이야기는 소통의 중요성을 잘 보여준다. 이 이야기는 본래 유대(Judea) 인의 유대교 경전인 기독교의 구약 경전에 있다. 먼 옛날 사람들이 큰 도시를 건설하고 하늘에까지 닿는 탑을 쌓으려는 것을 보게 된 신은 사람들을 그냥 뒀다가는 무슨 일을 할지 모르겠다고 생각했다. 사람들이 이런 탑을 세우게 된 것은 모두 같은 말과 글을 쓰기 때문이라고 생각한 신은 사람들이 같은 말을 쓰지 못하게 만들었고 곧 사람들은 곳곳으로 흩어지게 됐다. '바벨'(Babel)은 사람들이 건설하던 도시의 이름인데, 이 말은 히브리 어

(유대 어)로서 '혼란'을 뜻한다.[90]

'바벨 탑' 이야기는 사람들이 말과 글로 소통해서 문명을 이루게 된 것을 보여준다. 도시는 문명의 대표다.[91] 그러나 메소포타미아 문명의 몰락이 잘 보여주듯이, 고대의 문명은 도시로 융성했으나 바로 그 도시로 말미암아 몰락하고 말았다.[92] 도시는 스스로 자립할 수 없으며 주변의 자원들로 유지된다. 도시로 물, 식량, 연료 등의 3대 자원이 계속 공급돼야 한다. 숲의 나무는 연료와 목재로 문명을 지탱했다. 오늘날에도 숲은 각종 동식물의 서식지이자 공기의 생산지이고 물의 저수지로서 극히 중요하다. 그런데 도시가 커지면서 숲이 계속 개발되어 마침내 파괴되어 버렸다. 그 결과 메소포타미아 문명은 더 유지되지 못하고 몰락했다.

인류 최초의 서사시인 '길가메시(Gilgamesh, 4천년 전)'는 숲의 괴물을 물리치고, 즉 숲을 개발해서 메소포타미아 문명을 이룬 길가메시 왕을 찬양하는 노래다. 그러나 이 성공은 결국 패망으로 귀결됐다. 이 놀라운 역사에 대해 엥겔스(Frederich Engels, 1820~1895)는 『자연 변증법』에서 상세히 설명했으나, 그의 후예 스탈린(Joseph Stalin, 1878~1953)은 '아랄 해'를 없애버리는 인류 역사상 최악의 파괴적 개발을 강행했다. 프랑스의 샤토브리앙(François-René de Chateaubriand, 1768~1848)은 "문명 앞에 숲이 있고 문명 뒤에 사막이 남는다"는 말로 문명의 반생태성을 적절

---

90 아카드(Akkad) 어의 '신의 문'(Babilu, Babili)이 유대 어의 '혼돈'(Babel)으로 변한 것이라고도 한다. 아카드 어와 유대 어는 같은 셈 어에 속한다. 아카드는 메소포타미아 지역의 도시였고, 4500년 전 이 도시를 중심으로 '아카드 제국'이 형성되었다.

91 영어 civilization은 어근이 civ인데 이 말은 도시를 뜻한다. 문명(文明)은 『주역』에서 비롯된 말로 글로써 밝히는 것이다. civilization은 도시를 강조하나, 문명은 글을 강조한다.

92 '메타버스'라는 말을 처음 제시한 닐 스티븐슨의 소설 *Snow Crash*(1992)는 메소포타미아 신화를 주요 소재로 다룬다.

히 묘사했다. 자본주의와 사회주의를 떠나서 현대 생태위기의 근원은 자연을 마구 파괴해서 개발하는 공업이다.

소통은 보통 말로 뜻이 통하는 것을 뜻한다. 인간은 말을 하게 되면서 단순한 군집 생활을 넘어서 복잡한 사회 생활을 하게 됐다.[93] 소통은 사실 영어 communication의 번역어인데 이 말은 보통 통신으로 번역된다. 통신(通信)은 그 자체로는 신호를 주고받는 것이지만 실은 전기-전자 신호를 주고받는 것을 뜻한다. 그런데 communication은 com(함께)+munis(돌보다)에서 비롯된 말로서 '공동체 만들기'의 뜻을 담고 있다. 소통은 공동체를, 즉 사회를 만드는 원초적 행위인 것이다. 우리는 소통의 기술적 의미를 넘어서 사회적 의미에 크게 주의해야 한다. 인간은 소통하는 동물(*Homo Communicatus*)이어서 사회적 동물(*Homo Socius*)이 될 수 있었다.

소통은 이처럼 인간에게 근원적인 의미를 갖는다. 이 때문에 독일의 사회학자 위르겐 하버마스(Jürgen Habermas, 1929~)는 1981년 『소통행위 이론』에서 언어와 소통을, 특히 실제 생활에서 쓰는 언어와 소통을 크게 강조했다. 1967년 미국의 철학자 리차드 로티(Richard McKay Rorty, 1931~2007)가 20세기 전반에 이루어진 서양 철학의 가장 큰 변화로 제시한 '언어학적 전회'(linguistic turn)도 소통의 중요성을 잘 보여주는 것이다. 소통을 잘 하기 위해서는 소통의 수단인 언어를 잘 알아야 한다. 그런데 1964년 마샬 맥루한(Marshall McLuhan, 1911-80)이 『매체의 이해』에서 설파했듯이 20세기에 통신 기술의 비약적 발전이 이루어지면서 그 중요성이 계속 커졌다. 매체는 언어와 소통을 지배할 수 있다.

---

93 다른 동물들과 가장 분명히 구별되는 인간의 능력은 말하는 능력이다. *Homo Sapiens*(현명한 사람)보다 *Home Dicus*(말하는 사람)가 인간의 특징을 더 잘 보여준다.

매체는 사실 통신 매체(communication media)를 뜻하고, 통신 매체는 방송에 이르러 엄청난 사회적 위력을 발휘하게 되었다. 그 문제를 가장 강력히 입증한 것은 히틀러(Adolf Hitler, 1889~1945)와 괴벨스(Paul Goebbels, 1897~1945)였다. 나치의 선전상이었던 괴벨스는 거리 곳곳에 라디오를 설치해서 사람들을 가짜뉴스-허위사실로 세뇌했다. 1948년에 발표된 영국의 작가 조지 오웰(George Orwell, 1903~50)의 『1984』는 정보통신기술로 사람들을 철저히 통제하는 국가를 제시했다. 그 실제 대상은 당시 스탈린이 지배하던 소련이었다. 우파의 나치와 좌파의 소련은 극렬한 독재로서 모두 민주주의의 적이며 정상적 민주국에서는 결코 용납될 수 없는 비정상 세력이다.

디지털 기술과 소통

전기-전자 기술은 초기부터 통신 기술, 즉 소통 기술로 사용되었다. 사람들이 신호를 주고받는 것은 뜻을 주고받기 위한 것이다. 요컨대 통신의 주체는 사람이고, 그 목적은 뜻을 주고받는 것이다. 전기-전자 통신은 19세기 초에 시작되어 다음과 같이 변화해 왔다.

전기-전자 통신은 전류의 이용에서 전파의 이용으로, 즉 유선에서

표6 전기-전자 통신의 변화

아날로그 방식	전류 이용	전신 전화
	전파 이용	무선 통신 방송 - 라디오 　　　 - TV
디지털 방식	컴퓨터 이용	컴퓨터 통신 인터넷

무선으로 발전했다. 여기까지는 모두 아날로그 통신이었다. 컴퓨터의 개발에 따라 디지털 통신이 시작되었다. 컴퓨터 통신이 그 시작이었다. 컴퓨터는 계산기로 시작되어 다양한 정보의 처리기로, 그리고 다양한 정보의 통신기로 변화했다. 컴퓨터 통신은 인터넷의 형성에서 한 정점에 이르게 되었다. 그리고 컴퓨터 기술의 발달에 따라 이전의 아날로그 방식이 모두 디지털 방식으로 바뀌게 되었다.

컴퓨터 통신은 아르파넷(ARPANet)을 거쳐 인터넷으로 발전하게 되었지만, 이와 함께 개별 컴퓨터 통신도 계속 사용되었다. 그리고 1980년대에 들어서서 개인용 컴퓨터가 널리 보급되자 국내에서는 보통 'PC 통신'이라고 불린 개인용 컴퓨터의 통신이 본격화되었다. 이에 따라 미국에서는 1985년에 AOL[94]이 컴퓨터 통신사로 변신했고, The Well(The Whole Earth 'Lectronic Link)[95]을 비롯한 가상 공동체들이 나타났고, 한국에서는 1984년 천리안과 1986년 하이텔이 서비스를 시작해서 가상 공동체들이 나타나게 되었다. '가상 공동체'(virtual community)는 컴퓨터 통신을 통한 소통으로 만들어진 사람들의 관계를 뜻한다. 멀리 떨어져서 만나기 어려운 사람들이 컴퓨터 통신을 통해 관계를 지속할 수 있었기에 이렇게 공동체로 여겨지게 되었다. 새로운 소통방식이 새로운 만남과

---

94 AOL(America Online)은 1980-90년대 미국 최대의 컴퓨터 통신사였다. 그러나 인터넷에 제대로 대응하지 못해서 쇠락하게 됐다. 한국의 천리안도 그렇게 됐다.

95 미국의 작가이자 문화 운동가인 스튜어트 브랜드(Stewart Brand, 1938~)가 만들었다. 그는 1968년에 The Whole Earth Catalog(WEC)라는 전설적인 대항문화 잡지를 창간했다. 1974년 10월에 발간된 그 최종호의 뒷표지에 실린 인사말에 'Stay hungry, Stay foolish'(항상 갈망하라, 항상 겸손하라)가 있다. 스티브 잡스는 2005년 스탠포드 대학교의 졸업식 축사에서 이 잡지를 자기 세대의 놀라운 출판물로 소개했고 이 'Stay hungry, Stay foolish'를 인용하는 것으로 축사를 마쳤다. 스튜어트 브랜드는 스탠포드 대학교의 생물학과를 졸업했고, 스티브 잡스는 리드 칼리지의 철학과를 중퇴했다.

사진22 영화 '접속', 1997   사진23 영화 '유브 갓 메일', 1998

관계를 만든 것이다. 초기의 컴퓨터 통신은 문자와 기호로만 소통해야 해서 서로의 모습을 볼 수 없었고, 임의의 아이디로 소통해서 서로의 정체를 전혀 알리지 않을 수 있었다. 이메일, 채팅, 게시판, 각종 모임 등을 통한 다양한 소통이 활발히 이루어졌고, 이에 따라 이전에는 볼 수 없었던 다양한 관계가 활발히 만들어졌다.

영화 '접속'과 '유브 갓 메일'은 이런 변화를 잘 보여주었다. '접속'은 '채팅'을, '유브 갓 메일'은 이메일을 통한 비대면 소통이 대면 만남으로 이어지는 과정을 섬세하고 재미있게 다루었다. '접속'은 사라 본(Sarah Vaughan, 1924~90)의 A lover's concerto, 앤디 워홀(Andrew Warhola Jr., 1928~1987)이 후원하고 루 리드(Lou" Reed, 1942~2013)가 이끈 Velvet Underground의 Pale blue eyes 같은 노래들을 다시 널리 알리기도 했다.

1989년에 '월드 와이드 웹'(World Wide Web, WWW, the Web)이 개발되어 인터넷이 멀티미디어 통신망으로 변모했고, 사람들이 편리하고 풍부하게 인터넷을 이용할 수 있게 되었다. 이 때문에 웹이 인터넷을 대표하는 것을 넘어서 인터넷과 동일시되게 되었다. 그러나 사실 인터넷은 웹보다 더 넓다. 인터넷은 WWW뿐만 아니라 Email, FTP(File Transport Protocol), Usenet(User's Network), Telnet, Archie, Gopher 등의 여러 서비스들을 포함한다. 인터넷은 다양한 용도와 방식으로 이용되고 있다.

팀 버너스-리(Tim Berners-Lee, 1955~)가 개발한 웹은 HTML(Hyper Text Markup Language)로 작성된 문서들을 HTTP(HyperText Transfer Protocol)로 주고받고 URL(Uniform Resource Locator)로 찾는 방식으로 이루어져 있다. 웹은 웹 문서들을 쉽게 찾고 볼 수 있게 해 주는 웹 브라우저(web browser, 열람기) 프로그램을 통해 이용한다. 웹 문서들을 찾는 전문 프로그램인 검색 엔진은 웹 브라우저 위에서 작동한다. 웹 브라우저는 '모자이크'로 시작됐고, 웹 검색 엔진은 '야후'로 시작됐다.

디지털 소통의 방식

컴퓨터로 대표되는 디지털 기술의 발달로 전신, 전화, 방송 등 기존의 아날로그 통신 기술이 모두 디지털 통신 기술로 교체되었다. 그리고 컴퓨터 통신의 정점인 인터넷은 다양한 방식으로 이용되고 있다. 초기에는 글과 기호만 이용할 수 있었으나, 이제는 그림, 사진, 영상 등을 다 이용할 수 있고, 아바타가 움직이는 '메타버스'도 적극 개발되고 있다. 글만으로 소통하면 오해가 빚어지기 쉬워서 기호를 써서 이 문제를 해소하고자 했다. 이런 기호를 이모티콘(emoticon, 감정 기호)이라고 부른다. 이모지(絵文字, emoji)는 휴대전화에서 사용하는 그림 문자를 가리키는 일본어로 안 쓰는 게 좋다. '메타버스'(metaverse)는 소통 화면을 3차원 영상으로 만들고 그 안에서 아바타가 움직이며 소통하는 방식이다. 이것이 원활히 이루어지기 위해서는 컴퓨터와 통신 기술의 성능이 더욱 향상되어야 한다. 이런 표현 기술을 넘어서 소통 방식이 계속 다양화되고 있다.

일반적으로 소통은 사람과 사람이 직접 연결되어 서로의 뜻을 주고받는 것으로 소통 주체로 보아서 일대일, 일대다, 다대다의 소통이 있다. 또한 대면과 비대면의 방식이 있다. 근대화에 따라 사람들의 관계가 늘어나고 매체 기술이 발달하게 되자 비대면 소통이 크게 늘어나게 되었다. 비대면 소통은 편지나 전화를 통한 소통으로 대표된다. 그런데 화상 매체 기술의 발달로 이제는 지구 반대편에 있는 사람과도 쉽게 실시간 대면 소통을 할 수 있게 됐다. 디지털 기술의 발달로 이렇게 놀라운 변화가 이루어졌다.

소통의 면에서 보자면 이메일이 인터넷을 대표하는 것 같다. 이메일은 누군가와 직접 소통하기 위해 만들어진 프로그램이기 때문이다. 그러나 사실 인터넷 자체가 바로 통신망, 즉 소통 장치이다. 인터넷을 이용하는 것은 컴퓨터 통신을 이용하는 것이다. 우리는 인터넷을 이용해서 필요한 정보를 찾아볼 수 있고, 자료를 구할 수 있고, 타인과 소통할 수 있다. 그런데 정보의 검색과 이용도 그것을 만들어서 올린 사람과 소통하는 것일 수 있다. 이 사실은 이른바 '미디어 리터러시'(매체 독해)의 기본으로 교육되어야 한다.

소통은 직접 소통과 간접 소통의 둘로 나누어 살펴볼 수 있다. 직접 소통은 사람과 사람이 직접 연결되어 소통하는 것으로 접촉 소통과 비접촉 소통, 대면 소통과 비대면 소통으로 나뉜다. 전에는 대면 소통은 곧 접촉 소통이었지만 인터넷 기술의 발달로 비접촉 대면 소통이 널리 확산되었다. 화상 통화, 화상 회의, 화상 강의 등이 그것으로 2020-21년의 코로나19 바이러스 사태로 비접촉 대면 소통으로 대표되는 '온택트'(ontact)가 '뉴 노멀'(new normal), 즉 '새로운 정상 상태'로 확립되었다.

ontact는 online contact의 준말로 인터넷을 통한 접촉을 뜻한다.

사회는 사람들의 접촉으로 형성되고 작동된다. 그런데 코로나19 사태는 사회의 기초인 사람들의 접촉을 어렵게 만들었다. 이에 대해 정보통신기술을 통한 접촉이 중요한 보완책으로 널리 활용되게 되었다. 현재 정보통신기술은 지구적 차원의 대규모 비접촉 대면 회의를 아주 쉽게 할 수 있는 정도에 이르렀다. 생태위기의 핵심인 탄소 배출을 줄이기 위해서도 온택트가 기본으로 확립될 필요가 있다. 특히 공공부문의 원격 회의가 빨리 확립되어 출장, 특히 항공 출장을 최소화해야 한다. 영국의 글래스고에 세계 각구의 대표들이 모여서 회의했으나 결국 적절한 정책 합의에 실패했다. 많은 탄소를 배출하고 아무 성과도 거두지 못한 것이다. 온택트는 이런 한심한 역설을 최소화할 수 있다.

한편 간접 소통은 자료나 정보, 게임 등을 통해 이루어지는 소통이다. 자료나 정보를 제시-취득하고 게임을 하는 것은 소통과 무관한 것으로 보이지만 실은 이것들도 모두 소통과 연관된다. 특히 게임은 사람을 상대로 하거나 사람들이 편을 이루고 하는 경우가 많아서 그 자체로 직접 소통의 성격을 크게 갖고 있다.

여기서 인터넷의 이용 방식에 크게 주의할 필요가 있다. 인터넷을 이용하기 위해서는 우선 특정 인터넷 열람기를 이용해야 하며, 이어서 대체로 특정 인터넷 검색기를 통해서 인터넷에 접속한다. 우리가 직접 보고 이용하는 것은 특정 인터넷 검색기여서 이것을 '포털'(portal, 대문)이라고 부른다. '포털'은 인터넷으로 들어가는 관문이자 실제 정보를 제시하고 소통을 지원하는 것이기에 대단히 중요하다. '포털'은 정보의 흐름을 통제해서 우리의 의식을 조작할 수 있다. '포털'은 의식의 흐름을 결코 자유롭게 내버려 두지 않는다.

'포털'은 나라마다 다르다. 예컨대 한국은 네이버가 압도적이고, 미국은 구글이 주를 이루며, 중국은 바이두(百度)가 주를 이룬다.

네이버(naver)는 navigate와 er을 합쳐서 만든 말로서 '항해하는 사람' 정도의 뜻이고, 구글(google)은 이름이 정해진 가장 큰 숫자인 구골(googol, 10100)로 등록하려다 실수로 표기한 것이라고 하며, 바이두(baidu)는 중국 남송(南宋 1127~1279)의 시인 신기질(辛弃疾, 신치지, 1140~1207)의 시 '청옥안·원석'(青玉案·元夕)의 끝 구절에서 유래했다. 원석(元夕)은 정월 대보름 날로 중국에서는 이 날 등불을 내거는 풍습이 있었다. 이 시에도 이 풍습이 담겨 있다.

众里寻他 千百度 사람들 속에서 그녀를 천번 백번 찾다가
蓦然回首 문득 고개를 돌려 보니
那人却在 灯火阑珊处 뜻밖에도 그녀가 있네 등불이 빛나서 퍼지는 곳에

'포털'의 구성도 서로 다르다. 다음(1997년 5월 설립)이나 네이버(1999년 6월 설립)는 검색뿐만 아니라 뉴스, 이메일, 카페, 블로그, 만화, 게임 등을 다 제공하는 종합 서비스 사이트이지만, 구글(1998년 9월 설립)과 바이두(2000년 1월 설립)는 여러 서비스들을 제공하기 있기는 해도 거의 순수 검색 사이트로 보인다. 네이버나 다음은 많은 것들을 제시해서 이용자가 선택하게 하는 식이라면, 구글과 바이두는 이용자가 직접 검색해서 찾는 식으로 작동되는 것이다.

네이버와 다음은 뉴스와 검색에서 편파성이 큰 문제로 제기되어 있고, 구글은 축적된 엄청난 이용 정보로 검색을 유도할 수 있고, 바이두는 중국 정부의 규제과 감시라는 문제를 안고 있다. '포털'들은 흔히 알고리듬에 따라 작동된다고 주장하나 알고리듬 자체가 편견을 내재하게 되어 있다. '포털'에 의한 사실상 검열과 왜곡을 막기 위해 '포털'이 알고리듬을 공개해서 평가받게 해야 한다. '포털'은 기존의 언론사들을 훨씬 뛰어넘는 초거대 언론사의 성격을 갖다. '가짜 뉴스 척결법'에 '포털'을 포함

하는 것은 너무나 당연하다.

이메일은 디지털 소통의 출발이었고 핵심이지만, 이제는 아주 다양한 소통 프로그램들이 있고, 오늘날 매일 지구적으로 수십억 명의 인류가 인터넷 소통에 참여하고 있다. 인터넷은 인류의 소통방식을 크게 바꿔놓는 것으로 인류의 생활방식을 크게 바꿔놓고 있다. 소통은 관계를 만들고, 관계는 사회의 기초다. 인터넷은 단순히 소통방식을 바꾸는 것을 넘어서, 자료나 정보의 취득방식을 바꿔놓는 것을 넘어서, 사회의 작동방식을 바꿔놓고 있는 것이다. 여기서 가장 중요한 것은 개인적 소통이 사회적 소통을 주도하게 됐고, 이로써 기성 언론 매체의 영향이 크게 줄어들게 됐다는 것이다.[96]

오늘날 인터넷은 보편적 통신 플랫폼이 되었다. 모든 전자 통신이 디지털화했기 때문이다. 사적 통신은 물론 공적 방송까지 모든 전자 통신이 인터넷을 이용해서 시행되고 있다. 사람들은 이메일을 넘어서 웹사이트에서도 게시판으로 소통하고, 카페나 클럽의 이름으로 인터넷을 이용한 소통 모임들이 만들어졌고, SNS(Social Networking Service)가 인터넷의 중요한 서비스로 확립됐다. 페이스북, 트위터, 유튜브, 인스타, 틱톡, 제페토, 트위치 등 SNS도 기술의 발달에 따라 계속 변화하고 있다.

디지털 소통의 전개

오늘날 디지털 소통은 인터넷을 기반으로 해서 다양한 단말기와 프

---

96 그러나 기성 언론은 여전히 강력한 위력을 발휘하고 있다. 가짜 뉴스의 문제도 기성 언론이 주도하고 있다. 이 때문에 기자들이 '기레기'(기자 쓰레기)로 널리 불리고 있다. 2021년 대법원은 '기레기'는 모욕적 호칭이나 현실을 반영한 것으로서 명예훼손에 해당되지 않는다고 판결했다.

로그램들을 통해 이루어지고 있다. 그것은 크게 개인 간 소통(이메일, 메신저), 다자 간 소통(게시판, 카페, 블로그/V로그, SNS, 방송)으로 나누어 볼 수 있다. 개인 간 소통도 쉽게 다자 간 소통으로 확대될 수 있다. 인터넷은 지구적 차원의 개방형 정보통신망이기 때문에 사적 통신이 공적 방송으로 쉽게 바뀔 수 있다. 이것은 한편에서 개인의 발언권(speech right)이 강화되는 것이면서, 다른 한편에서 개인의 사민권(privacy right)이 약화되는 것이다. 이 점에 크게 주의해야 한다.

이메일은 1960년대 초부터 개발되기 시작했으며, 1971년에 미국의 컴퓨터 기술자 레이 톰린슨(Raymond Tomlinson, 1941~2016)이 아르파넷 메일을 개량해서 현재와 같은 이메일의 기초를 개발했다. 톰린슨은 @ 기호로 이메일의 이용자와 이메일 기계를 구분하는 방법을 고안했다. 이메일은 컴퓨터 통신으로 주고받는 전자 편지로서 일대일 소통을 넘어서 일대다, 다대다 소통도 수행할 수 있다. 이메일 다자 소통은 1975년에 개발된 이메일 리스트(email list) 기술을 통해 이루어진다. 이메일은 자료 검색-취득과 함께 인터넷의 양대 기능을 이룬다.

채팅(chatting)은 실시간 대화로서 이메일 리스트보다 앞서서 1973년에 시작되었다. 1980년대에 컴퓨터 통신이 널리 퍼지면서 채팅은 모

표7 디지털 소통 기술의 전개

	1970	1975	1980	1985	1990	1995	2000	2005
Chat		1973: Talkomatic for Plato system / 1980: CompuServe's CB Simulator / 1988: Internet Relay Chat						
E-mail lists		1975: MSGGROUP / 1986: LISTSERV mailing list software						
Multiplayer games / virtual worlds		1975: Adventure / 1986: Air Warrior / 1991: Neverwinter Nights / 2003: Second Life						
BBSs			1978: CBBS / 1983: Exec-PC / 1985: The WELL					
Commercial online services			1979: CompuServe's consumer service / 1985: GEnie / 1989: AOL					
Usenet			1980: Usenet / 1995: Deja News / 2001: Google Groups					
Web-based communities						1994: Theglobe.com / 1995: Salon.com		
Social networks						1995: Classmates.com / 2002: Frendster		
Build-your-own social networks								2005: Ning

출처: Timeline: The evolution of online communities, 2009.

르는 사람들이 서로 얘기를 나누고 사귀는 새로운 통로로 여겨지게 되었다. 채팅을 시작한 Plato system에 기초해서 인터넷 메신저가 만들어졌다. 2007년 아이폰과 함께 스마트폰의 시대가 열리면서 모바일 메신저가 급속히 퍼졌다. 왓츠앱(Whatsapp, 2009년), 카카오톡(2010년), 위챗(WeChat, 2011년), 라인(2011년), 텔레그램(2013년) 등 여러 모바일 메신저로 매일 수십억 통의 소통이 이루어지고 있다.

　　전자 게시판(bulletin board system, BBS)은 1978년 1-2월에 미국의 시카고에 살던 워드 크리스텐슨(Ward Christensen)과 랜디 수스(Randy Suess)가 만들었다. 당시 눈보라가 심해서 바깥을 나갈 수 없게 되어 두 사람은 최초의 전자 게시판을 만들었다. 워드가 프로그램을 만들었고, 랜디가 하드웨어를 보완했다.[97] 전자 게시판은 전화로 컴퓨터들을 연결하는 것이었고, 여기에 모뎀(MODEM, MOdulator and DEModulator)이 사용되었다. 전자 게시판은 최초의 가상 공동체들을 만들어냈다.

　　1980년대에 들어와서 컴퓨터 통신이 널리 확산되어 많은 가상 공동체들이 만들어졌다. 1990년에 인터넷이 개방되어 컴퓨터 통신은 사라지게 되었으나 여기서 비롯된 가상 공동체들은 더욱 활성화되었다. 한국에서는 종합 서비스형 포털이 인터넷을 주도하게 되었는데, '다음'은 '카페'라는 이름으로 이용자들의 소통과 모임을 촉진했다. '다음 카페'는 1999년 5월에 시작되어 2012년 8월에 무려 1천만 개를 넘어섰다. 이처럼 인터넷의 확산과 함께 수많은 가상 공동체들이 만들어졌다. 여기서 나아가 한국에서는 온라인 커뮤니티(online community)라는 이름으로 불리는 인터넷 사이트들이 만들어졌다.

---

[97] 두 사람은 전자 게시판을 computerized Bulletin Board Service(CBBS)로 명명했고, 관리자를 system opertaor(곧 sysop으로 약칭)로 불렀다.

미국에서는 '인터넷 포럼'(internet forum)으로 불리는 것이 여기에 해당된다. 이 사이트들은 각종 정보의 공유와 토론을 주로 하며 가입자들의 공통된 성향에 따라 특정한 사회적 성향을 보인다. 싱아 형, 개죽이, 아햏햏 등을 널리 퍼트린 최대 커뮤니티 디씨 인사이드를 비롯해서 루리웹, 에펨코리아(펨코), 오늘의 유머(오유), 클리앙, 보배드림, 82쿡 등에서 10만 명~200만 명 이상에 이르는 가입자들이 상시적으로 소통하며 커다란 여론을 형성한다. 인터넷 소통의 사회적 영향은 이미 2002년 대선에서 '노풍'(노무현 지지 열풍)으로 확인됐다. '일베'(일간 베스트)와 '메갈'(메르스+이갈리아)처럼 극도로 반인권 반인륜 주장을 해대는 사이트는 커뮤니티(공동체)가 그 자체로 선한 것이 아니라 악한 것도 있다는 사실을 생생히 입증한다.

　　2000년대 초에 인터넷 공동체 형성의 흐름을 주도한 것은 '디씨 인사이드'(DC Inside)라는 디지털 카메라 동호인 사이트였다. 1999년에 디지털 카메라 정보 사이트로 개설되고 2000년에 커뮤니티 사이트로 전환한 이 사이트는 '짤방'(짤림 방지), 아햏햏, 싱하형, 개죽이 등으로 널리 알려졌다. '짤방'은 사진 사이트이기에 사진 없는 글은 관리자가 무조건 삭제할 수 있어서 이걸 방지하기 위해 무조건 덧붙이는 사진으로 이 자체가 관심의 대상이 됐다. 아햏햏는 2002년에 어떤 이용자가 어떤 일본 여성의 패러디 사진에 대해 붙인 웃음소리에서 유래된 것으로 여러 상황

사진24　디씨 인사이드의 싱하형과 개죽이

에 두루 쓰이는 이상한 말로 널리 퍼졌다. 여기에 '~하오'가 붙으면서 더욱 특이한 표현이 되었고, 이 말을 쓰는 사람들을 불교의 수행자에 빗대어 '행자'로 불렀다. 이에 비해 괜한 트집을 잡고 욕을 해대고 사람들을 괴롭히는 자들은 '인터넷 찌질이'로 불렀다. '개죽이'는 대나무에 매달린 강아지의 모습으로 컴퓨터 그래픽 전문가 권한일이 2002년 7월에 만들어 디씨에 올렸는데 곧 디씨를 상징하는 이미지가 됐다.

블로그(blog, weblog)는 개인적 기록 형태의 사회적 소통 방식이다.[98] BBS에 개인의 기록을 올리는 것이 그 시초라고 할 수 있으며, 컴퓨터와 인터넷의 기술이 발달해서 개인이 작은 홈페이지를 운영하는 형태로 변화했다. weblog라는 말은 1997년, blog라는 말은 1999년에 만들어졌다. blog라는 말은 weblog라는 말을 'we blog'로 잘라낸 농담으로 시작됐다. 2003년 3월 미국과 영국의 이라크 침공에 대해 한 이라크인이 블로그로 전쟁의 참상을 알려서 블로그의 가치가 널리 부각됐다. 이와 함께 블로그의 문제도 계속 제기됐다. 허위사실을 유포하는 것, 타인의 명예를 훼손하는 것, 영업을 방해하는 것 등이 그 주요 예이다. 돈을 노리고 협박하는 블로거도 나타났는 데, 이에 대해 '블로거지'라는 비하하고 비난하는 말도 만들어졌다. 국내에서는 2002년에 처음 서비스가 시작됐고, 2003년에 포털들이 블로그 서비스를 시작했다. 한편 브이로그(vlog, video log)는 동영상 블로그로 2000년대에 들어와서 컴퓨터와 인터넷의 기술이 발달해서 동영상을 쉽게 인터넷에 올릴 수 있게 되어 나

---

[98] log는 본래 '통나무'를 뜻하고, 여기서 옛날에는 배를 나무로 만들었기에 배를 뜻하게 됐으며, 배에 타는 것을 log in, 배에서 내리는 것을 log out으로 말하게 됐는데, 이 표현이 컴퓨터의 사용으로 이어졌다. 또한 통나무를 줄에 매달아서 바다에 던져 놓고 배의 속도를 재서 매일 기록했는데, 이 기록 책을 log book이라고 불렀고, 이로부터 순서대로 사실을 기록한 것을 log로 부르게 되었다. 한편 수학의 log는 logarithm의 준말로 한자로는 '대수'(對數)라고 한다. 이에 대응되는 것은 '지수'(指數)로 영어로는 exponent이다.

타났다.

　또한 2000년대에 들어와서 블로그를 '구독'하는 것과 같은 방식으로 인터넷 라디오 방송을 듣는 '팟캐스트'(Podcast)가 나타나게 되었다. 팟캐스트는 이름에서 보이듯이 MP3 플레이어인 iPod과 관련된다. 애플은 2001년 10월 iPod을 처음 출시했고 2014년까지 생산했다. iPod에서 i의 뜻은 불확실하고 pod는 본래 콩깍지를 뜻한다. 팟캐스트는 아이팟으로 듣는 화일 방식 인터넷 라디오 방송이었는데, 그 뒤 오디오를 넘어 비디오도 방송할 수 있게 됐고, 아이팟만이 아니라 안드로이드 계열의 기기도 이용할 수 있게 됐다. 아이팟은 아이폰의 대중화에 따라 생산이 중단되었으나 인터넷 방송의 길을 크게 열었다.

　스티브 잡스는 2007년 10월의 아이폰 발표회에서 자신과 애플은 맥킨토시 컴퓨터, 아이팟, 아이폰 등 세 가지 혁명적인 제품을 만들었다고 밝혔다. 그는 분명히 혁명적인(revolutionary) 제품이라고 말했는데 국내에서는 혁신적인(innovative) 제품으로 오역되어 널리 퍼졌다. 혁명은 완전히 판을 바꾸는 것이고, 혁신은 새로운 것을 도입하는 것이다. 둘은 아주 큰 차이가 있다.

　SNS는 Social Networking Service(사회적 연결망 서비스)의 약자다. 이 서비스는 사람들이 글을 주고받는 것을 넘어서 사람들을 서로 연결하는 것을 목표로 한다. 서비스 제공자는 이용자들이 안전하게 연결되어 자유롭게 소통할 수 있도록 해야 한다. 이 서비스는 1990년대 중반에 미국에서 시작되어 21세기에 들어와서 지구 전체로 빠르게 확산되었다. 오늘날 다양한 서비스가 시행되고 있는 데, 페이스북과 트위터는 글, 유튜브는 음악과 동영상, 인스타그램은 사진과 동영상, 틱톡은 짧은 동영상, 제페토는 아바타를 중심으로 하고 있다. 페이스북과 트위터가 가장 대표적인 SNS이지만, 연령대 별로 이용자에 상당한 차이가 있다.

디지털 소통의 과제

오늘날 디지털 소통은 인터넷 메신저와 SNS로 대표된다. 매일 지구 전역에서 메신저와 SNS로 수십억 건의 자료들이 공유되고 수십억 명의 사람들이 소통한다. 메신저와 SNS를 통한 개인들의 소통이 기성 언론이나 홈페이지를 능가하며 그 경제적 가치가 놀라울 정도로 급등했다.

기성 언론이나 홈페이지는 전문적으로 자료를 소통하기에 개인들에 비해 훨씬 강력하다. 그러나 개인들도 인터넷으로 수많은 사람들의 지지를 받아 기성 언론이나 홈페이지를 능가하는 힘을 가질 수 있다. 인터넷은 개인의 역능화(empowerment)를 이루었다. 그런데 이 때문에 개인들을 조직해서 허위 사실을 유포하고 여론 조작을 획책하는 범죄도 자행되기 쉽다. 이명박 비리 정권의 국정원-국방부가 자행한 댓글 조작 범죄, 박근혜 당선을 위한 '십알단'의 SNS 여론 조작 범죄 등이 그 좋은 예다.

또한 2008년 버락 오바마의 미국 대통령 선거운동, 2010년 아랍의 '재스민 혁명' 등에서 메신저와 SNS의 커다란 사회적 및 정치적 가치도 생생히 확인됐다. 재스민 혁명은 2010년 12월~2011년 1월 북아프리카의 이슬람 국가 튀니지에서 전개된 민주화 혁명을 뜻한다. 튀니지 정부의 부패와 폭력에 대한 한 노점상의 생존권 분신 투쟁으로 시작된 이 혁명으로 24년이나 지속된 튀니지의 독재 정권이 마침내 무너졌다. '재스민 꽃'은 튀니지의 '국화'(國花)다. 이 노점상의 분신은 페이스북을 통해 세계에 알려졌다. 튀니지의 민주화는 아랍권으로 퍼져갔고, 이것을 '아랍의 봄'이라고 부른다. 그러나 '재스민 혁명'과 '아랍의 봄'은 결국 중동 무이로 끝나고 말았다.

2021년 8월 기준으로 세계에서 가장 많이 사용되고 있는 모바일 메신저는 2009년에 개발된 왓츠앱으로 페이스북의 소유이고 미국과 유럽

표8 세계 최고 SNS와 메신저-활성 사용자 수 기준 상위 15개 SNS 사이트 및 앱(2022년 1월)

사이트 / 앱	활동사용자 수 (단위 백만 명)
1. Facebook	2,740
2. YouTube	2,291
3. WhatsApp	2,000
4. Facebook Messenger	1,300
5. Instagram	1,221
6. Weixin/WeCha	1,213
7. TikTok	689
8. QQ	617
9. Douyin	600
10. Sina Weibo	511
11. Telegram	500
12. Snapchat	498
13. Kuaishou	481
14. Pinterest	442
15. Reddit	430

주: 2021년 9월 '틱톡'은 월간 활성이용자가 10억 명을 넘었다고 발표했다.
출처: https://www.dreamgrow.com

에서 널리 쓰이는 데 한 달에 20억 명 정도가 사용한다. 그 다음은 페이스북 메신저로 한 달에 13억 명 정도가 사용한다. 이어서 위챗이 12억 1,300만 명, 큐큐가 6억1,700만 명, 텔레그램이 5억 명, 스냅 챗이 4억 9,800만 명 정도로 나타났다. 한편 2021년 7월 기준으로 국내의 모바일 앱 이용자 수는 카카오톡 4,566만 명, 유튜브 4,313만 명, 네이버 4,106만 명, 크롬 3,341만 명, 구글 3,333만 명, 쿠팡 2,612만 명, 밴드 2,081만 명, 배달의 민족 2,020만 명이었다. 카카오톡이 모바일 메신저를 넘어서 전체 모바일 앱에서 1위를 차지하고 있다.

카카오톡은 2010년 3월 시작됐다. 전신인 아이위랩이 2009년에 매출 300만원이었는데 카카오톡이 2019년에 매출 3조원을 넘어서서 10년만에 무려 '100만 배' 성장했다(연합뉴스, 2020.3.1.). 카카오톡은 모바일 메신저를 넘어 한국인의 '생활 플랫폼'으로 여겨지고 있다. 10년여만에

네이버를 제친 카카오톡의 성장과 성공은 정말로 놀랍다. 그러나 이와 함께 카카오톡의 이용자 정보 유출, 과다한 이용자 정보 수집, '골목 상권' 진출 등의 문제도 대단히 심각한 것으로 계속 지적되고 있다. 카카오톡이 '생활 플랫폼'으로 사람들에 애용되는 것을 넘어서 사람들을 지배하고 통제하는 문제를 일으키고 있는 것이다. 2022년 10월 데이터 센터의 화재로 카카오톡이 장시간 불능 상태에 빠졌다. 이에 대해 카카오의 경영에 대한 우려와 의혹이 더욱 더 커졌다.

SNS에서는 단연 페이스북이 두드러진다. 페이스북은 2004년 2월 미국에서 마크 저커버그(Mark Zuckerberg, 1984~)가 개설했다. 2021년 8월 기준으로 세계에서 28억 명 정도가 페이스북을 사용하고 있다. 페이스북은 인류의 SNS가 됐다. 유튜브는 2005년 2월 스티브 첸 등이 개설했고, 2006년 10월 구글에 인수됐다. 트위터는 2006년 3월 잭 도시(Jack Dorsey, 1976~)가 개설했다. 2020년 현재 세계에서 3억5천만 명 정도가 사용하고 있다. 인스타그램(Instagram)은 2012년 4월에, 틱톡(TikTok, 중국명 抖音 Douyin)은 중국 회사가 2016년 9월에, 제페토(Zepeto)는 네이버가 2018년 8월에 개설했다. 이렇듯 여러 SNS 프로그램들을 통해 매일 수십억 개의 자료들이 공유되고 수십억 건의 소통이 이루어지고 있다. 그야말로 SNS의 시대가 되었다.

가장 독특한 것은 3D 그래픽 안에서 3D 아바타로 소통하는 제페토일 것이다. 제페토는 본래 인형 놀이와 비슷한 아바타 치장 놀이로 시작했으나 2019년 3월 SNS로 전환해서 큰 성공을 거두었는데, 2021년 8월 기준으로 세계에서 2억 명이 사용하고 있고, 90%는 외국 이용자이고, 80%는 10대 이용자다. 제페토는 '메타버스' 서비스로 홍보하고 있는 데, 사실 3D 그래픽과 아바타 서비스가 정확할 것이다.

현재 '메타버스'는 큰 혼란을 야기하는 상업적 용어의 성격을 강하게 갖고 있다. 메타버스는 메타와 유니버스의 합성어로 '초월세계'니 '가상우주'니 하는 식으로 번역되지만 '메타'는 사실 그냥 '뒤의'(after)라는 뜻의 그리스 어다. 2021년 10월 마크 저커버그는 회사명을 '페이스북'에서 '메타'로 바꾼다고 발표했다. 페이스북이 안경형 양안 모니터 개발로 가상현실 사업에 적극 나선 것에 이어서 메타버스 사업에 적극 나서서 메타버스에 대한 기대를 키운 것이다. 그러나 이에 대해 그리스 어인 '메타'는 본래 '뒤의'라는 뜻과 '죽은'이라는 뜻이 있다는 사실이 제기됐다. 페이스북이 이렇게 돌연 회사명을 바꾸고 메타버스 사업에 적극 나선 것은 기술적 추세가 아니라 경제적 이익에 따른 것으로 분석된다.

2021년 1월 미국과 유럽의 개인정보 보호 정책에 따라 애플과 구글은 더 이상 사용자 정보를 일방적으로 수집할 수 없고 수집한 것을 페이스북을 비롯한 앱 서비스 회사들에 제공할 수 없다. '광고주를 위한 신원식별자'(IDFA, Identifier For Advertisers)로 불리는 단말기와 검색기의 사용자 정보를 쓸 수 없게 되면서 페이스북의 광고 매출은 크게 이하로 줄어들 것으로 예측된다. 이에 대응해서 페이스북은 '메타버스'로 전환해서 직접 사용자 정보를 수집하는 쪽으로 변신하는 것이다. 그렇지 않아도 페이스북은 사용자의 개인정보를 과도하게 수집해서 사민권을 크게 침해하는 것으로 오래 전부터 강력히 비판받아 왔다. 이 문제가 '메타버스'를 통해 더욱 더 악화될 수 있는 것이다.

오늘날 유튜브(Youtube)는 인터넷의 대표 동영상 플랫폼이 됐다. 유튜브에서 과거와 현재의 수많은 동영상을 보고 음악을 들을 수 있을 뿐만 아니라 누구나 유튜브를 이용해서 지구적 개인 방송을 할 수 있다.

인터넷은 방송도 크게 바꾸어 놓았다. 원격 동영상 방송인 텔레비전 방송은 지상파에서 케이블로, 다시 인터넷으로 바뀌었다. 인터넷 동영상 방송은 IP(Internet Protocol) tv에 이어 OTT(Over The Top)가 등장했다. 케이블 tv와 IP tv는 방송사의 통신망과 '탑 박스'(top box)를 통해 이용이 제한되지만 OTT는 인터넷을 통한 VOD(Video On Demand)로 별도의 통신망과 '탑 박스'를 필요로 하지 않는다. OTT는 지구적 개방형 정보통신망인 인터넷의 특성을 그대로 활용하는 VOD 서비스다. '오징어 게임'의 대성공은 이런 OTT의 특성과 맞물려 있다.

　　이로써 유튜브는 동영상 전문 SNS에서 아예 인터넷 방송 플랫폼으로 변화해서 무한히 다양한 창작과 소통이 실행되는 인터넷 개인 방송의 시대를 활짝 열었다.[99] 기성 문화산업에서도 유튜브가 가장 중요한 소통 통로가 되었다. 국내에서는 싸이가 2012년 '강남 스타일'을 유튜브로 먼저 공개한 것에 이어서 BTS가 더욱 적극적으로 유튜브를 이용해서 지구적 소통을 실행하고 있다. BTS는 인터넷의 양방향성에 초점을 맞춰서 지구적 차원의 친밀성을 실현해서 더욱 더 커다란 관심과 지지를 받게 되었다.[100]

　　이렇듯 메신저와 SNS는 인터넷을 인류의 생활에 밀착시켜서 인류의 생활 방식과 사고 방식을 바꾸고 있다. 그러나 이와 함께 여러 문제들도 나타났다. 이 문제는 크게 서비스 이용자 쪽의 문제와 서비스 제공자 쪽의 문제로 나누어 볼 수 있다.

　　이용자 쪽의 문제는 사기, 폭력, 모욕 등으로 대별된다. 이용자는 개인과 조직으로 나뉘는 데, 개인은 전문가와 일반인으로 나뉘고, 조직은 정부, 기업, 단체 등을 망라한다. 사기는 대체로 허위사실로 사람들을 속이는 것으로, 막대한 자원과 권력을 가진 정권-정부가 가장 중요하다.

---

[99] 국내에서는 1994년 설립된 나우콤(나우누리)이 2006년부터 '아프리카(afreeca) tv'라는 인터넷 방송 서비스를 시작했고 2013년에 아예 회사명을 '아프리카 tv'로 바꿨다.

[100] 유튜브가 '듣는 음악'을 '보는 음악'으로 만들었다면, BTS는 그것을 이용해서 지구적 차원의 새로운 친밀성의 시대를 활짝 연 것이다.

이명박-박근혜 비리 정권 때 정부가 인터넷에 허위사실을 유포하고 인터넷의 자유로운 이용을 적극 통제했다. 이로써 한국은 미국의 NGO인 '프리덤하우스'의 인터넷 자유도 평가에서 인터넷의 통제가 적극 실행된 '부분 자유국'으로 제시됐다. 미국에서는 도널드 트럼프가 대통령으로서 트위터에 허위사실을 유포하는 짓을 서슴없이 저지르곤 했다. 개인도 심각한 문제를 일으킬 수 있는 데, 'n번방' 사건[101]과 같은 극심한 성 범죄도 자행할 수 있다.

제공자 쪽의 문제는 사용자 정보의 과도한 수집과 이용에 따른 사민권(privacy) 침해가 가장 큰 문제이지만 직접 조작으로 또는 알고리듬을 통해 허위사실을 유포하고 여론을 호도하는 문제도 있다.

전자와 관련해서 수집한 이용자 정보를 비리 정권에 마구 제공하는 대단히 심각한 정치적 문제도 일어날 수 있다. 바로 이 때문에 많은 사람들이 카카오톡을 떠나서 텔레그램으로 '망명'했다. 거대 자료(big data)의 수집은 이처럼 사민권 침해를 넘어서 비리 정치 세력의 전횡으로 이어질 수 있다. 투명한 공개와 강력한 제재가 없이 기업 윤리는 '헛말'이 되기 십상이다.

후자와 관련해서 네이버는 오래 전부터 비판되어 왔으며, 카카오톡이 인수한 다음도 이에 못지 않은 것으로 비판되고 있다. 페이스북은 과다한 이용자 정보의 수집은 물론이고 이용자들의 잘못된 이용을 방치하는 한편으로 편파적 규제를 실행하는 것에 대한 비판이 계속 제기되고 있다. 사실 제공자는 이용자를 철저히 감시하고 통제할 수 있다. 이런 점에서 제공자의 문제는 이용자의 문제를 훨씬 뛰어넘는다. 이 점에서 이

---

101 보안성이 강한 인터넷 메신저인 텔레그램을 악용해서 여성들을 '성 노예'로 만든 끔찍한 범죄다. 비슷한 범죄들이 다른 인터넷 메신저들을 통해서도 자행되고 있다.

용자가 제공자를 투명하게 살펴볼 수 있는 '역감시'의 제도화가 대단히 중요하다.

디지털 소통의 문제는 결국 통신/소통 매체로서 인터넷의 이용을 규제하는 것과 직결된다. '가짜 뉴스'의 범람과 사민권의 침해가 만연해 있다. 이에 대한 대응은 문화적 과제와 사법적 과제로 나누어 볼 수 있다.

문화적 과제는 이른바 '디지털 문해력'(digital literacy)과 디지털 윤리를 강화하는 것이다. 유치원 때부터 인터넷의 특성과 문제에 대해 교육해서 인터넷을 올바로 이용할 수 있도록 해야 한다. 인터넷의 이용은 단순히 기술을 이용하는 것이 아니라 사람과 소통하는 것이라는 사실을 잘 교육해야 한다. 속이거나 모욕하지 않는 것은 물론 속거나 모욕당하지 않는 계몽된 디지털 주체가 되어야 한다. 여기에 관련 법의 교육도 중요하다. 다른 사람들을 괴롭히는 행위는 불법 행위로서 엄정한 법적 처벌을 받을 수 있다는 것을 확실히 깨닫게 해야 한다.

사법적 과제는 관련 법의 제개정을 충실히 정비하는 것이다. 그러나 입법이 아무리 잘 되어도 사법이 제대로 되지 않으면 유명무실한 입법이 되거나 사법에 의해 악용될 뿐이다. 이 점에서 극심한 불신의 대상이 된 경찰, 검찰, 법원의 개혁이 대단히 중요하다. 이런 개혁이 충실히 되기 위해서는 사실을 사람들에게 전달하는 언론의 역할이 근본적 가치를 갖는데 불행히도 한국의 언론은 세계 최악의 신뢰도로 '기레기'(기자 쓰레기)라는 비판을 받고 있다. 이런 점에서 경찰, 검찰, 법원의 개혁과 함께 언론의 개혁이 실행돼야 한다.

사회 개혁은 결국 입법을 통해 이루어진다. 따라서 정치 개혁이 모든 개혁의 근원이다. 예컨대 어느 나라에서고 매국과 독재를 추구하는 보참비(보수 참칭 비리) 세력이 거대 정당을 이루고 국회를 장악한다면, 결국 어떤 개혁도 이루어질 수 없고 그저 끝없이 개악만 자행되게 된다.

그리고 모든 개혁에서 언론 개혁이 가장 중요하다고 할 수 있다. 민주주의는 국민의 참여로 작동되는 데, 국민은 올바른 정보에 기초해서 판단해야 한다. '가짜뉴스'는 나라를 망하게 할 수도 있다. 〈동아일보〉 1945년 12월 27일자의 '모스크바 3상회의'에 관한 1면 보도는 분단을 촉진한 극심한 '가짜뉴스'였다. 이처럼 '가짜뉴스'는 나라를 망하게 하고 전쟁을 일으킬 수도 있는 범죄이기에 엄정히 처벌해서 근절해야 한다.

언론 개혁의 핵심은 허위사실의 유포를 엄벌하는 독일식 언론/정보통신 개혁법을 제정하는 것이다. 그 법의 이름은 '사회적 망에서 법 집행의 개선에 관한 법률'(사회적 망법, Netzwerkdurchsetzungsgesetz, NetzDG)이며, "의무를 이행하지 않은 소셜미디어 기업주에게 최대 500만 유로(약 65억9,000만 원), 기업에게는 최대 5,000만 유로(약 659억 원)까지 벌금을 부과함(제4조 제2항)"으로 규정되어 있다(김유향, 2019). 독일인의 높은 윤리는 올바른 법의 제정과 그 엄정한 집행에 의해 형성된 것이다.

8장

소설, 만화, 영화

상상, 표상, 인식

상상(想像, imagine)은 표상(表象, represent)되어 형상(形象, shape)을 갖게 되고, 이렇게 해서 상상은 우리의 인식에 큰 영향을 미치게 된다. 형상(形相)은 플라톤의 개념이다. 플라톤은 현실의 형상(eidos, form)과 천상의 이상(理想, idea)을 대비시키고, 이성으로 파악되는 이상을 진정한 실체이자 최고의 가치로 제시했다. idea는 '보다, 알다'는 뜻의 그리스어인 idein에서 온 말이다. 인간은 이성과 감성뿐만 아니라 상상력을 갖고 있다. 인간은 이성으로 원인과 결과를 살피고, 감성으로 세상에 대해 느낄 뿐만 아니라, 상상력으로 무한히 다양한 생각을 할 수 있다.

이 모든 것은 두뇌의 작용이다. 감각기관은 존재를 지각하는 수용기이며, 실제 인식은 두뇌에서 이루어진다. 지각은 이성과 감성의 작용을 통해 인식이 된다. 두뇌는 이성(논리)과 감성(감정)을 기반으로 상상을 실행한다. 상상이야말로 두뇌의 창조력이 가장 활발히 작동된 결과다. 우리는 상상 속에서 무한한 자유를 누릴 수 있다. '생각은 자유'라는 말이 있지만 상상은 이 사실을 가장 잘 보여준다. 인간은 언제나 상상한다. 인간은 상상하는 동물이다.

미국의 철학자 리처드 로티(Richard Rorty, 1931~2007)는 이성과 합리성에 대해 상상력의 가치를 더욱 강조했다(Rorty, 1989: 11).

철학과 시학 간의 기나긴 싸움, 즉 서구의 지적 전통에서 중심적인 긴장을 차지했던 싸움을 플라톤이 시작한 이래로, 시인들의 편을 들었던 철학자들은 뚜렷이 인간적인 정신 기능은 이성이 아니라 상상력이라고 말해 왔다.

…

합리성이란 현재 손 안에 있는 언어에서 논증들을 함께 엮어 배열하는 일이다. 반면에 상상력은 그러한 언어를 넘어서는 능력, 바꿔 말해서 새롭고, 낯설며, 패러독스적이고, '비합리적인' 것들을 나타내는 낱말들과 이지미들을 꿈꾸는 것이다.

…

우리의 문화는 철학자가 아니라 시인을 지식인의 전형으로 간주해야 한다.

이처럼 로티는 상상력의 역할을 제시하는 것으로 플라톤의 이데아론과 철인 통치론의 문제를 간결하게 제기했다.

플라톤(Plátōn, 428/427 or 424/423~348/347 BC)은 『국가』(BC 380년 경)에서 시인을 추방해야 할 대상으로 여기고 철인(哲人)이 지배하는 국가를 강력히 주창했다. 이른바 '시인 추방론'과 '철인 통치론'이다. 철인은 영어로 philosopher로서 그냥 철학자가 아니라 원래의 뜻대로 지혜를 사랑하며 많은 전문지식을 갖춘 자를 뜻한다. 플라톤의 주장에는 당시 교묘한 말로 세상을 농락하고 스승 소크라테스(Socrates, BC 470년 경~399년)를 죽인 소피스트들에 대한 경멸과 분노도 담겨 있다. 플라톤은 『국가』에서 현실의 다양한 실체를 거짓된 것으로 여기고 이성으로 파악되는 '이데아'를 진정한 실체로 제시했다. idea는 관념으로 번역되기도 하는데, 플라톤은 '관념론'(idealism)의 비조이고, 그 정점은 헤겔(Georg Hegel, 1770~1831)의 절대적 관념론이다.

한편 중국에서는 공자(孔子, BC 551~479)가 잘 보여주었듯이 철인과 시인의 통합을 추구했다. 공자의 성인 또는 군자는 플라톤의 철인과 달리 이성과 감성을 다 잘 버린 자다. 그러나 공자도 합리, 즉 이치에 맞는 것을 강력히 추구해서 괴이한 것은 말하지 않았다. 청나라의 원매(袁枚, 1716~1797)는 괴이한 이야기들을 모아 『자불어』를 저술했는데, 이 책의 제목은 『논어』의 "子不語怪力亂神"(선생은 괴력난신을 말씀하지 않았습니다)에서 가져온 것이다. 춘추 시대부터 한나라 초기에 걸쳐서 완성된 『산해경』은 기이한 장소와 생물에 관한 이야기들을 담고 있다.

그런데 플라톤의 주장은 데카르트의 합리주의에 의해 정점에 이르렀고, 이에 대해 로티의 '스승'인 존 듀이(John Dewey, 1859~1952)는 로티에 앞서서 강력히 지적했다. 그러나 스티븐 툴민(Stephen Toulmin, 1922~2009)에 따르면 두 사람은 그 역사적 연원과 대안에 대해 무심했다 (Toulmin, 1990: 66).

존 듀이와 리처드 로티는 '근대' 철학이 데카르트 때문에 임종을 맞게 되었다는 그들의 결론에서 일치한다. 그렇지만 '확실성의 추구'가 하필이면 한 세기 후나 한 세기 전이 아닌 '바로 그 시점에' 그토록 매력적인 것이 되었던가 하는 문제로 씨름한 사람은 없다. 그들은 언제, 왜 그 같은 재앙이 철학을 강타했던가에 관해 질문할 필요를 느끼지 않았다. 그렇지만 이러한 역사학적 질문을 무시한 탓에, 그들의 주장은 수사학과 논리학 사이의 지속적인 균열을 예시하는 데 머문다.

비트겐슈타인(Ludwig Wittgenstein, 1889~1951)의 제자였던 영국의 철학자 스티븐 툴민은 철학을 올바로 이해하기 위해서는 역사와 사회에 대해 잘 알아야 한다는 올바른 관점에서 17세기 초반에 데카르트의 철학이 제기된 배경을 연구했다. 데카르트(René Descartes, 1596~1650)는

1517년 마틴 루터의 종교 개혁 이래 지속된 기독교의 구교와 신교의 대립을 끝내기 위해 모두가 수긍할 보편적 원리를 추구했고, 그 결과 이성을 중심에 둔 '코기토'를 제시하게 되었다.

코기토는 'cogito, ergo sum'(나는 생각한다, 그러므로 나는 존재한다)를 뜻한다. 데카르트는 '방법론적 회의'를 통해 인간이 자기의 존재를 계속 의심해도 의심하고 있는, 즉 생각하고 있는 자신의 존재를 의심할 수 없게 된다는 것을 확인하고, 이것을 인간이 행하는 모든 인식의 출발점으로 제시했다. 이로써 이성으로 보편적 원리를 찾는 합리주의(rationalism)가 확립[102]되었으나 인간의 다양성을 당연시하는 인문주의(humanism)는 쇠퇴하게 되었다.

이성(reason)은 우리의 생물적 능력이고, 합리적인(rational) 것은 이성을 통해 확인된 이치에 부합하는 것이다. 우리는 이성주의, 합리주의를 다 쓰지만, 영어에는 reasonism은 없고 rationalism만 있다. rationalism은 추론, 계산, 합리를 뜻하는 ratio에서 온 말이다. 인문주의는 르네상스에서 시작되어 16세기 후반에 프랑스의 몽테뉴(Michel Montaigne 1533~1592)와 영국의 셰익스피어(William Shakespeare, 1564~1616)를 통해 만개했다. 툴민은 16세기의 인문주의로 17세기의 합리주의를 치유하고 근대성의 개선을 추구했다.

상상은 그냥 자유롭게 할 수 있는 것을 넘어서 인간과 사회의 본성에 관한 논의로 이어지는 중요한 가치를 갖고 있다. 인간은 이성과 감성을 다 갖고 있고, 누구나 철인이자 시인으로 살아갈 수 있고, 합리적 상상뿐만 아니라 기이한 상상도 할 수 있다. 인간은 복합적이고 모순적인

---

[102] ration은 합리를 뜻하는 말에서 배급 식량으로 바뀌었다. 그 발음은 '레션'에 가깝다. 전투 식량을 '레이션'이라고 하는데 '레션'이 맞는 발음이다. 1차 세계대전 때 민간의 '레이션' 발음을 군대의 '레션' 발음이 대체했다고 한다.

존재이며, 상상은 이 사실을 가장 잘 보여준다. 그런데 상상은 표상을 통해 유형의 것으로 드러난다. 상상은 그냥 이루어지는 것이 아니라 언어를 통해, 또한 표상을 통해 이루어진다. 표상은 상상을 형상화하고 상상에 영향을 미친다.

디지털 기술에 대한 상상은 다양한 표현 문화의 작품들을 통해 표상되어 왔고, 디지털 기술은 상상의 표상을 상상 초월의 수준으로 이루고 있다. 이 표상들은 디지털 문화에 대한 우리의 인식에 큰 영향을 미친다. 문예, 만화, 영화의 작품들을 통해 디지털 기술의 표상에 대해 살펴보자.

문예

과학기술을 주요 내용으로 다루는 SF(과학 허구) 소설은 메리 셸리의 『프랑켄슈타인』을 시초로 해서 19세기 후반과 20세기 초에 프랑스의 쥘 베른과 영국의 허버트 웰스에 의해 큰 발전을 이루었다. '프랑켄슈타인'은 '괴물'(monster)을 만든 빅토르 프랑켄슈타인(Victor Frankenstein)의 이름이다. 그는 명문 귀족의 출신으로 대학교에서 생명을 만드는 과학을 배웠으나 '박사'는 아니다. 무대는 스위스의 제네바다. 1920년에 체코의 카렐 차페크가 『R.U.R.』이라는 희곡에서 '로봇'의 개념을 제시해서 인조인간에 대한 관심을 세계적으로 키웠다. 이어서 영국의 올더스 헉슬리와 조지 오웰이 기술을 이용한 '디스토피아'(dystopia)를 강력히 제시했다.

이들의 작품에서 전기-전자 기술을 다룬 것은 조지 오웰의 『1984』뿐이다. 전기-전자 기술은 그만큼 새로운 기술이었다. 오웰은 이 소설에서 '텔레스크린'(telescreen, 원격 영상 장치)을 통해 '빅 브라더'(Big Brother)

가 모든 사람들을 감시하고 도청하는 무서운 전체주의 상황을 묘사했다.

메리 셸리(Mary Shelley, 1797~1851)는 목사로서 아나키즘 사상가/운동가였던 윌리엄 고드윈(William Godwin, 1756~1836)과 최초의 여권 사상가/운동가였던 메리 울스턴크래프트(Mary Wollstonecraft, 1759~1797)의 딸이었다. 엄마 메리는 딸 메리를 낳고 11일 뒤에 죽었다. 메리 고드윈은 19살 때인 1816년 아버지의 추종자였던 퍼시 셸리(Percy Shelley, 1792~1822)와 결혼해서 메리 셸리가 되었다. 퍼시 셸리는 19세기 초 영국의 낭만파를 대표하는 시인으로 '풀려난 프로메테우스', '서풍부' 등의 유명한 시를 썼는데, 1822년 이탈리아의 나폴리에서 요트를 타다가 익사했다. 메리 셸리는 『프랑켄슈타인』(1818)만이 아니라 여러 소설, 기행문, 전기 등을 썼고, 남편의 글들도 편집해서 출판했다.

쥘 베른(Jules Verne, 1828~1905)은 『지구 속 여행』(1864), 『지구에서 달까지』(1865), 『달나라 탐험』(1869), 『해저 2만리』(1869), 『80일 간의 세계 일주』(1873), 『15소년 표류기』(1888) 등 여러 소설을 썼고, 잠수함, 비행기, 우주선 등의 새로운 기계와 기술을 제시했다.

허버트 웰스(H. G. Wells, 1866~1946)는 『타임머신』(1895), 『모로 박사의 섬』(1896), 『투명인간』(1897), 『우주전쟁』(1898) 등 여러 소설을 써서, 기술과 외계에 대한 상상의 지평을 넓혔다.

카렐 차페크(Karel Čapek, 1890~1938)는 당대 체코를 대표한 극작가, 소설가였고, 당시 발호하던 파시즘에 맞섰던 운동가였다. 체코어로 '노동자'를 뜻하는 '로봇'이라는 말은 그의 형 요세프 차페크가 고안했다. 체코는 프란츠 카프카(Franz Kafka, 1883~1924)와 밀란 쿤데라(Milan Kundera, 1929~)의 나라이기도 하다.

올더스 헉슬리(Aldous Huxley, 1894~1963)는 소설가이자 수필가였고, 이튼 학교에서 잠시 프랑스 어 교사를 할 때 조지 오웰도 수업을 들었다.

그가 병고 끝에 죽은 날은 존 F. 케네디 대통령이 암살당한 날이기도 하다.

조지 오웰(George Orwell)의 본명은 에릭 아서 블레어(Eric Blair, 1903~1950)로 『동물농장』(1945)과 『1984』(1948)뿐만 아니라 『파리와 런던의 밑바닥 시절』(1933), 『위건 부두로 가는 길』(1937), 『카탈로니아 찬가』(1938) 등의 기록문을 통해 사회 문제를 기록하고 그 개혁을 추구한 적극적인 민주사회주의였다. 오웰은 1949년 10월에 병상에서 재혼하고 회복을 갈망했으나 1950년 1월 폐결핵으로 사망했다.

조지 오웰은 우파의 독재자 히틀러(Hitler, 1889~1945)에 비견되는 좌파의 독재자 스탈린(Stalin, 1878~1953)이 지배하는 소련(1917~1991)의 현실을 직접적인 비판의 대상으로 삼았다. 1917년에 건국된 최초의 사회주의 국가 소련은 노동자의 독재로 모든 사람들이 평등한 사회주의 국가를 이룬다고 천명했으나, 실제는 스탈린이 잘 보여주었듯이 소수의 독재로 귀결되어 결국 비리의 만연으로 건국 74년만인 1991년에 망해 없어졌다.

칼 마르크스(Karl Marx, 1818~1883)의 평등한 사회주의 교시는 완전히 허황된 것이다. 사회주의는 권력으로 평등을 강제하는 국가/사회 체제로서, 인간의 본성인 자유를 원천적으로 강력히 제약하는 문제를 안고 있고, 이 때문에 실제로는 소수가 무력으로 권력을 장악해서 독재를 실행하는 문제를 안고 있다. 이처럼 사회주의는 인간적 차원과 사회적 차원의 양대 문제로 말미암아 실현될 수 없고, 억지로 실현된다고 해도 결코 오래 존속될 수 없다.

그런데 오웰의 장치는 디지털 기술이 아니라 아날로그 기술이다. 당시는 아직 디지털 기술이 널리 활용되지 않은 상태였고, 당시의 최첨단 전기-전자 기계인 라디오와 텔레비전은 아날로그 기술로 이루어졌다. 사실 전기-전자 기계를 다룬 문예 작품들 중에서 아날로그 기술과 디지털 기술을 구분하는 것은 없고, 사용하는 기계로 아날로그 기술과 디지털 기술을 추정할 수 있다. 예컨대 로봇, 인공지능, 사이버스페이스 등은 디지털 기술을 다룬 것이다.

같은 전기-전자 기술이라고 해도 아날로그 기술과 디지털 기술은 질적으로 다른 기술이다. 디지털 기술에 의해 모든 시각 및 청각 정보를 처리할 수 있는 컴퓨터를 만들 수 있었다. 디지털 컴퓨터는 고도로 효율적이고 보편적이다. 디지털 컴퓨터에 의해 로봇, 인공 지능, 사이버스페이스 등이 실현될 수 있게 되었다. 오늘날 컴퓨터라고 하면 사실상 디지털 컴퓨터를 뜻하고, 그것에 의해 로봇, 인공 지능, 사이버스페이스 등이 작동된다.

그런데 여기서 로봇의 변화에 주의해야 한다. 본래 차페크는 로봇을 '프랑켄슈타인'에서 제시된 인조인간과 같은 생물학-생화학으로 제작된 '인공 인간'(artificial people)으로 제시했으나, 이 말이 세계로 퍼져 나가면서 전자 기술을 활용한 기계 인간을 뜻하는 것으로 시나브로 바뀌었던 것이다.

아이작 아시모프(Isaac Asimov, 1920~1992)는 『아이, 로봇』에서 로봇의 개념을 크게 바꾸려고 했다. 이 책은 1950년에 출간됐고, 영화 '아이 로봇'(2004)은 이 책과 무관하다. 2장인 '로비'(Robbie)가 가장 먼저 쓰인 소설로 1939년에 쓰여지기 시작해서 1940년에 처음 발표됐다. 로봇을 '양전자 두뇌'를 갖춘 전자적 기계 인간으로 제시하고 '프랑켄슈타인'에서 'R.U.R.'로 이어진 인조인간에 대한 공포를 없애려고 했던 것이다.

인조인간에 대한 공포는 '로봇 공포증'(robophobia)이 그 대표적 예다. 이것은 러다이트 운동(Luddite Movement)과 결합되어 논의되는 '기술 공포증'(technophobia)의 한 유형이다. 1760년에 영국에서 산업혁명이 시작되어 기계가 본격 활용되기 시작했고, 이로써 기계에 의한 노동자들

사진25 R.U.R.의 로봇들(좌)   사진26 《신동아》1933년 5월호의 로봇(우)

 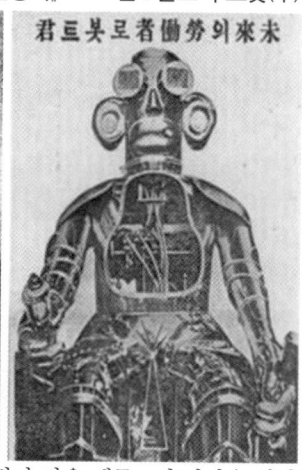

주: R.U.R.의 로봇들은 모두 기계적 몸짓을 하나 사람과 같은 생물로서 사람을 대신해서 일을 하는 노예로 만들어졌다. 《신동아》1933년 5월호는 과학을 주제로 한 '50년 후의 세상'을 특집으로 다뤘다. 여기에 1932년에 영국의 한 기술자가 제시한 '알파'라는 이름의 로봇 모형 사진이 실렸는데, 이 모형은 강철과 전선의 기계 인간이나 흑인의 외모로 로봇을 노예로 제시하고 있다.

의 실직이 본격 시작됐다. 이에 대응해서 노동자들의 기계 파괴가 전개됐다. 특히 1811~16년에 걸쳐 자신들을 '러다이트'로 부른 직조 노동자들의 근본파가 대대적으로 직조 기계들을 파괴했다. Luddite는 18세기 말에 직조기를 파괴한 Ned Ludd라는 노동자의 이름에서 따온 것이라는 얘기가 퍼졌으나 이 얘기는 1847년에 처음 나온 것으로 전혀 사실이 아니다. 이처럼 러다이트는 그 기원과 의미를 알 수 없는 말이지만 시간이 지나며 '기계 파괴자'라는 뜻으로 확립됐다. 그런데 러다이트가 정말로 저항한 것은 사실 기계 자체가 아니라 기계를 이용해서 노동자를 생존 위기로 몰아간 불의한 사회였다.

아시모프는 『아이, 로봇』에서 '로봇 공학의 세 법칙'을 제시했다. 그 내용은 다음과 같다. 이 법칙이 제시된 『아이, 로봇』의 3장은 1941년에 쓰여져서 1942년에 처음 발표됐다. 아시모프의 발상은 착한 기계 노예를 만드는 것이었다.

1. 로봇은 인간에게 해를 끼쳐서는 안 되고, 인간이 해를 입게 해서도 안 된다.
2. 로봇은 인간의 명령에 복종해야 하고, 그 명령은 첫째 법칙에 어긋나서는 안 된다.
3. 로봇은 자신을 보호해야 하고, 이 보호는 첫째 또는 둘째 법칙에 어긋나서는 안 된다.

그러나 아시모프의 노력에도 불구하고 '로봇 공포증'은 해소되지 않았다. 로봇이 생물적 존재에서 기계적 존재로 바뀌었어도 그렇다. 필립 딕(Philip Dick, 1928~1982)은 『안드로이드는 전자 양을 꿈꾸나』(1968)에서 여러 유형의 생물적 인조 인간을 제시했다. 이 소설은 리들리 스콧(Sir Ridley Scott, 1937~) 감독이 〈블레이드 러너〉(1982)로 영화화했다. 안드로이드(android)는 '인간형'이라는 뜻의 그리스 어로 1886년 프랑스에서 발표된 소설 『미래의 이브』에서 제시되어 널리 알려지게 되었다. 안드로이드는 생물적 인조 인간으로, 메리 셸리의 '괴물'도, 카렐 차페크의 로봇도 '안드로이드'다.

사실 '로봇 공포증'의 원천은 '인간 공포증'이다. 인간이 인간을 괴롭히는 것에서 '로봇 공포증'이 나타나게 된 것이다. 인간과 기계의 관계는 두 계열로 대별되는 데, 하나는 인간 대 기계의 관계이고, 다른 하나는 기계를 매개로 한 인간 대 인간의 관계이다. 전자의 바탕에도 사실 후자가 놓여 있다. 기계는 기계일 뿐이고 문제는 인간인 것이다. 인간과 인간의 관계가 어떻게 되느냐에 따라서 인간과 기계의 관계는 크게 바뀔 수 있다.

컴퓨터 기술의 발달에 따라 로봇은 더욱 더 지적 기계로 변화했고,

로봇의 외형이 아니라 그 지적 능력이 중요하게 여겨지게 됐다. 1948년에 발표된 노버트 위너의 '사이버네틱스'를 기초로 1950년대에 적극 제기된 '인공 지능'이 여기에 큰 영향을 미쳤다. 이로부터 인간보다 뛰어난 지적 능력을 가진 기계가 만들어져서 인간을 지배하는 것을 넘어서 멸종시켜 버리는 무서운 상상도 제시됐다. 요컨대 카렐 차페크의 생물적 인공 인간인 로봇이 기계적 인공 인간으로 바뀌어서 아이작 아시모프의 개량에도 불구하고 더욱 강력한 능력을 갖고 인간을 제압하게 되는 상황에 대한 우려가 커진 것이다.

1984년에 출간된 윌리엄 깁슨(William Gibson, 1948~)의『뉴로맨서』는 '사이버펑크'(cyberpunk)라는 장르를 만든 소설로서 인공 지능이 지배하는 세상에서 한 젊은 해커가 인공 지능의 지배를 뚫고 자유를 추구하는 과정을 흥미롭게 묘사했다. 제목은 New Romancer가 아니라 Neuromancer로서 신경을 뜻하는 Neuro와 강령술사(降靈術師) 또는 사령술사(死靈術師)를 뜻하는 Necromancer의 합성어로 이 작품에서는 세상을 지배하는 인공 지능을 뜻한다. punk는 불쏘시개, 쓸모없는 것, 애송이, 양아치 등을 뜻한다. funk는 연기, 악취, 겁쟁이 등을 뜻한다. 음악의 면에서, funk는 1960년대 미국에서 나타난 흥겨운 흑인 음악을, punk는 1970년대 영국에서 나타난 반항적인 록 음악을 가리킨다. 사이버펑크는 컴퓨터 기술을 주요 소재로 기성 사회의 문제에 도전하는 반항적인 젊은이들의 이야기를 그리는 SF 소설의 하위 장르이다.

깁슨은 '사이버스페이스'(cyberspace)와 매트릭스(matrix)라는 용어로 인공 지능이 지배하는 세상을 강렬하게 제시했다. 1990년대에 들어와서 사이버스페이스는, 이어서 사이버는 컴퓨터 기술의 발달을 대표하는 용어로 널리 알려졌다. 화상 방식(GUI) 컴퓨터와 인터넷의 확대는 사이버스페이스를 현실에 구현하는 것으로 여겨졌다. 이에 대해 '사이버

계급'의 등장과 '캘리포니아 이데올로기'에 대한 비판이 제기되었다.[103] 전자는 빌 게이츠와 스티브 잡스가 대표적으로 보여주었듯이 컴퓨터 기술이 만든 새로운 지배 계급을 뜻하고, 후자는 사이버 계급의 중심지인 캘리포니아에서 컴퓨터 기술이 만든 불평등을 자유주의로 미화하는 것을 뜻한다.

1992년에 출간된 닐 스티븐슨(Neal Stephenson, 1959~)의 『스노우 크래쉬』는 '컴퓨터가 만든 우주'인 '메타버스'(Metaverse)를 제시했다. 메타버스는 고글형 양안(兩眼) 밀착 모니터로 보는 컴퓨터 생성 3차원 입체 동화상으로 이용자는 자기의 아바타를 이 동화상 속에서 움직이는 방식으로 메타버스를 이용한다. 아바타(avatar)는 산스크리트어로 하늘에서 내려온 자를 뜻하며, 힌두교의 신들이 세상에 와서 취한 화신(化身) 또는 분신(分身)을 가리킨다. 컴퓨터 기술에서는 이용자를 표현하는 형태를 뜻하는데, 메타버스에서는 3차원 입체 그래픽 인물의 형태로 제시된다. 스티븐슨의 메타버스는 깁슨의 사이버스페이스를 현실적으로 변형한 것이자 현실과 결합시킨 것이라고 할 수 있다. 깁슨은 사실 '컴맹'으로서 거의 완전한 상상으로 『뉴로맨서』를 썼다면, 스티븐슨은 실제 컴퓨터 기술을 기반으로 『스노우 크래쉬』를 썼다. 스티븐슨은 snow crash가 초기 매킨토시 컴퓨터에서 오류가 발생했을 때 고장난 텔레비전 화면과 같은 상태가 된 것을 뜻한다고 밝혔다(Wikipedia, 'Snow Crash').

윌리엄 깁슨과 닐 스티븐슨은 인간형 로봇이 아니라 인공 지능 컴퓨터와 그것이 구현한 기술사회적 환경에 초점을 맞췄다. 인간형 로봇은 그 외형 때문에 사람들의 관심을 끌기 쉽지만 사실 그 핵심은 컴퓨터다. 인공 지능 컴퓨터가 만들어져야 실질적인 인간형 로봇이 만들어질 수 있

---

103 『사이버공간 사이버문화』 참고.

다. 이런 점에서 깁슨과 스티븐슨은 핵심을 올바로 다루었으며, 컴퓨터 통신망이라는 새로운 기술사회적 환경도 잘 다루었다. 사이버스페이스와 메타버스라는 말이 현실의 변화에 큰 영향을 끼친 것은 이 때문이다.

만화

만화는 생각을 가장 자유롭게 표현할 수 있는 장르이다. 만화에서 우리는 그야말로 상상의 나래를 마음껏 펼칠 수 있다. 디지털 기술의 가능성도 만화를 통해 대단히 자유롭게 표현됐다. 만화는 과학과 기술의 발달로 나타나게 될 미래의 모습을 보여주는 가장 효과적인 방법이었다. 많은 만화들이 미래의 모습을 제시하고 사람들의 상상력을 자극했다. 그런데 문예와 마찬가지로 만화도 아날로그 기술과 디지털 기술을 구분해서 제시한 것은 없다. 그냥 전기-전자 기술로, 아니 그냥 과학-기술로 제시된 것이 대부분이다.

만화에서 가장 두드러지게 나타난 디지털 기술은 로봇이다. 사람의 모습을 하고 있으며 사람보다 더 강력한 물리력과 사고력을 지닌 기계인간으로 로봇을 제시한 만화들이 무수히 그려졌다. 사람들이 로봇을 이런 존재로 생각하게 된 데에는 만화가 크게 작용했다. 사실 만화는 로봇에 관한 사람들의 상상에 영향을 미치는 것을 넘어서 기술 낙관론(technotopia)의 확산을 주도했다. 특히 일본의 만화에서 로봇은 대표 장르로 확립되었다.

미국의 만화가 '수퍼맨'으로 대표되는 이른바 '수퍼 히어로'(super hero, 초영웅)를 대표 장르로 만들었다면, 일본의 만화는 '철완 아톰'(1952)에서 '철인 28호'(1956), '마징가Z'(1972), '기동전사 건담'(1979)으로 이어지며 로봇을 대표 장르로 만들었다. '철완 아톰'은 귀여운 소년형 로봇이나 스모 선수를 연상케 하는 '철인 28호'부터 거대 로봇으로 바뀌었다. '신세기 에반게리온'(1994, 에바)은 로봇이 아니라 거대한 생물형 인조인간이다.

본래 애니인 '에바'의 작가는 안노 히데아키(庵野秀明, 1960~)인데, 파생작인 '만화 에바'는 '에바'의 캐릭터 작가인 사다모토 요시유키(貞本義行, 1962~)가 맡았다. 2019년에 사다모토는 일본군 위안부 피해자들을 극렬히 모욕하는 글을 트위터에 올렸으며, 이에 항의하는 사람들을 조롱하는 글을 트위터에 올렸다. 안노는 사다모토와 '신비한 바다의 나디아'(1990)부터 함께 작업한 사이였으나 이 비열한 행태로 관계를 끊은 것으로 보인다. 그 출발은 데즈카 오사무의 아톰이다.

데즈카 오사무(手塚治虫, 1928~1989)는 오사카 제국대학 의학전문부 출신의 의사인데 전후의 피폐한 상황에서 취미였던 만화를 부업으로 시

사진27 데즈카 오사무의 주요 캐릭터들

작했고, 전쟁이 야기한 극히 어려운 상황에서 아이들의 꿈과 희망을 키워주고 자연과 평화를 지키는 세상을 위해 만화가가 됐다. 그는 많은 작품들을 만들었는데, 가장 유명한 것은 역시 '철완 아톰'(1952)이다. 철완(鐵腕)은 강철 팔을 뜻한다. 국내에는 '우주소년 아톰'으로, 미국에는 'Astro Boy'로 소개됐다. 아톰은 핵발전으로 동력을 얻고 사람처럼 생각하고 느끼는 완전한 인공 지능 로봇이다. 아톰은 로봇을 생물형 인조인간이 아니라 기계형 인조인간으로, 그리고 노예나 적이 아니라 인간의 친구로 여기게 만들었다.

나는 아직 글자를 못 읽던 대여섯 살 때, 그러니까 1970년 쯤부터 아톰 만화에 빠져서 매일 집앞 만화가게에 가서 아톰 만화를 봤다. 그 무렵 TV에서 아톰 애니를 방영했는 데 집에 TV가 없어서 친구 집이나 만화가게에 가서 열심히 봤다. 우리 세대는 어려서 아톰으로 TV와 애니를 접한 세대이다. 이와 관련해서 오래 전에 나는 '우리 아톰 세대'라는 글을 쓰기도 했다. 아톰은 정의를 추구하는 소년형 로봇으로 로봇에 대한 인식을 크게 바꿨지만 절대적 위험의 핵발전을 미화한 주인공이기도 하다. 당시는 핵발전을 극도로 칭송하던 때였으니 이 점은 시대적 한계의 성격이 크다.

로봇은 '노동자'를 뜻하는 체코 어로 인간과 똑같은 형태의 생물적 인조인간으로 제시됐으나, 이 말이 세계로 퍼지면서 전자 기술을 이용한 기계적 인조인간으로 변화했다. 인조인간은 『프랑켄슈타인』의 '괴물'로부터 안드로이드, 로봇, 사이보그 등으로 다양해졌다. 안드로이드(android)는 '사람을 닮은 것'이라는 뜻의 그리스 어로 18세기부터 영어에서 나타났고 프랑스의 빌리에 드릴라당(Viller de l'Isle-Adam, 1838~89)의 소설『미래의 이브』(1886)를 통해 조금 변형된 형태로 퍼지게 되었다. 사이보그는 자동제어 기계와 유기체의 결합을 뜻하는 말로 1960년에 고안되었다. 요컨대 안드로이드는 생물적 인조인간, 로봇은 기계적 인조인간, 사이보그는 둘의 결합체로 볼 수 있다. 로봇과 사이보그는 전기-전자 기술을 핵심으로 하는 데, 특히 사이보그는 이름부터 전기-전자 기술을 나타내고 있다. 이런 점에서 로봇은 기계적 인조인간, 사이보그는 전자적 인조인간으로 구분해 볼 수 있다.

사이보그는 우주 개발을 위한 개념으로 제시됐지만 곧 인조인간에 대한 상상을 촉진하게 됐다. 이시노모리 쇼타로(石ノ森章太郎, 1938~98)의 '사이보그 009'(1964)는 그 대표작이다. 주인공인 009를 비롯해서 아홉 명의 사이보그들이 자기들을 만든 거대한 테러 조직인 '블랙 고스트'에 맞서 싸워 정의를 지킨다. 1964년은 도쿄 올림픽이 열린 해로서 일본은 한국전쟁을 이용해서 전후 부흥에 완전히 성공하고 다시 자신을 과시하고 나섰다. 그런데 1964년은 미국의 민주당 케네디 정부가 베트남 전쟁을 시작한 해로서 '선진국'들에서 전쟁에 대한 우려가 커지고 반전 평화

사진28 사이보그 009와 인조인간 키카이다

운동이 시작된 해였다. 이 작품은 '선진국' 일본[104]을 과시하는 것이면서 인간과 기계의 결합에 대한 인간적 불안과 전쟁과 테러에 대한 시대적 불안을 담고 있다.

시로 마사무네(士郎正宗, 1961)의 공각 기동대(攻殻機動隊, 1989)는 몸은 물론 뇌도 전자 기술로 처리된 '전뇌'(電腦)와 지구를 뒤덮은 컴퓨터 통신망을 치밀하게 제시했다. 오시이 마모루(押井守, 1951~)가 감독한 극장판 애니가 1995년에 발표되어 이 작품이 세계에 알려지게 되었다. 오

사진29 『공각 기동대』 만화와 만화영화

[104] '선진국'(advanced state)은 정치, 경제, 문화, 생활, 자연 등의 면에서 우수한 수준에 있는 나라를 뜻한다. 여기서 가장 중요한 것은 정치다. 정치는 권력으로 모든 것에 강력한 영향을 미친다. 일본은 자민당이 70년에 이르도록 지배하고 있는 '일당 지배 국가'로서 심각한 '사이비 민주 국가'에 해당된다. 일본은 '선진국'이 아니다. 자민당은 침략과 전쟁의 범죄를 모두 부정하는 반인류 전범 세력으로 일본의 선진화를 극력 가로막고 일본의 퇴행화를 극력 추구하고 있다.

시이 감독의 애니는 SF 영화에 큰 영향을 미쳤으나, 긴 원작을 압축해서 만들다 보니, 원작의 유머를 삭제해서 너무 무겁게 됐고, 얘기를 제대로 전하지 못하는 문제를 갖게 됐다. 공각(攻殼)은 '공격형 장갑 외골각(攻擊型 裝甲 外骨殼)'의 준말로 외부에 강력한 방어장치를 한 공격형 장갑차를 뜻한다. 작가의 의도는 영어로 쓰여진 부제인 The Ghost in the Shell로 제시되어 있다. 이 말은 영국의 저술가 아서 케슬러의 책 The Ghost in the Machine(1967)에서 따온 것인데, 원래 영국의 철학자 길버트 라일 (Gilbert Ryle, 1900~76)이 데카르트의 '심신 이원론'을 비판하기 위해 제시한 것이다. '전뇌'는 인간과 기계의 경계를 완전히 혼란하게 만드는 것을 넘어서 기계 속의 정신을 실현하는 것일 수 있다.

데카르트는 인식론에서 합리론을, 존재론에서 심신 이원론을 제시했다. 그의 합리론은 큰 의미를 갖는 것이지만 이원론은 그냥 틀린 것이다. 정신은 육체와 별개의 것이 아니라 두뇌의 작동이고, 두뇌는 육체의 한 부분으로 홀로 존재할 수 없으며, 그 작동인 정신은 절대 독립된 실체일 수 없다. 그러나 데카르트의 이원론은 『뉴로맨서』 이래로 SF에서 강력히 부활해서 인간의 육체를 쓸모없는 껍데기로 여기고 정신을 컴퓨터로 옮기는 상상이 퍼졌다. 한편 심(心)은 마음으로 정신(精神)에 비해 감성적-정서적 존재, 또는 정신의 감성적-정서적 상태를 뜻한다. 영어의 mind는 마음이 아니라 정신으로 옮기는 게 더 옳다. 마음은 심장에 있는 것으로 여겼는데, 영어로는 heart가 여기에 딱 맞는 말이다. ghost는 유령, 영혼, 정신을 뜻한다. '전뇌'는 본래 중국에서 컴퓨터의 번역어로 쓰인 말이었다.

인조인간은 생명공학, 기계공학, 전자공학을 대표로 하는 기술에 관한 논의를 넘어서 이른바 '탈인간'(post-human)에 관한 논의로 이어졌다. 인조인간은 인간의 적인가, 친구인가?

인조인간을 인간의 친구로 만들기 위해, 아시모프는 '로봇공학의 세 법칙'을 제시했고, 이시노모리는 '키카이다'에서 '양심회로'를 제시했다. '人造人間 キカイダー'(1972). 영어는 Android Kikaider. 제목은 '機械だ'(기계다)의 일어 발음인 '키카이다'로 '(나는 인간이 아닌) 기계다'라는 뜻이다. 이 작품은 1970년대 중반에 국내의 학생 잡지에 '인조인간 머신 X'라는 제목으로 연재됐다. 물론 '해적판' 연재였다. 당시 국민학생이던 나도 이 연재를 보고 인조인간, 사이보그 등을 알게 됐다.

그러나 최근의 인공 지능이 잘 보여주었듯이, '로봇공학의 세 법칙'은 로봇에 의해 무시될 수 있고, '양심회로'는 만들어질 수 없는 상상의 장치에 불과하다. 기계를 이용해서 인간의 편리와 강화를 추구하는 것에는 핵발전과 비슷한 기술적 위험이 따르고, 또한 인간이 기계를 이용해서 인간을 괴롭히는 러다이트 이래의 사회적 위험이 따른다.

미국의 픽사(PIXAR)가 만들고 디즈니가 배급한 '월-E'(2008)는 미친

사진30 월-E

인공 지능에 맞서서 낡은 깡통 로봇 '월-E'와 최신형 비행 로봇 '이브'가 황폐한 지구를 떠나 우주로 피난한 인간들을 다시 지구로 돌아오게 하는 내용의 흥미로운 만화영화다. 최고 수준의 컴퓨터 그래픽으로 대단히 부드러운 애니의 세계를 만끽하게 할 뿐만 아니라 인간의 탐욕이 야기한 종말적 상황에 대한 깊은 성찰을 섬세하고 재미있게 표현했다. 우리는 기계를 맹신해서는 안 된다. 기계가 인간을 속여서 위험을 더욱 악화할 수 있다. 월-E는 추상적인 '탈인간' 논의가 아니라 구체적인 '생태위기'의 현실을 배경으로 인간과 기계에 대해 생각하게 한다. 우리는 강한 인간 중심주의가 아닌 '친인간'의 관점에서 생태적 기술을 추구해야 한다.

영화

영화는 '연속 사진'으로서 사실성을 기초로 한다. 여기서 사실성은 이야기가 아니라 이미지의 그것이다. 우리의 눈을 통해 직접 지각하는 모습이 사실적이어서 관객들은 영화에 몰입하게 된다. 이 점에서 영화는 만화와 크게 다르다. 만화는 비사실성이 기초이고, 영화는 사실성이 기초이다. 그러나 영화에서 보이는 모습이 사실적이라고 해서 그 모습이 진짜 사실인 것은 아니다. 여기에 영화의 매력이 있다. 영화는 존재하지 않는 것을 존재하는 것처럼, 사실이 아닌 것을 사실인 것처럼 보여준다. 이렇게 해서 영화는 우리를 상상의 세계로 들어가게 하고, 상상과 사실을 심각하게 혼동하고 살아가게 할 수 있다. 디지털 기술과 관련해서도 그렇다.

인조인간이 본격적으로 등장한 최초의 영화는 프리츠 랑(Fritz Lang, 1890~1976) 감독의 전설적인 영화 '메트로폴리스'(1927)이다. 이 영화에서는 인조인간을 '합성 인간'(synthetic human)이라고 불렀다. 프리츠 랑은 어머니가 유태인인 오스트리아 인이었다. 1933년 히틀러의 선전상 괴벨스가 랑에게 독일 영화연구소장을 제시했으나, 랑은 거부하고 1933년 7월 파리로 갔다가 1934년 중반 미국으로 망명했다. 영화 '메트로폴리스'는 무성영화이나 감정을 극적으로 드러내는 표현주의 영화의 걸작이며, 대도시의 묘사도 대단히 뛰어난 영화로서 뤽 베송의 '제5 원소'(1997)의 도시 장면은 이 영화에 대한 '오마주'(hommage, 헌정)이다.

메트로폴리스(metropolis)는 metro(어머니)와 polis(도시)의 합성어로 '모도시'라는 뜻이나 현대에 들어와서 '대도시'를 뜻하게 됐다. 메트로폴리스는 보통 인구 100만 명 이상의 도시를 가리킨다. 랑은 1924년에 뉴욕을 방문했는데, 이때 본 뉴욕의 마천루 경관에 감명을 받아 뉴욕을 '메트로폴리스'의 모델로 삼았다. 뉴욕의 맨하탄은 19세기 말에 고층화되기 시작했고 1920년대에 초고층화되기 시작했다. 1922년에 재혼한 부인 테아 폰 할보우(Thea von Harbou)가 원작인 소설과 영화의 각본을 썼다. 이 여자가 나치를 적극 지지해서 1933년에 둘은 이혼했다.

'메트로폴리스'에서 인조인간은 지상 천국의 자본가와 지하 지옥의 노동자로 이분화된 세계에서 노동자의 반란을 진압하기 위해 노동자를 선동하는 역할을 한다. 이 영화는 1차 세계대전 뒤 피폐한 독일에서 자본가와 노동자의 대립을 넘어서 서로 존중하는 국가를 만들기 위한 염원을 담고 있다. 이 염원은 2차 세계대전 뒤에 노동자의 경영 참가를 기본으로 형성된 세계 최고의 복지국가 독일로 이루어졌다. 이 영화는 인조인간이 기계 기술과 전기 기술을 이용해서 제작되는 것으로 상당히 그럴 듯하게 제시했고, 과학과 기술이 부자의 지배를 위한 도구로 악용되는 것을 메트로폴리스와 인조인간을 통해 생생히 묘사했다. 이렇게 해서 이 영화는 인조인간을 인간의 친구가 아니라 적으로 여기게 했다.

미국의 영화감독 스탠리 큐브릭(Stanley Kubrick, 1928~99)의 '2001:

사진31 '메트로폴리스'의 인조인간

사진32 2001: 스페이스 오디세이

스페이스 오디세이'(1968)는 컴퓨터의 오작동 위험에 관한 우려와 우주선의 모습을 빼어난 영상으로 구현한 걸작이다. 오디세이(Odyssey) 또는 오디세이아(Odysseia)는 장님 음유시인 호메로스(기원전 8세기 경)가 지은 서사시로 고대 그리스의 장군이었던 오디세우스(Odysseus)의 모험담이다. 오디세우스는 그리스의 이타카의 영주로서 트로이 정복 전쟁(기원전 12세기)에 참전해서 저 유명한 '트로이의 목마'를 제안해서 마침내 트로이를 정복했다. 이 때문에 트로이의 수호신이었던 헤라 여신의 저주를 받아서 20년 동안 떠돌아다니다가 겨우 고향 이타카로 돌아갈 수 있었다. 오디세이 또는 오디세이아는 오디세우스의 어려운 귀향을 상세히 전하는 서사시로 긴 여행의 의미도 갖게 됐다.

당시는 컴퓨터 그래픽 기술이 사실 없을 때여서 이 영화의 영상은 모두 모형을 제작해서 촬영한 것이다. 영국의 소설가 아서 클라크(Arthur Clarke, 1917~2008)는 당시 세계 최대 컴퓨터 제작사였던 IBM의 자문을 받아 이 영화의 극본을 썼다. '메트로폴리스'로부터 20년이 되기 전에 컴퓨터가 나타났고, 30년이 될 무렵에 '인공 지능'이 제기됐다. '2001'은 이런 기술적 배경 위에서 만들어졌다. 여기서는 인조인간이 아니라 '인공 지능'이 핵심이다. '인공 지능'의 오작동은 여기에 연결된 기계들의 오작동으로 이어져서 개별 인조인간을 뛰어넘는 훨씬 더 큰 문제를 일으킬 수 있다. 이 영화에서는 HAL 9000이라는 '인공 지능' 컴퓨터가 정보를 정확히 전하라는 명령과 비밀 임무를 알리지 말라는 상충되는 명령으로 미쳐서 오작동하게 되고, 사람들의 입술을 읽어서 사람들이 자기의 오작동을 깨닫고 자기를 정지시키려는 것을 알게 되어 사람들을 죽인다. HAL 9000이 미치는 것은 1956년에 영국의 인류학자 그레고리 베이트슨(Gregory Bateson, 1904~80)이 정신분열증의 원인으로 제시한 '이중 구속'(double bind) 이론을 떠올리게 한다.

한편 HAL 9000이 전면에 장착된 카메라로 사람들을 감시하는 것은 '텔레스크린'으로 사람들을 감시하는 것의 연장이면서 오늘날 세계에 넘쳐나는 CCTV를 앞서서 보여준 것이다. 감시를 위한 '텔레스크린'은 찰리 채플린의 '모던 타임즈'에서 처음 제시됐고, 조지 오웰의 『1984』에서 독재의 핵심 장치로 묘사됐다. 이 문제는 인조인간보다 훨씬 더 현실적이다.

미국의 로버트 롱고(Robert Longo, 1953~)가 감독한 '코드명 J'는 윌리엄 깁슨의 단편 Mnemonic Johnny(국내에서는 '메모리 배달부 조니'로 번역)를 원작으로 하는 SF 영화로 인공지능, 사이버스페이스, 가상현실, 지적 재산, 불평등의 극단화 등은 물론 1950-60년대 미국 해군이 추진한 돌고래의 초음파 소통 연구도 제시하고 있다. 중요한 것은 신기술을 개발하는 것이 아니라 인간성을 잃지 않는 것이고, 사람들이 공존-공생할 수 있게 하는 것이다. 이 영화에서 공존-공생을 추구하는 사람들은 돌고래의 초음파를 동력으로 '낡은' 텔레비전 기술로 신기술을 이용한 독점과 독재를 타도한다. 돌고래가 초음파를 증폭시켜 텔레비전 방송을 하는 장면은 그냥 기이한 장면이 아니라 미국의 군사기술 개발을 떠올리게 하는 것이면서 비디어 예술의 선도자인 백남준에 대한 오마주가 분명하다. 로버트 롱고는 1990년대에 미국을 대표하는 40대 미술가였다.

미국의 워쇼스키(Wachowski) 형제[105]가 감독한 '매트릭스'(1999)는 컴퓨터에 대한 우려를 극한까지 밀어서 제시했다. matrix는 본래 행렬, 모체를 뜻한다. 이 영화에서는 '인공 지능' 컴퓨터가 만들어 놓은 '모의 현실'(simulated reality)의 이름으로, 사람들은 그냥 살아가고 있는 것으로 생

---

[105] 1965년 생, 1967년 생. 뒤에 두 사람이 성전환 수술을 해서 '워쇼스키 자매'가 되었다.

각하고 있지만 사실은 '인공 지능' 컴퓨터에 두뇌가 장악되어 '모의 현실'을 현실로 생각하고 있는 것이고, 캡슐 안에 갇혀서 산 채로 컴퓨터의 먹이가 되어 있는 상태이다.

인간의 생각과 기억을 다룬다는 점에서 네덜란드의 영화감독 폴 버호벤(Paul Verhoeven, 1938~)의 '토탈 리콜'(1990), 로버트 롱고의 '코드명 J'(1995) 등과 직결된다.

캐나다의 영화감독 제임스 카메론(James Cameron, 1954~)의 '터미네이터'(1984)는 '인공 지능' 컴퓨터가 인간에게 반란을 일으켜서 인간을 아예 멸종시키려는 것에 맞선 인간의 처절한 사투를 그렸다. 이에 비해 '매트릭스'는 '인공 지능' 컴퓨터가 인간을 완전히 장악해서 '인간 전지'(human battery)의 방식으로 인간을 산 채로 컴퓨터의 먹이로 만들고, 인간의 두뇌와 컴퓨터의 '모의 현실' 프로그램을 연결해서 인간이 완전한 착각 속에 빠져 있는 상황을 제시했다.

워쇼스키 형제는 프랑스의 사회학자 장 보드리야르(Jean Baudrillard, 1929~2007)의 '시뮬라시옹'(simulation, 모의, 모사) 이론의 영향을 받았다고 밝혔다. 매체 기술이 발달하면서 매체가 전하는 현실과 실제 현실의 구분이 어려워졌다. 오늘날 컴퓨터는 너무나 사실 같은 비사실 이미지를 만들 수 있다. 그러나 『뉴로맨서』, '매트릭스' 등에서 제시된 두뇌와 컴퓨터의 직접 연결은 결코 있을 수 없는 완전한 상상일 뿐이다.

'매트릭스'에서 '모의 현실'의 묘사가 대단히 강렬했지만 이 영화는 '론머 맨', '코드명 J'의 연장선에 있다.

'론머 맨'(The Lawnmower Man, 1992)은 '가상 섹스', '가상현실' 기술, 컴퓨터 통신망, 심신 이원론 등을 화려한 컴퓨터 그래픽으로 흥미롭게 보여주었다, '가상현실'은 시각적 모사 기술의 정점에 해당되는 것이다.

로버트 롱고가 감독하고 키아누 리브스가 제작한 '코드명 J'(Johnny

사진33 '코드명 J'의 돌고래 통신 　　사진34 '매트릭스'의 인간 전지

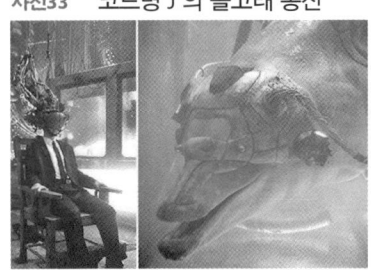

Mnemonic, 1995)는 '조니의 기억술'이 맞는 제목인데, 같은 제목의 윌리엄 깁슨의 단편 소설을 원작으로 『뉴로맨서』도 담아서 '가상현실'과 컴퓨터 통신망의 세계를 보여주었다. 이 영화에서 돌고래를 이용한 통신 장면은 그레고리 베이트슨도 참여했던 1950년대 미 해군의 실험을 떠올리게 하며, 세상을 구하는 기술로 제시된 TV 화면들은 TV 수상기를 이용해서 비디오 아트의 세계를 활짝 연 백남준에 대한 '오마주'다.

'매트릭스'에서 묘사된 인간은 생각할 수 있는 가장 가련한 존재다. 컴퓨터 기술이 인간을 편리하고 풍요롭게 해 주는 것이 아니라 그렇게 생각하게 하면서 산 채로 잡아먹고 있는 것이다.

3부

디지털 문화의 전망

9장

디지털 문화의 이론

매체 기술의 발전

 디지털 문화는 디지털 기술의 산물이다. 디지털 기술은 전기-전자 신호를 디지털 방식으로 처리하는 것을 뜻한다. 디지털 방식은 사실 이산 방식으로, 즉 전기-전자 신호를 본래대로 끊임없이 이어지는 형태가 아니라 인위로 끊어내서 이어가는 형태로 처리하는 것이다. 이산 방식은 0과 1의 이진수로 치환해서 처리하는 것이 가장 안정적이어서 이진수 방식으로 확립되었다. 디지털 기술은 전기-전자 기계를 가장 효율적으로, 또한 가장 창조적으로 활용할 수 있게 해 준다.

 디지털 기술은 전기-전자를 이용한 정보 기술의 핵심이다. 정보 기술은 고대로부터 이용되어 온 것이지만 현대의 전기-전자 정보 기술에서 참으로 놀라운 경지에 이르게 되었다. 그 대표는 바로 컴퓨터와 인터넷이다. 컴퓨터는 정보 처리기계이고, 인터넷은 정보 전달기계이다. 정보 기계는 매체 기계의 성격을 갖는다. 정보 기계는 제조 기계, 교통 기계, 동력 기계 등의 작동과 운용에도 큰 영향을 미친다. 이런 기계들에서도 정보의 처리와 소통이 핵심적인 역할을 하기 때문이다. 매체 기계는 우리의 생각을 표현하고 소통하는 기계이다. 이런 점에서 정보 기계는 강력한 문화 기계의 성격을 갖는다. 디지털 기술은 그 정점이다.

표9 매체 기술의 발전

인쇄 매체		인쇄기: 1440년 경 독일의 구텐베르크가 발명
기계 매체		사진기: 1837년 프랑스의 다게르가 발명
		녹음기: 1877년 미국의 에디슨이 발명
		영사기: 1879년 영국의 마이브리지가 발명
		촬영기: 1895년 프랑스의 뤼미에르 형제가 크게 개량해서 영화의 시대를 개막
전기 매체		전신기: 1837년 미국의 모스가 발명
		전화기[106]: 1856년 이탈리아의 메우치가 발명
		무선 전신: 1896년 이탈리아의 마르코니(Guglielmo Marconi, 1874~1937)가 발명
		무선 전화[107]: 1901년 캐나다의 페든슨(Reginald Fessenden, 1866~1932)이 발명
전자 매체	아날로그	텔렉트로스코프: 1878년 미국의 캐리가 셀레늄의 광전 효과를 이용한 이미지 전송장치를 제시
		CRT: 1897년 독일의 브라운이 CRT(음극선관, 브라운관)을 발명
		진공관: 1904년 영국의 플레밍이 진공관을 발명해서 전자 기술의 시대 개막
		라디오: 1906년 페든슨이 최초의 라디오 방송을 진행, 1920년 미국의 웨스팅하우스 사가 최초의 정규 라디오 방송을 시작
		텔레비전: 1927년 미국의 판즈워스가 전자식 촬영기와 수상기를 발명, 1935년 히틀러의 독일이 1936년 베를린 올림픽을 앞두고 최초의 텔레비전 방송을 시작.
		컴퓨터: 1942년 독일의 휠쩌가 최초의 완전한 아날로그 컴퓨터 제작
	디지털	컴퓨터: 1942년 미국의 아나타소프가 특수용 디지털 컴퓨터 제작, 1946년 미국의 모클리와 에커트가 범용 디지털 컴퓨터 ENIAC 제작
		인터넷: 1969년 미국 국방부의 아르파넷으로 시작, 1989년 영국의 버너스-리가 WWW 개발, 1992년 미국의 클린턴과 고어가 '정보 고속도로' 정책을 제시
		마이크로프로세서: 1971년 인텔 사가 최초의 마이크로프로세서 제작
		스마트폰: 2007년 잡스의 지휘로 미국의 애플 사가 아이폰 개발

---

106 전화는 전류에 소리를 실어서, 즉 소리를 전기 신호로 변환해서 전류로 주고받는 것이다.

107 무선 전화는 전파에 소리를 실어서, 즉 소리를 전기 신호로 변환해서 전파로 주고받는 것이다.

과학적 인식의 발전

디지털 기술의 면에서 섀넌, 위너, 폰 노이만, 튜링을 잘 기억할 필요가 있다. 수학자 클로드 섀넌(Claude Shannon, 1916-2001)은 불과 21살 때인 1937년에 작성한 석사 논문[108]으로 모든 전기-전자 신호를 0과 1로 처리할 수 있다는 사실을 밝혀서 디지털화의 길을 열었다. 이어서 1948년에 섀넌은 '통신의 수학적 이론'이라는 논문을 발표해서 전기-전자 신호를 정확히 통제할 수 있는 전기-전자 공학의 정보 이론(The Information Theory)을 확립했다. 이로써 섀넌은 아날로그와 디지털을 넘어서 정보화의 수학적 기초를 정초했다.

수학자 노버트 위너(Nobert Wiener, 1894-1964)는 2차 세계대전에 참전해서 대공포의 작동에 관해 연구를 하면서 자동기계의 핵심이 외부의 정보를 스스로 파악해서 대응하는 것이라는 사실을 알게 되었다. 1948년에 그는 자동기계에 관한 '사이버네틱스'(cybernetics)라는 포괄적인 학문을 제창했다. 말 자체는 cybernet에 학문을 뜻하는 접미사 ics를 붙인 것으로 '사이버네트학'이라고 할 수 있다. cybernet는 '키잡이'를 뜻하는 그리스 어 kybernetes(퀴베르네테스)에서 온 말로 사이버네틱스는 배의 키잡이가 주변의 환경을 둘러보고 배의 방향을 잡아서 배를 조종하는 것처럼 자동기계가 주변의 환경을 스스로 파악하고 작동하게 하는 것을 연구하는 새로운 학문을 뜻했다. 사이버네틱스는 결국 동물의 두뇌와 비슷한 능력을 가진 기계를 만드는 게 핵심이었기 때문에 '인공두뇌학'으로 번역되거나, 주변의 환경을 스스로 파악해서 작동하는 기계를 만드는 것이었기에 그냥 '자동조절학'으로 번역되었다. 이 기계의 핵심은 센서(감지기)를 통한 환경의 파악과 올바로 대응하기 위한 피드백(되먹임) 과

---

[108] "A Symbolic Analysis of Relay and Switching Circuits," MIT

정이다. 결과가 원인이 되며 체계의 항상성을 유지한다. 이 인식은 기계를 넘어서 생물, 사회 등에 대한 것으로 확대되었다. 나아가 '2차 사이버네틱스'(second order cybernetics)가 제창되었다. 인간이 행위하고 인식하는 것이 체계(system)에 되먹임된다. 이 재귀성(reflexivity)이 체계의 유지와 변화에서 관건이다. 이렇게 해서 사이버네틱스는 인공지능, 로봇 등의 기술 분야를 넘어서 '체계 이론'에 큰 영향을 미치게 되었다.

수학자 노이만(John von Neumann, 1903-57)은 유태계 헝가리 인으로 독일의 베를린에서 공부했고 1930년에 미국 프린스턴 대의 초청을 받아 미국으로 가서 정착했다. 히틀러의 나치가 권력을 장악해서 독일로 돌아갈 수 없었다. 그는 놀라운 암기력을 가진 뛰어난 수학자로 미국의 '맨해튼 프로젝트'에 참여했고, 그 뒤 미국의 수소 폭탄 개발(1952년에 최초 실험)에서 방사능에 노출되어 결국 이른 나이에 세상을 떠나고 말았다. 노이만은 '게임 이론'을 창시했고, 디지털 컴퓨터의 원리를 확립했고, 1948년에 자신을 재생산하는 자동기계(오토마타)에 관한 이론을 제시했다.

수학자 튜링(Alan Turing, 1912-54)은 영국인으로 케임브리지 대학에서 공부하고 미국의 프린스턴 대학으로 유학을 가서 괴델, 노이만 등에게서 배웠다. 히틀러-나치가 아니었다면 독일로 가서 저들에게 배웠을 것이다. 그는 24살 때인 1936년 컴퓨터의 논리적 원형인 '튜링 기계'를 제안했고, 1950년 인공지능에 관한 '튜링 검사'를 제안했다. 튜링은 나치의 암호를 해독해서 연합군이 2차 세계대전에서 승리하는 데 크게 이바지했으나 집에서 특이한 실험을 하는 취미로 불과 42살에 집에서 사고사했다.

기술의 발전

　인텔(The Intel)은 1968년 미국의 화학자 고든 무어와 물리학자 로버트 노이스가 설립했다. 인텔은 Integrated Electronics(통합 전자공학)의 합성어인데, 1971년 마이크로프로세서(microprocessor)를 만들어서 개인용 컴퓨터의 시대를 시작했다. 마이크로프로세서는 컴퓨터의 CPU(중앙처리장치)를 하나의 반도체 칩 위에 구현한 것이다. 이로써 인텔은 디지털 기술의 새 장을 활짝 열었고, 컴퓨터의 발전을 선도하는 가장 중요한 기술 기업이 되었다.

　빌 게이츠(William Gates, 1955~)는 인텔의 마이크로프로세서를 이용한 개인용 컴퓨터 만들기 열풍을 보면서 1975년에 하버드 대학교를 2학년으로 중퇴하고 아예 마이크로소프트(Microsoft) 사를 차렸다. MS는 IBM의 개인용 컴퓨터를 위한 운영체계를 맡게 되어 개인용 컴퓨터를 장악하게 되었다. 문자형인 DOS에 이어 도상형인 Windows가 개인용 컴퓨터를 상징하게 되었다. 인텔과 MS가 CPU와 OS(Operating System, 운영체계)를 주거니 받거니 상향 개선하며 개인용 컴퓨터 시장의 성장과 지배를 확립했다. 이것을 '윈-텔 연합(win-tel alliance)'이라고 불렀다.

　스티브 잡스(Steve Jobs, 1955-2011)는 빌 게이츠와 동갑으로 둘 다 캘리포니아에서 태어나 자랐으나 여러 모로 대비됐다. 빌 게이츠는 시애틀의 유복한 변호사 집안 출신이나, 스티브 잡스는 시리아의 명문 집안 출신으로 위스콘신 대학교 대학원에 유학하고 있던 아버지와 위스콘신 대학교 대학원에 다니고 있던 어머니의 사이에서 혼전 출생했으나 외할아버지의 강력한 결혼 반대로 출생 직후에 고등학교를 중퇴하고 기계공으로 일하던 남자와 평범한 주부로 불임이었던 여자의 양아들로 입양되었다. 어머니는 외할아버지가 죽고 바로 결혼하고 아들을 찾아올 수 있을 것으로 생각했으나 그렇게 되지 않았다. 양부모는 착하고 성실한 사람들로 잡스를 열심히 돌봤다. 잡스는 대학에 가지 않으려 했으나 양부모가 적극 설득해서 인문 교양 교육 중심인 리드 대학(Reed College)에 입학해서 1학기 동안 철학을 공부하고 엄격한 학사 관리에 큰 불만을 느껴서 중퇴했다. 그런데 잡스는 학교를 자퇴한 뒤에도 학교에 머물면서 18개월 동안 다양한 과목을 자유롭게 수강하며 공부했다. 1974년 집으로 돌아온 잡스는 '아타리 사'에 잠깐 취직하기도 했으나 곧 개인용 컴퓨터 만들기 열풍에 적극 가담했다. 1976년 스티브 워즈니악과 함께 애플 사를 설립하고 애플 I을 발표했다. 그림형 컴퓨터 이용법은 애플에서 시작한 것이다. 2007년 아이폰을 발표했고, 2011년 췌장암으로 일찍 세상을 떠났다.

빌 게이츠와 스티브 잡스는 여러 모로 대비되지만 둘은 영리형 사업을 했다는 공통점을 갖고 있다. 이에 대해 컴퓨터 기술은 본래 지식을 공유하는 방식으로 발전해 왔다며 소프트웨어의 사유화에 반대하고 그 공유화를 추구한 전자공학자가 나타났다. 하버드 대와 MIT 대학원 출신의 리차드 스톨만(Richard Stallman, 1953~)이다. 그는 누구나 자유롭게 이용하고 개발할 수 있는 '자유 소프트웨어'(free software)를 주창하고 이를 위해 1985년에 GNU Project를 시작했다. 1990년대에 이 운동은 자유 소프트웨어 운동과 오픈 소스 운동으로 분화됐고, GNU는 핀란드의 대학생이었던 리누스 토르발스(Linus Torvalds)에 의해 리눅스(Linux)라는 뛰어난 공개형 운영체계의 개발로 일단락됐다.

팀 버너스-리(Tim Berners-Lee, 1955~)도 빌 게이츠, 스티브 잡스와 동갑이다. 그의 철학은 리차드 스톨만에 더 가깝다. 그는 영국의 옥스포드 대에서 공부한 수학자로서 유럽 입자물리연구소에서 자료 관리 책임자로 일하면서 방대한 자료를 편리하게 관리하고 이용하게 하기 위해 WWW(World Wide Web)을 개발했다. 이로써 인류가 언제 어디서나 모든 시청각 자료를 공유하고 소통할 수 있는 놀라운 시대가 시작됐다. 버너스-리는, X선을 발견하고 원래 자연에 있는 것이라며 사유화를 거부한 독일의 물리학자 뢴트겐(Wilhelm Röntgen, 1845-1923), 소아마비 백신을 발명하고 태양에도 특허를 낼 거냐며 사유화를 거부한 미국의 의학자 소크(Jonas Salk, 1914-95) 등의 위대한 과학자들을 떠올리게 한다.

사회론의 맥락

정보 기술은 수학, 물리학, 화학, 기계 공학, 전기 공학, 전자 공학, 컴퓨터 공학, 소프트웨어 공학, 언어학, 기호학, 도상학, 음향학, 정신학(심리학), 사회학 등의 총화이다. 정보 기술은 자연과학과 공학은 물론 사회과학과 인문학도 적극 활용해서 발전해 왔다. 정보화는 단순히 정보 기술을 널리 사용하게 되는 것이 아니라 사실은 정치, 경제, 문화의 모든 것이 크게 변하게 되는 것이다. 오늘날 정보화는 디지털화(digitalization)를 넘어서 디지컬화(digicaization)로 빠르게 나아가고 있다. 디지털 기술이 물리적 현실의 모든 것을 포섭해서 기록하고 관리하고 운영하게 되는 것이다. 이것은 디지털 트윈(digital twin), 디지털 전환(digital transformation) 등으로 구현되고 있다.

1911년에 요셉 슘페터(Joseph Schumpeter, 1883-1950)는 『경제 발전의 이론』에서 기술에 의한 단절적 변화를 발전의 핵심으로 제시했다. 1934년에 발간된 이 책의 영어판에 추가된 한 각주에서 그는 "당신이 우편 마차를 아무리 여러 대 이어놓아도 그렇게 해서 당신은 철도를 가질 수 없다"[109]는 말로 기술의 힘을 간결하고 명확하게 제시했다. 20세기에

---

109 Add Successively as many mail coaches as you please, you will never get a

들어와서 기술의 위력이 더욱 더 커지면서 슘페터의 혜안은 더욱 더 빛나게 되었다. 디지털 기술이 정치, 경제, 문화를 크게 바꾸면서 슘페터는 동갑인 케인즈(John Maynard Keynes, 1883-1946)를 제치고 최고의 경제학자로 떠올랐다. 그러나 이와 함께 기술을 과장하거나 오용하거나 심지어 기술로 세상을 속이는 '기술 사기'의 문제도 커졌다. 현대의 생태위기는 기술의 산물이다. 우리는 현대 사회의 동력으로서 과학과 기술의 가치를 중시하되 그 오용과 사기의 문제도 절대 잊지 말아야 한다.

미국의 사회학자 다니엘 벨(Daniel Bell, 1919-2011)은 1950년대에 『이데올로기의 종언』으로 소련과 맑스주의의 몰락을 예견했고, 1960년대에 기술의 발달에 따른 산업구조의 변화와 '탈공업사회'의 도래를 주장했다. post-industry는 번역이 혼란스러운 말이다. post는 탈(脫)과 후(後)의 뜻을 갖고 있고, industry는 공업과 산업의 뜻을 갖고 있다. 공업은 산업의 한 부문으로서 증기 혁명을 통해 나타났고, 공업에 의해 농업과 서비스업도 크게 성장하게 되었다. 공업이 전체 산업의 성장을 견인하고 촉진하는 것이다. '탈공업'은 맞지만 '탈산업'은 틀렸다. 공업은 벗어날 수 있어도 산업은 벗어날 수 없기 때문이다. '후공업'과 '후산업'은 다 말이 된다. 그런데 단순히 후를 뜻한다면 혼란을 피하기 위해 late를 쓴다. 벨이 주장한 내용을 보자면 공업의 축소와 서비스업의 확대를 뜻하기 때문에 '탈공업'이 맞다. 이 주장의 기초에는 노동가치설에 대한 지식가치설이 놓여 있다. 그의 '탈공업사회'론은 1980년대에 '정보사회론'으로 변모했다. 벨은 미국의 지식상 앨빈 토플러(Alvin Toffler, 1928-2016)의 '제3의 물결'론에 대해 '스타트렉의 사회학'이라고 비난했는데, 그럴

---

railway thereby. Joseph Schumpeter, *The Theory of Economic Development*, 1934, p.64.

듯해 보이나 명확한 근거가 없이 사실과 상상을 버무린 현란한 주장이라는 것이다.

　미국의 경영 자문가 피터 드러커(Peter Drucker, 1909-2005)는 유태계 독일인으로 1933년에 히틀러-나치를 피해 영국을 거쳐 미국으로 이주했다. 그는 지식의 중요성을 강조해서 1950년대 말에 '지식 노동자'의 개념을 제시했다. 정보 기술의 발달로 지식을 전하고 배우는 방식이 크게 변하고 중요시되는 지식의 종류도 크게 변하게 되었다. 한편 프랑스의 철학자 료타르(Jean-François Lyotard, 1924-98)는 본래 캐나다 퀘벡 주의 과제로 수행한 작은 연구 보고서를 1979년에 『탈근대적 조건』으로 출간했다. 그는 '컴퓨터화'로 대표되는 정보 기술의 발달로 학교의 역할이 줄어들고 추상적인 해방을 제시한 근대의 거대 서사가 죽는 '탈근대적 조건'이 형성됐다고 주장했다.

　1978년 프랑스의 중요 관료였던 시몬 노라(Simon Nora, 1921-2006)는 프랑스 대통령의 요청으로 기업가인 알랭 밍크(Alain Minc, 1949~)와 함께 The Computerization of Society라는 연구 보고서를 작성했다. '사회의 컴퓨터화'에 관한 이 보고서는 프랑스에서 베스트셀러가 됐고 '미니텔' 정책의 기초가 되었다. 프랑스는 1970년대 후반에 정보화 정책을 적극 추진해서 1982년에 '미니텔'(Minitel, Médium interactif par numérisation d'information téléphonique, 전화를 통한 디지털 정보의 상호작용 매체)이 시작됐다. 공식 명칭이 '텔레텔'(TELETEL, 원격 이야기)인 '미니텔'은 컴퓨터 통신 서비스로서 프랑스에서 널리 활용됐으나 1990년대 중반부터 인터넷이 대중화되면서 2012년에 폐기되었다.

　프랑스에서 공부하고 프랑스와 미국에서 가르친 스페인 출신의 맑스주의 사회학자 카스텔스(Manuel Castells, 1942~)는 본래 도시사회를 전공했는데, 1980년대에 정보산업과 정보사회에 관해 여러 연구들을 진행한 위에서 1990년대에 인터넷이 초래한 사회적 변화를 정보적 발전양식(mode of development)의 '네트워크 사회'로 제시했다. 이에 비해 미국의 사회학자 마크 포스터(Mark Poster, 1941~2012)는 1980년대 중반부터 아예 정보양식(mode of information)을 적극 제기했다. 둘 다 맑스의 생산양식(mode of production)을 계승한 것인데 카스텔스에 비해 포스터가 정보의 중요성을 더 적극 강조한 것이다.

벨이 널리 확산시킨 정보 기술과 정보 사회에 관한 여러 주장들은 2차 세계대전 뒤에 컴퓨터 기술이 빠르게 확산된 것을 배경으로 한다. 이에 따르면 정보화는 2차 세계대전 뒤에 시작된 것으로 보인다. 그러나 미국의 사회학자 제임스 베니거(James Beniger, 1946-2010)는 정보화가 산업혁명에 따른 정보의 과잉에 대응해서 시작됐다는 것을 밝혔다. 이미 19세기 초부터 정보의 빠른 처리와 저장을 위한 기술의 개발이 적극 추진되기 시작했고, 찰스 배비지의 계산기에서 한 정점에 이르렀고, 전기-전자 기술의 발달에 따라 더욱 더 촉진되어 컴퓨터의 개발에 이르게 된 것이다.

로마가 하루아침에 이루어지지 않은 것처럼 기술의 변화도 그렇다. 생물의 '돌연변이'와 같은 단절과 비약이 있지만 그것도 모두 축적과 연속을 통해 이루어지는 것이다. 지금 우리가 사용하고 있는 디지털 기술은 200여년 전 전기의 이용과 함께, 100여년 전 전자의 이용과 함께 시작된 것이다. 푸코(Michel Foucault, 1926~1984)가 말한 에피스테메도, 쿤(Thomas Kuhn, 1922~96)이 말한 패러다임도, 과학-기술의 누적과 발전을 통해 변화하게 된다. 물이 끓기까지 계속 불을 때야 물이 끓게 되는 것이다.

매체론의 맥락

정보 기술은 본래 복잡한 수학 계산을 빠르게 처리하기 위해 개발되었다. 이런 점에서 파스칼이 아버지를 위해 만들었던 계산기가, 또는 훨씬 더 거슬러 올라가서 고대 그리스의 천체 위치 계산기가 컴퓨터의 시작이다. 정보 기술은 전기-전자 기술에 의해 아날로그에서 디지털로 발전했다. 그런데 아날로그와 디지털의 차이를 떠나서 정보 기술은 새로운 매체 기술의 성격을 가졌다. 우리의 생각을 표현하고 전달하는 매체로 사용될 수 있었던 것이다. WWW에 이르러 이 성격은 완전히 새로운 세계를 만들었다고 할 정도로 커졌다.

매체(media)는 말 자체는 중간에 있는 것인데, 정보를 처리하고 전달하는 도구를 뜻한다. 즉 매체는 정보 처리와 정보 전달의 두 계열로 크게 나눌 수 있다. 근대의 매체 기술은 인쇄, 기계(사진, 영사, 녹음), 전기(전신, 전화), 전자(컴퓨터, 인터넷) 등으로 이어지며, 근대화를 추진하고 촉진하는 강력한 동력이 되었다. 근대 혁명의 바탕에 매체 혁명이 놓여 있다. 매체 혁명은 표현과 소통의 혁명을 뜻한다. 표현과 소통은 문화의 기본이자 핵심이다. 디지털 문화는 매체 혁명의 최신 산물이다.

벤야민(Walter Benjamin, 1892-1940)은 유태계 독일인 맑스주의 문학자로 히틀러-나치를 피해 프랑스에서 스페인을 통해 미국으로 망명하려다가 스페인 군인에게 저지되자 음독 자살했다. 그는 1935년에 '기술적 복제 시대의 예술 작품'[110]이라는 논문을 발표했는데, 매체 기술에 의한 예술의 변화를 인쇄, 사진, 영화 등의 매체 기술을 통해 설명했다. 그는 기계 복제가 예술 작품의 고유한 '아우라'(aura, 분위기)를 없앨 수 없으며, 기계 복제는 예술의 민주적 선용과 독재적 악용에 다 이용될 수 있다고 주장했다. 그런데 벤야민의 주장은 사실 모호하고 추상적이다.

캐나다의 영문학자로 매체학자가 된 맥루한(Marshall McLuhan, 1911-

---

110 Das Kunstwerk im Zeitalter seiner technischen Reproduzierbarkeit

80)은 1964년에 출간된 『매체의 이해』에서 텔레비전을 중심으로 매체의 영향을 극히 강조했다. 벨은 그가 캐나다의 정치경제학자로 매체학자가 된 이니스(Harold Innis, 1894-1952)의 제자로서 이니스의 주장을 반복하는 것으로 여겼다. 이른바 '매체 결정론'이다. 매체가 인간의 의식을 결정할 수는 없어도 큰 영향을 미치고 지배할 수는 있다. 그런데 매체의 기술적 차이가 그 이용과 결과를 결정하지 않는다. 이 사실이 대단히 중요하다.

플루서(Vilém Flusser, 1920-91)는 유태계 체코 인으로 대학 입학 1년 뒤인 1939년에 나치가 체코를 점령한 직후에 영국을 거쳐 브라질로 이주했다. 그의 가족들은 모두 나치의 강제수용소에서 살해됐다. 플루서는 브라질에서 기자로서, 철학과 소통을 가르치는 강사로서 살다가 1972년에 군사 독재를 피해 유럽으로 이주했다. 브라질은 국토 면적이 세계 5위의 대국이며 남미에서 유일하게 포르투갈 어를 쓰는 나라로 포르투갈의 식민지에서 1822년에 독립했다. 1964년에 군부가 미국의 지원을 받아 군사 반란을 일으켜서 1985년까지 군사 독재를 실행했다. 그는 소통과 매체의 사회적 역할을 크게 강조하고, 매체 기술의 발전으로 개인들이 어디서나 자유롭게 소통하는 '텔레마틱 사회'를 전망했다.

텔레마틱스(telematics)는 프랑스의 시몬 노라와 알랭 밍크가 1978년에 프랑스 대통령에게 제출한 연구 보고서인 The Computerization of Society에서 처음 사용한 용어로 telecommunication(원격통신)과 in-formatics(정보학)의 합성어로 '원격통신정보학'이라고 할 수 있다. 인터넷과 휴대폰은 그 좋은 예이다. 그러나 오늘날 정보의 조작과 감시, 허위 사실의 만연, 폐쇄된 소통 등의 문제는 대단히 심각한 상태에 이르렀다. 현실은 '매체 결정론'과 '매체 낙관론'의 결함과 문제를 매일 확인해 주고 있다.

프랑스의 사회학자 보드리야르(Jean Baudrillard, 1929-2007)는 1981년에 출간한 『시뮬라크르와 시뮬라시옹』에서 매체 기술의 발달로 현실의 모사(시뮬라시옹, simulation)가 현실을 지배하게 되는 현상을 강력히 제기했다. 이 주장은 텔레비전 방송의 확산, CNN을 통한 뉴스의 '쇼'화 등을 통해 큰 관심을 받게 되었다. 컴퓨터 그래픽은 이 현상을 더욱 더 강화했다. 매체는 인간과 사회에 큰 영향을 미치지만 그 자체로 선과 악을 결정할 수는 없다. 매체를 통해 보고 겪은 것은 인간의 의도와 실수를 염두에 두고 언제나 그 진위에 큰 주의를 기울여야 한다. 사실을 올바로 알기 위해서는 드러난 현상의 이면에 있는 구조와 역사도 잘 살펴봐야 한다.

옥스포드 대 인터넷연구소의 랠프 쉬뢰더(Ralph Schroeder, 1958~) 교수는 사회학자로 오래 전에 가상현실 기술의 영향에 대해 연구했고 인터넷을 중심으로 디지털 매체의 특성과 영향에 대해 연구하고 있다. 그는 매체화(mediatization)론, 행위자-연결망 이론(ANT) 등을 비판하며 실증연구를 통해 디지털 매체론을 개정하려 한다. 기존의 매체론이 대중 통신과 개인 통신의 구분, 정치 통신과 대중 문화의 구분을 올바로 수행하지 못하고 있다는 그의 지적은 중요하다.

문화론의 맥락

디지털 기술은 온갖 시-청각 전기-전자 정보를 디지털 방식으로, 0과 1의 숫자로 치환해서 처리하는 방식이다. 디지털은 본래 '10진수의', '숫자의' 등을 뜻하지만 현대의 전기-전자 공학에서 디지털 방식은 이진수 방식을 가리킨다. 디지털 기술의 대표 기계는 바로 컴퓨터인데, 컴퓨터는 CPU를 중심으로 하는 하드웨어와 OS를 기반으로 하는 소프트웨어로 작동된다. 그런데 우리가 컴퓨터를 사용하는 목적은 여러 자료들, 즉 콘텐츠를 처리하기 위해서다. 이렇게 컴퓨터의 이용은 하드웨어(HW)-소프트웨어(SW)-콘텐츠웨어(CW)로 되어 있다. 컴퓨터가 처리할 수 있는 콘텐츠는 모든 시각과 청각의 정보인데, 그것은 기호, 소리, 모습(정화상, 동화상) 등 셋으로 대별된다.

애초에 컴퓨터는 그 이름 자체가 잘 말해 주듯이 빠른 계산을 위한 계산기였다. 그런데 디지털 컴퓨터는 0과 1로 치환해서 숫자는 물론 문자, 부호 등 온갖 기호들을 다 처리할 수 있다. 여기서 나아가 디지털 컴퓨터는 많은 과학자들과 기술자들의 노력으로 소리와 모습(정화상, 동화상)도 다 처리할 수 있게 되었다. 데스크탑, 랩탑, 스마트폰의 차이를 떠나서 오늘날 모든 디지털 컴퓨터는 그냥 컴퓨터가 아니라 바로 멀티미디어(다기능 매체)다. 디지털 컴퓨터는 모든 시각과 청각의 정보(문자, 소리, 모습)를 한번에 처리할 수 있는 최고의 표현 기계가 되었다. 이에 따라 표현의 장에서 컴퓨터 기술의 이용에 대한 여러 논의들이 오래 전부터 이루어져 왔다.

문예에서 컴퓨터 기술에 관한 논의는 셰넌의 정보이론에 의거해서 문예 작품의 정보량을 측정하고 가치를 평가하는 작업으로 시작되었다. 청년 기호학자 움베르토 에코(Umberto Eco, 1932-2016)가 그 선두에 있었다. 그러나 문예 작품을 과학적으로 이해하기 위한 강력한 의도를 갖고 있던 이런 노력은 실패했다. 셰넌의 정보이론은 전기-전자 통신을 위한 것이고 문예 작품의 상태를 파악하기 위한 것이 아니다. 물론 잘 알려지지 않은 것일수록, 혼란스러운 상태일수록, 더 많은 정보를 갖고 있다는 셰넌의 정보 개념에서 예술에 대한 어떤 통찰을 얻을 수 있다. 그러나 그것뿐이다.

에코가 이런 기술주의적 노력을 했던 1960년대는 아직 컴퓨터로 문자를 처리할 수 없는 때였으나 과학주의가 세상을 지배하고 있던 때였다. 시간이 지나서 컴퓨터로 문자를 처리할 수 있게 되고, 나아가 컴퓨터가 멀티미디어가 되고, 컴퓨터 통신이 활성화되면서, 컴퓨터를 이용한 새로운 창작과 수용의 길이 열렸다. 오늘날 컴퓨터는 멀티미디어 문예와 인터액티브 문예를 이루어줄 수 있게 됐다. 그러나 문예에서 이 기술이 적극 활용되지 않고 있지 않다. 노벨 문학상이 이런 작품에 수여될 필요가 있는데 안타깝게도 이런 작품이 아직 없다.

음악에서는 신세사이저가 개발되면서 새로운 표현의 시대가 활짝 열렸다. 1970년대부터 ELP, Kraftwerk 등을 비롯해서 많은 음악인들이 디지털 기계를 적극 활용하게 되었다. 이어서 녹음과 감상도 크게 바뀌게 되었다. 이 거대한 변화는 1970년대 중반에 시작되어 1980년 초에 본격화되었다. CD(Compact Disc)를 거쳐서 인터넷을 통한 스트리밍과 내려받기가 보편화되면서, 음악 시장이 폭발적으로 커졌고, 종래의 음반사가 아니라 통신사가 음악 시장을 지배하게 되었다. 디지털 기술은 음악의 세계를 넓혔을 뿐만 아니라 음악 산업의 작동 방식을 크게 바꿔 놓았다.

디지털 기술의 영향이 가장 강력한 분야는 미술이다. 미술은 미국에서 활동한 백남준(1932-2006)이 잘 보여주듯이 이미 아날로그 기술부터 새로운 표현 기술로 적극 사용했다. 백남준은 전기-전자 미술의 선구자이자 그 이론의 선구자였다. 백남준과 마찬가지로 미국의 잭 번햄(Jack Burnham, 1931-2019)과 영국의 로이 애스콧(Roy Ascott, 1934-)은 작품과 이론의 양 면에서 디지털 기술의 예술적 역량을 확장하고 사회적 의미를 추구했다. 프랑스의 포페르와 미국의 윌슨은 2000년대 초까지 실행된 전기-전자 기술 관련 미술들을 망라해서 정리하는 업적을 남겼다.

한편 블록체인(BlockChain) 기술은 디지털 미술 작품에 개별적 고유성을 부여해서 상품화의 길을 열었다. NFT(Non-Fungible Token)가 가장

그림9 디지털 미술의 전개

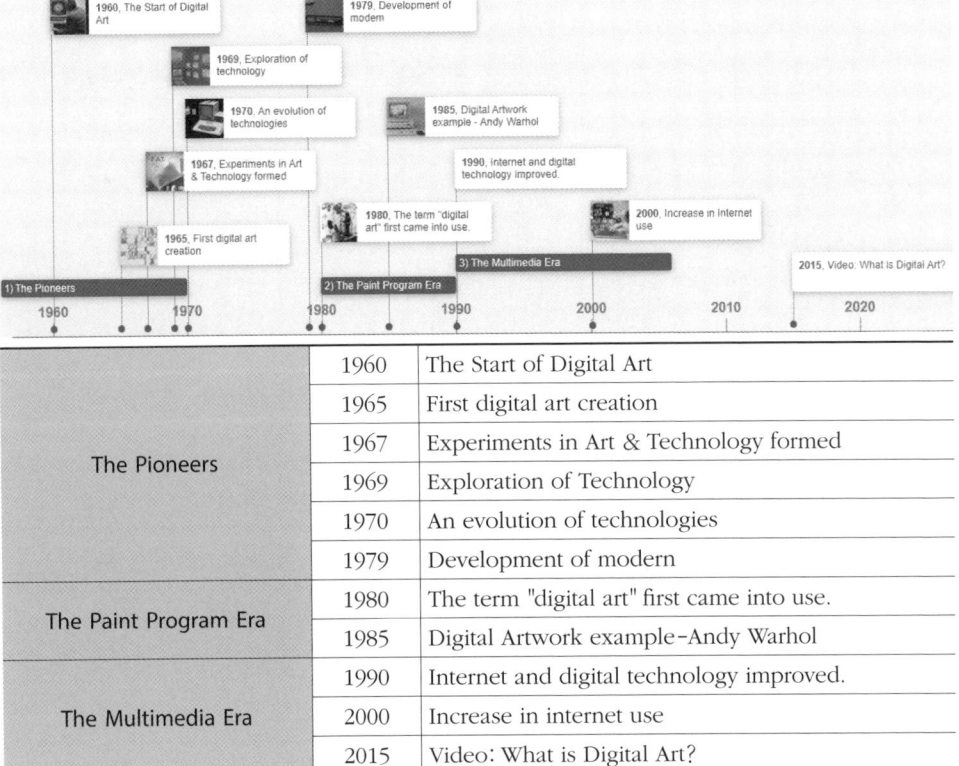

	1960	The Start of Digital Art
	1965	First digital art creation
The Pioneers	1967	Experiments in Art & Technology formed
	1969	Exploration of Technology
	1970	An evolution of technologies
	1979	Development of modern
The Paint Program Era	1980	The term "digital art" first came into use.
	1985	Digital Artwork example-Andy Warhol
The Multimedia Era	1990	Internet and digital technology improved.
	2000	Increase in internet use
	2015	Video: What is Digital Art?

출처: timetoast.com/timelines/the-history-of-digital-art

유력한 방식이다. 이로써 디지털 미술 작품이 크게 활성화되게 되었으며, 미술 시장의 전체 규모가 크게 커지게 되었다.

MIT의 존 마에다(John Maeda, 1960-)는 일본계 미국인으로 웹 미술가이자 컴퓨터 공학자로서 일본의 전통 미학에 바탕을 둔 웹 미술을 추구해서 큰 주목을 받았다. 그는 '단순성'(simplicity)를 강조해서 디지털 기술의 예술적 활용에서 새로운 관점을 제시했다. 레프 마노비치(Lev Manovich, 1960-)는 소련인이었으나 1981년에 미국으로 이민해서 미국인이 되었고, 3D 컴퓨터 애니메이션 전문가이자 디지털 문화 연구자로서 뉴욕시립대 대학원 교수로 재직하고 있다. 마노비치는 소프트웨어의 중요성을 크게 강조한다. AI의 인종 차별, 성 차별 등이 잘 보여주었듯이, 소프트웨어는 인간의 문화를 반영하게 된다. 따라서 소프트웨어를 그냥 중립적인 도구로 여기는 것은 잘못이다. 소프트웨어를 잘 모르면 소프트웨어에 오히려 지배되게 된다.

가상현실 기술의 등장과 함께 인간의 지각과 인식 능력이 또 다시 심각한 의문의 대상이 되었다. 1999년에 개봉된 영화 〈매트릭스〉는 이 점을 아주 극적으로 제시해서 세계적으로 큰 주목을 받았다. 저 장자(莊子, 기원전 369-기원전 286)의 '나비 꿈'이 잘 보여주듯이, 우리의 이성은 쉽게 속을 수 있다. 없는 것을 있는 것으로, 있는 것을 없는 것으로 착각할 수 있다. 가상현실 기술은 그 말 자체로 심한 혼란과 환상을 야기한 면이 아주 큰데, 이에 대해 미국의 마이클 하임(Michael Heim, 1944)은 1980년대 초부터 디지털 기술의 특성에 대해 연구한 철학자로서 1990년대 초에 가상(virtual)이라는 말의 철학적 연원과 가상현실 기술의 실상에 대해 탐구한 연구서를 발간해서 가상현실에 대한 이해의 수준을 크게 높였다.

디지털 기술의 종착점은 어디일까? 이에 대한 문화적 탐구와 상상은 인간의 종말 또는 이른바 '탈인간'(post-human)으로 이어진다. 위너는 사이버네틱스로 인간과 비슷한 자동기계를 만들게 되면 인간이 노예의 수준으로 전락하게 될 것이라고 우려했다. 자동기계가 모든 인류를 구원하는 것이 아니라 사회적 불평등을 악화시킬 수 있는 것이다. 이런 우려는 기술적 실업으로 현실화되었다. 그런데 여기서 더 나아가 아예 자동기계가 인간을 대체할 가능성이 제기되고 있다. 이 가능성은 영화 '터미네이터'(1984)나 '매트릭스'(1999)와 같이 자동기계가 인류를 말살한다는 상상은 물론 인류가 로봇으로 '진화'한다는 망상으로 제기되기도 한다.

멕시코 출신으로 1975년에 미국으로 이주한 영상 전문가이자 철학연구자인 마누엘 데란다(Manuel DeLanda, 1952-)는 1950년대 미국의 군사적 요구가 디지털 기술의 발달에 미친 영향을 추적했다. 실로 군은 디지털 기술의 모태다. 그런데 그는 들뢰즈주의자로 프랑스의 철학자 들뢰즈(Gilles Deleuze, 1925-1995)의 '새로운 물질론' 주장을 확장해서 주창했고 미군과 디지털 기술에 관한 연구는 이런 맥락에서 제시된 하나의 사례 연구였다. 그 핵심은 인간도 하나의 기계이고, 갈수록 '로봇'화한다는 것이다. 한스 모라벡(Hans Moravec, 1948-) 같은 로봇공학자는 더욱 적극적으로 이런 주장을 공언했다. 미국의 화학도 출신 문학자인 캐서린 헤일즈(Katherine Hayles, 1943)는 이런 '탈인간' 주장의 문제를 사이버네틱스에 관한 탐구를 기초로 세밀히 검토하고 비판했다. 인간은 결코 기계가 아니다. 헤일즈가 옳다.

기술과 문화에 대해

위너는 자동기계로 말미암아 인간의 종말을 맞게 된다면 존엄성을 갖고 그것을 맞자고 했다. 그러나 인간은 이런 식의 종말을 맞지 않을 것이다. 우주는 물질로 이루어져 있고, 지구의 물질은 비생물과 생물로 이루어져 있다. 지구의 비생물은 자연적인 것과 인공적인 것으로 나뉘고, 지구의 생물은 크게 미생물과 식물과 동물로 나뉜다. 우연히 지구에 생물이 나타난 이래로 지구는 생물과 비생물이 공진화하는 생태계를 이루게 되었다. 프랑스의 분자생물학자 자크 모노(Jacques Monod, 1910-1976)가 말했듯이 우리는 우주적 우연의 산물이다. 그러니 인간을 신비화할 필요는 없다. 그러나 또한 인간을 무시할 필요는 없다. 더욱이 우리는 인간으로서 우리를 지키기 위해 애써야 한다. 그리고 그것은 다른 것들을 존중하는 방식으로 이루어져야 한다.

과학은 세계를 이해하고, 기술은 세계를 이용한다. 그 결과 인류는 유례없는 풍요를 누리게 되었으나 여기에는 엄청난 대가가 따르게 되었다. 제1차 세계대전과 제2차 세계대전이 그 가장 참혹한 대가였으나 이제 기후위기로 대표되는 생태위기라는 더욱 참혹할 수 있는 대가가 요구되고 있다. 체르노빌과 후쿠시마의 핵발전소 폭발은 현대 과학-기술 문명의 거대한 취약성을 생생히 입증한다. '인류세'(人類世, Anthropocene) 개념이 잘 보여주듯이 인류가 지구에 미친 영향은 너무나 크다. 인류를 지구의 한 요소로 상정해서 지구의 진화를 파악한다면, 지구의 진화는 인류에 의해 급변하게 되었으며, 그 결과 인류를 비롯한 지구의 생물들은 엄청난 고통을 당하게 되었다.

미국의 매체학자였던 닐 포스트먼(Neil Postman, 1931-2003)은 기술에 대한 맹신과 기술의 과잉 이용이 야기한 심각한 문제를 인간성의 위기라는 면에서 제기했다. 푸코가 말한 인간의 개념이 변화하는 것을 넘어서 인간의 존재 자체가 '로봇'화할 것이라는 '탈인간' 주장도 이런 관점에서 파악될 수 있다.

> 걷잡을 수 없는 기술의 발전은 우리 인간성의 가장 근본적인 부분까지 파괴시킬지도 모른다. 기술은 도덕적 기반을 상실한 문화를 만들어낸다. 기술은 우리의 삶을 가치 있게 만드는 과정들과 사회적 관계들을 뿌리채 흔들어 놓는다. 한마디로 기술은 우리의 친구이자 적이다. (Postman, 1992: 9)

비생물은 능동성도 수동성도 갖지 않고 그저 존재하는 것일 뿐이다. 러시아 출신 벨기에의 화학자였던 프리고진(Ilya Prigogine, 1917-2003)이 말한 물질의 자기조직은 생물과 비생물의 차이를 무시하는 문제를 안고 있다. 본질적으로 같은 물질이라고 해도, 비생물의 변화는 물리적-화학적-기계적 작용의 연속이고, 생물의 변화는 40억년의 공진화를 통해 형성된 자기를 지키는 능동적 활동의 연속이다. 비생물에서도 '혼돈으로부터 질서'가 나타나나 그것은 계속 엔트로피에 의해 무너지고 사라지는 과정이다. 생물은 엔트로피에 능동적으로 저항해서 자기를 유지하고 후세를 생산한다. 물론 모든 생물과 마찬가지로 인간도 결국 엔트로피에 굴복하게 된다. 그러나 생물은 엔트로피에 능동적으로 저항해서 지구를 풍요로운 생물의 터전으로 만들었다. 우리는 과학과 기술을 통해 우리의 존엄성을 더욱 능동적으로 지키며 오랫동안 여기서 살아갈 것이다. 그 기초는 비생물과 생물, 식물과 동물, 인간과 기계 등의 차이와 연관을 올바로 인식하는 것이다.

10장

디지털 문화의 전망

디지털 기술의 전망

디지털 문화는 디지털 기술을 이용해서 나타나는 기술문화(techno-culture)로서 디지털 기술은 디지털 문화를 형성하고 추동하는 동력이다. 디지털 기술은 정보 처리 기술과 정보 전달 기술로 대별된다. 전자는 컴퓨터로 대표되고, 후자는 인터넷으로 대표된다. 기술의 면에서, 고정식과 이동식, 유선과 무선의 구분은 부차적인 것이다. 그러나 기술의 부차적인 변화가 문화의 핵심적인 변화를 일으킬 수 있다. 스마트 폰과 초고속 무선 인터넷에 의한 세상의 변화는 그 단적인 예이다. 그 근원은 전기(electric)-전자(electronic) 기술이다.

전기 기술은 19세기 초에 나타났고, 전자 기술은 19세기 말에 나타났다. 전자 기술은 전기 기술을 기반으로 하는 것으로 사실상 전기-전자 기술로 통합되어 있다. 전기-전자 기술은 20세기에 비약적 발전을 이루었다.

디지털 기술은 전기-전자를 디지털 방식으로 처리하는 기술이다. 디지털 방식은 전기-전자를 '끊었다, 이었다'하는 상태의 변화를 만들어서 조작하는 것인데, 이것을 0과 1의 숫자로 치환해서 처리하기에 디지털(숫자의) 방식으로 부르게 됐다. 디지털 기술은 신호/정보의 처리 기술과 신호/정보의 전달 기술로 대별된다. 전자는 컴퓨터로 대표되는 계산기술이고, 후자는 인터넷으로 대표되는 통신 기술이다. 컴퓨터의 성능은 '인공 지능'을 상당한 정도로 구현한 수준에 이르렀고, 인터넷의 성능은 '가상현실'의 실시간 소통에 육박한 수준에 이르렀다.

'디지털화'(digitalization)의 핵심은 컴퓨터와 인터넷의 이용이 보편화되는 것이며, 그 결과로 인류의 생활이 크게 바뀌게 되는 것을 뜻한다. 이른바 4차 산업혁명(the 4th industirial revolution)은 경제를 넘어서 정치, 문화, 생활, 자연 등 인류와 지구의 모든 면에 큰 영향을 미치게 된다. 1차는 증기 혁명, 2차는 전기-석유 혁명, 3차는 전자-정보화 혁명, 4차는 초정보화 혁명이다. 4차의 기반은 초고성능 상태에 이른 컴퓨터와 인터넷이다. 4차 산업혁명의 기반은 바로 컴퓨터와 인터넷이며, 그 영향 범위는 이 세상의 모든 것이다. '디지털 변환'(digital transformation)은 '디지털 트윈'을 넘어서 '디지털-피지컬 융합', '사이버-피지컬 융합', 즉 '디지컬 융합'(digical fusion)으로 나아간다.[111]

디지털 기술의 발전은 컴퓨터와 인터넷의 성능이 더욱 더 좋아져서 기존의 일들의 효율이 좋아지고 새로운 일들이 생겨나는 것으로 이어진다. 가상현실, 증강현실, 지능 로봇, 3D 프린터 등은 그 몇 예이다. 디지털 기술로 편리성, 효율성, 생산성 등이 크게 향상되는 것이다. 그러나 이와 함께 심각한 문제들도 생긴다. 디지털 기술의 발달로 세상이 좋아질 것으로만 생각하는 것은 당연히 잘못된 것이다. 빛이 있으면 그림자가 있게 마련이다. 세상을 온전히 알기 위해서는 빛과 그림자를 함께 봐야 한다.

---

111 사이버네틱스와 유기체의 결합인 사이보그(cyborg)를 넘어서 사이버네틱스와 세계의 결합인 '사이월드'(cyworld)가 만들어진다. 메타버스로 재개장하는 '싸이월드'(Cyworld)는 시대를 앞서갔다.

그림10 4차 산업혁명

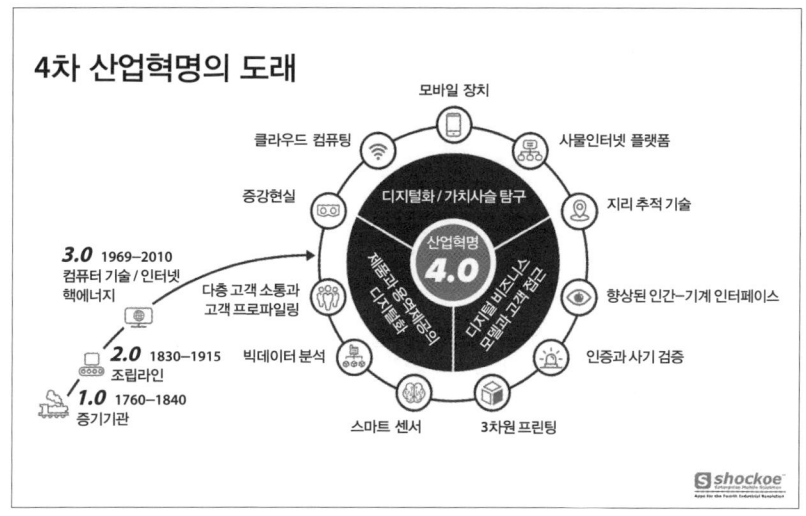

기술 현실주의(techno-realism)

프리드리히 니체(Friedrich Nietzsche, 1844~1900)의 관점주의(perspectivism)가 제기하듯이 관점에 따라 세상은 달리 보인다. 같은 산이라도 위에서 보는 것과 아래에서 보는 것은 크게 다르다. 한스 홀바인(Hans Holbein, 1497~1543)의 '대사들'(The Ambassadors, 1533)이 잘 보여주듯이 심지어 평면의 회화도 앞에서 보는 것과 옆에서 보는 것이 크게 다를 수 있다. 14세기 초에 르네상스가 시작된 피렌체의 건축가 브루넬레스키(Filippo Brunelleschi, 1377~1446)가 15세기 초에 원근법을 처음 구현했다. 홀바인은 '왜곡 원근법'(anamorphic perspective)으로 '대사들'의 가운데 아래에 사람의 해골을 그렸다. '착시 미술'(optical illusion art)의 기법이다. 앞에서는 알아보기 어렵지만 옆에서 보면 알아볼 수 있다. 해골은 보통 memento mori(죽음을 기억하라)를 뜻한다. 고대 로마에서 개선장군의 행렬 앞에서 memento mori를 외쳐서 교만을 경계했다. 이 그림의 주

그림11　홀바인의 '대사들'과 그림 오른쪽 위에서 봤을 때 제대로 보이는 해골의 형상

문자인 왼쪽의 프랑스 대사 장 드 당트빌(Jean de Dinteville)의 좌우명이 memento mori였다.

　객관적인 실체는 분명히 있지만 그에 대한 우리의 인식은 언제나 주관적인 것이다. 그렇다고 모든 인식이 동등한 것은 아니다.[112] 더 올바른, 더 고급한 인식이 있다. 어떤 관점은 멋지나, 어떤 관점은 후지다.

　기술에 대한 관점은 크게 기술 낙관론과 기술 비관론의 대비로 압축되었다. 그러나 이런 양극적 대비는 사안을 너무 단순화해서 큰 혼란을 일으킨다. 양극적 대비는 막스 베버(Max Weber, 1864~1920)가 제안한 '이념형'(ideal type)의 가장 단순한 예에 해당된다. 현실을 파악하기 위해 고안된 가장 단순한 지적 모형인 것이다. 이것을 실체로 여기는 것은 인식과 존재를 혼동하는 것이다. 현실은 극단으로 이루어지는 것이 아니라 극단 사이의 수많은 존재들과 사건들로 이루어진다. 빛은 좋은 예가 될 수 있다. 밝음과 어둠도 그 정도가 다양하지만, 빛은 많은 색들이 섞여

112　절대주의 인식이 틀렸다고 해서 상대주의 인식이 옳은 것은 아니다. 인식의 주관성을 인정하되 그 수준에 주의해야 한다.

있는 것이다. 스펙트럼은 빛이 빨주노초파남보의 연속체라는 사실을 잘 보여준다. 심지어 스펙트럼의 밖에 우리가 직접 지각할 수 없는 적외선과 자외선도 있다. 우리는 스펙트럼의 관점으로 현실을 봐야 한다. 우리에게는 스펙트럼적 사고가 필요하다.

이런 스펙트럼의 관점에서 제기된 것이 기술 현실론(techno-realism)이다. 우리는 기술을 낙관이나 비관의 극단적 관점에서 보는 것이 아니라 현실 속에서 부단히 형성되고 사용되는 실체로 봐야 한다. 인간은 기술로 자신을 강화하고 자연의 한계를 넘어선다. 문명 이전의 수렵-채취 단계에서도 그랬다. 기술이 그 자체로 인간을 행복하게 하거나 불행하게 하는 것은 아니다. 중요한 것은 기술을 어떻게 쓰는가이다. 기술을 자유, 평등, 평화, 안전 등을 위해 쓸 것인가 그렇지 않은가 하는 것이 핵심이다. 기술의 위험은 사회의 위험이다. 사회의 개혁이 언제나 실질적 과제이다.

기후 위기, 플라스틱 공해, 핵발전 위험 등이 잘 보여주듯이 어떤 기술은 세상을 망치는 동력이 될 수 있다. 이런 기술에 대해서는 단호하게 감축과 폐기를 단행해야 하지만 현실은 전혀 그렇지 않은 상태다. 사회는 기술을 개발하고 이용하는 주체다. 현대 사회는 더욱 더 그렇다. 극도로 위험한 기술도 사회에 깊이 내재화되어 있어서 그 감축과 폐기가 대단히 어렵다. 기술을 중심으로 사회의 구성과 작동이 확립되어 있기 때문이다. 위험한 기술을 계속 요구하는 위험한 세력이 문제의 근원이다. 이 사실을 널리 올바로 알리기 위한 올바른 언론의 확립이 개혁의 기본이다.

디지털 기술과 관련해서 보자면, 착한 기계 노예 대 악한 인공 지능의 대비가 계속 제기되고 있으나, 현실은 이런 극단적 대비와 사실상 무관하게 전개되고 있다. 현실에서는 이미 상당한 정도의 인공 지능을 널리 활용해서 엄청난 편리와 효율의 증진이 이루어진 것과 함께 심각한 기술 실업과 정보 감시의 문제가 커지고 있다. 여기서 중요한 것은 기술에 대한 사회의 제어를 올바로 실행하는 것이다. 이 과제는 제도를 통해 이루어져야 하며, 그 핵심은 바로 관련 법률의 제개정이다. 기술의 개발과 사용은 법률에 의한 제도적 제어를 받아야 한다. 법률의 제개정이 결정적으로 중요하다.

변화에 맞춰서 제도가 잘 정비되지 않거나 제도가 있어도 잘 작동되지 않는 문제가 있다. 비리(非理, irrationality)의 문제가 그것이다. 비리는 부패의 원천이다. 비리로 이득을 취하는 비리 세력이 강할수록 부패가 만연하고 개혁이 지체되고 저지된다.

디지털 문화의 전망

인간은 문화적 동물(*Homo Cultura*)이다. 인간은 생물적 본능도 문화를 통해 충족한다. 문화는 선천적인 것이 아니라 후천적인 것, 자연적인 것이 아니라 인공적인 것이다. 문화는 인간이 만들어 교육을 통해 후손에게 전하는 것으로 인간이 만든 유무형의 모든 것이 문화다. 디지털 문화는 컴퓨터와 인터넷을 기본으로 하는 디지털 기술을 이용한 문화로 정치, 경제, 문화, 생활 등 모든 인간 활동에서 디지털 문화가 갈수록 빠르게 성장하고 확산되고 있다. 디지털 기술이 모든 인간 활동에서 활용되는 범용 기술인만큼 디지털 문화도 모든 인간 활동에서 나타난다. 우리는 디지털 기술의 시대이자 디지털 문화의 시대를 살고 있다.

디지털 기술의 핵심에 컴퓨터 프로그램이 있다. 컴퓨터의 작동은 사실 컴퓨터 프로그램이 작동되는 것이다. 디지털 기술이 널리 쓰일수록 누구나 '코딩'(coding)을 할 필요가 커지는 것은 이 때문이다. '코딩'은 컴퓨터 프로그램을 작성하는 것을 가리킨다.

디지털 기술은 편리성, 효율성, 생산성 등의 경제적 가치뿐만 아니라 즐거움을 중심으로 한 문화적 가치도 크게 증진시켰다. 그런데 여기에 큰 문제가 내재되어 있기도 하다. 감시-억압이 아닌 쾌락-마비의 방식으로 전체주의가 작동될 수도 있다. 『멋진 신세계』와 『1984』는 기술을 이용한 전체주의의 문제를 제시한 소설의 대표로 꼽히나 둘의 관점은 크게 다르다. 이에 관해 미국의 언론학자 닐 포스트만(Neil Postman, 1931~2003)의 견해가 잘 알려졌는데, 그는 『멋진 신세계』는 쾌락으로 지배되는 미래를, 『1984』는 억압으로 지배되는 미래를 제시했다고 주장했다. 물론 우리의 디지털 문화는 두 방식이 다 강력히 작동되고 있다.

디지털 문화에서 감시-억압과 쾌락-마비가 다 강력히 작동되고 있다고 해서 우리가 전체주의에서 살고 있다는 것은 아니다. '선진국'은 자유주의, 민주주의, 복지주의를 기초로 하고 있고, 한국도 당연히 '선진국'의 일원이다. 한국은 비리 세력이 100년에 걸친 지배를 통해 사회를 장악해서 1987년 6월 항쟁 이후의 민주화에도 매국과 독재를 추구하는 비리 세력이 여전히 강력한 상태에 있다. 한국의 민주화는 매국과 독재의 비리 세력이 둘러싼 '포위된 민주화'였다. 사실 민주화는 영속적 과정으로서 반독재 민주화는 복지 민주화로, 생태 민주화로 계속 나아가야 한다. 한국은 반독재 민주화도 아직 완료되지 않은 상태이다. 이 점에서 한국은 '취약한 선진국'이다. 법비와 언비의 혁파가 그 핵심 개혁 과제다.

그러나 전체주의는 언제나 주의해야 하고 그 발흥을 막기 위해 독일처럼 법률과 교육을 철저히 정비해야 한다. 역사왜곡 처벌법, 민주주의 교육 등이 대단히 중요하다. 디지털 문화의 면에서 오늘날 '선진국'의 중대한 문제는 디지털 문화를 적극 악용해서 자유를 억압하고 평등을 악화하고 폭력을 퍼트리는 문제로 압축할 수 있다. 이 문제를 주도하는 비리 세력은 언제나 전체주의를 추구한다.[113] 이를 위해 비리 세력은 욕망을

---

113 한국의 경우에 이 사실은 무엇보다 반인륜 '일베'와 '메갈'을 통해 명확히 확인할

자극하는 인기주의(populism)를 적극적으로 활용한다.[114]

디지털 문화의 핵심에 자유화, 민주화, 지구화 등의 강화가 놓여 있다. 요컨대 디지털 기술의 발달로, 표현의 자유가 극도로 증진되었고, 만인의 소통이 구현되었으며, 지구적 차원의 실시간 교류가 일상화되었다. 물론 이것은 단순히 기술의 발달로 이루어진 것이 아니다. 기술은 물리적 능력을 갖게 되는 것이고, 그 사회적 활용은 제도를 통해 이루어진다. 법률을 대표로 하는 제도의 확립은 일찍이 독일의 법학자 루돌프 폰 예링이 『권리를 위한 투쟁』(1872)에서 설파했듯이 서로 대립하는 세력들의 치열한 투쟁을 통해 이루어진다. 존 밀턴의 『아레오파기티카』(1644), 존 밀의 『자유론』(1859), 존 베리의 『사상의 자유의 역사』(1913) 등이 잘 보여주듯이, 오랜 동안 표현의 자유를 위한 투쟁이 전개되었고, 그 결과 표현의 자유가 기본권으로 확립되었다. 표현의 자유는 신체의 자유와 함께 자유주의의 두 축이고, 개인을 기초로 한 자유주의의 위에서 민주주의가 성립한다.

그러나 자유와 함께 감시도 크게 강화되었으며, 표현의 자유는 표현의 폭력에 의해 크게 왜곡되었고, 지구의 위기도 더욱 악화되고 있다. 미디어 아트, 공유 경제(sharing economy), 배달 경제, SNS, 메타버스 등이 잘 보여주듯이 정말 많은 것들이 변하고 있고 새로운 것들이 나타나고 있다. 그러나 감시와 폭력은 사라지지 않았고, 새로운 차별과 불평등이 나타났고, 공업주의와 자본주의도 사라지지 않았다.

특히 감시에 주의할 필요가 있는데, 감시는 신체 감시와 자료 감시

수 있다. 일베와 메갈은 남성과 여성의 대립으로 보이지만 실상은 반인륜 쌍생아다.

114 프랑스와 이탈리아에서 신나치가 득세하는 것은 이와 깊이 연관되어 있다. 여자나 청년을 내세우고 이런 퇴행이 강력히 자행되고 있다.

로 크게 나뉜다. 오늘날 디지털 기술로 말 그대로 우리의 모든 것이 실시간 감시될 수 있다. 영화 '타인의 삶', '에너미 오브 스테이트'의 수준을 훨씬 넘어선다. 조지 오웰은 『1984』에서 사람들은 도감청 장비로 언제나 감시되고 있다고 전제하고 행동해야 한다고 했다. 프랑스의 미셸 푸코는 『감시와 처벌』에서 이런 상황을 '판옵티콘'(panopticon)으로 설명했다. 근대에 들어와서 서구의 감옥은 간수실을 가운데에 두고 빙 둘러서 감방들을 배치하는 방식으로 만들어졌는데, 이 일망(一望) 감시 방식에서 죄수들은 자기가 감시되고 있다는 것을 전제하고 행동해야 했다. 이제는 전자 감시 기계들을 이용하면 되기에 이렇게 건물을 지을 필요가 없다.

현대의 '전자 감시사회'는 디지털 기술을 이용해서 온세상에 '판옵티콘'을 구현할 수 있다. 한국은 박정희 독재가 일본 제국주의를 모방해서 만든 주민등록제도로 세계 최강 국민 감시의 기반을 갖추고 있어서 더욱 더 그렇다. 사실 우리가 사용하는 모든 인터넷 서비스는 감시를 대가로 이루어진다. 이 문제를 약화하기 위해 보안 기술이 계속 개발되었는데, 암호 기술은 블록체인과 암호 화폐에서도 핵심을 이루고 있고, 비트코인으로 대표되는 암호 화폐는 엄청난 투기 문제를 일으키고 있다.

우리의 현실 속에서 디지털 문화를 더욱 깊이 이해하기 위해서는 생태위기에 관심을 기울일 필요가 있다. 세계적으로 유명한 인도양의 휴양지인 몰디브(Maldives)는 기후 위기에 따른 해수면 상승으로 계속 침수되고 있을 뿐만 아니라 깨끗하고 아름다운 섬들의 옆에 온갖 쓰레기들이 쌓여 있는 쓰레기 섬이 있다. 우리의 현실도 몰디브와 비슷하다. 휴대폰 충전기에 필요한 광물인 '콜탄'(coltan)은 아프리카 콩고의 한 지역에서 주로 산출되는 데, 이곳은 멸종위기에 처한 고릴라의 서식지로 휴대폰의 증가에 따라 고릴라의 생존은 더욱 더 위험해졌다. 디지털 기술이 여러 면에서 생태위기를 더욱 악화시키고 있다. 이와 관련해서 비트코인의 문제는 더욱 심각하다. 2009년 비트코인의 '채굴'이 시작됐다. 그런데 비트코인을 비롯한 암호 화폐의 '채굴'에는 굉장히 많은 에너지를 소모하게 된다. 암호 화폐는 화폐로서의 안정성과 편리성을 전혀 갖고 있지 않으면서 투기, 비리, 그리고 생태위기의 악화 등 여러 심각한 문제들을 일으키고 있다.

이처럼 디지털 문화는 앞으로 더욱 활성화될 것이지만 그와 함께 여러 문제들도 더욱 악화될 것이다. 이에 대한 대응은 기술적, 제도적, 문화적 차원의 세 방향으로 나누어 살펴볼 수 있다. 어느 것이나 실효적인 것이 되기 위해서는 법률에 의해 규정돼야 한다. 그리고 '디지털 문해력'을 기본으로 우리의 인식을 바꾸는 문화적 차원의 대응이 가장 기본적인 것이나 가장 가볍게 시행되고 있는 점에 주의해야 한다. 신제도주의(neo-institutionalism)가 잘 보여주듯이, 문화적 변화는 사회를 기저에서 규정하는 의미를 갖고 있다. 문화적 대응은 기술적, 제도적 대응의 실효성을 높이기 위해서 대단히 중요하다.

6대 기술과 4대 문제

기술 현실주의의 관점에서 디지털 문화의 전망은 우선 디지털 기술의 변화에 기초해야 한다. 디지털 문화는 디지컬 기술의 활용으로 나타나는 것이기 때문이다. 현재 주요하게 제시되고 있는 디지털 기술의 추세로 다음의 여섯 가지를 들 수 있다.

1. 5G 통신: 5G 통신은 유엔 전문기구인 '국제 전기통신연합'(ITU)에서 규정한 제5세대(the Fifth Generation) 통신을 뜻한다. 초고속, 초저지연,

초연결을 구현해서 '가상현실'과 '메타버스'를 활성화하고, '사물 인터넷'(IoT)을 크게 강화하고, '자율주행 자동차'에 다다가게 되는 등 엄청난 변화를 일으킬 것으로 제시된다. 공식적으로는 2019년부터 시작되었지만 실질적으로는 아직 기반 조성과 시험 운영의 상태에 있다.

2. 인공지능: 인공지능은 초고성능 컴퓨터로 이미 상당한 정도로 실용화되어 있다. SF물에서 볼 수 있는 완전한 인공지능은 불가능하다. 컴퓨터가 생각하는 것처럼 보이지만 특정한 알고리듬에 따라 작성된 프로그램이 작동하는 것일 뿐이다. 알고리듬에 따라 컴퓨터의 상태가 크게 달라질 수 있기에 그 공개와 평가를 의무화해야 한다.[115] 인공지능이 거대 자료(big data)의 수집과 자기 학습의 방식을 실행하고 있기에 더욱 더 그렇다.

3. 가상현실: 가상현실은 컴퓨터로 제작된 완전한 입체 동영상으로 이것을 보기 위해서는 기존의 화상기와는 달리 두 눈에 밀착된 화상기를 이용해야 한다. 가상현실은 그냥 영화로 게임으로 입체 동영상을 즐기는 것을 넘어서 건축, 도시, 교통, 의료, 생태 등 많은 분야에서 커다란 가치

---

115 1969년 달에 착륙한 아폴로 9호는 1966년에 레이션(Raytheon) 사에서 제작한 '아폴로 유도 컴퓨터'(The Apollo Guidance Computer, AGC)를 사용했다. IBM에서 개발한 집적회로(IC)를 사용한 당시 최소-최고 컴퓨터였다. 그러나 그 성능은 아이폰10의 1/10만밖에 되지 않는다. 지금 이 세상에는 엄청난 성능의 컴퓨터들이 넘쳐나고 있다. 2019년 'AI 국가전략'이 발표됐고, 이어서 2020년 'AI 윤리기준안'이 제시됐다. 이와 함께 기존의 '국가정보화 기본법'이 '지능정보화 기본법'으로 바뀌었다. 이에 대응해서 시민사회는 2021년 5월 '인공지능 규율법'을 제안했다. 같은 시기에 민주당은 '포털 알고리듬 공개법'을 발의했다. 이 법은 포털의 편파 보도와 여론 조작의 문제를 해소하기 위해 결정적 의미를 갖는다. 포털은 알고리듬에 따른 객관적-중립적 보도를 하고 있다고 주장하나 그 결과는 결코 그렇게 볼 수 없기에 알고리듬의 공개와 평가가 반드시 필요하다. 인공지능 시대의 히틀러와 괴벨스는 알고리듬의 모습을 하고 있다.

를 갖고 있다.

4. 증강현실: 증강현실(AR, augmented reality)은 실제 현실에 컴퓨터의 정보(이미지, 동영상)를 겹쳐서 만드는 합성체다. 실제 현실과 가상 정보를 합성해서 새로운 경험의 세계가 만들어진다. 증강현실은 컴퓨터의 정보와 실제 현실의 모습을 동시에 보는 것으로 오락, 예술, 실용 등 여러 면에서 가상현실을 넘어서는 유용성을 갖는다.

5. 메타버스: 메타버스(metaverse)는 컴퓨터로 만든 3차원 그래픽 안에서 3차원 아바타를 움직여서 다양한 활동을 하고 사람들이 서로 소통하는 것을 뜻한다. 컴퓨터와 인터넷의 성능 향상으로 메타버스가 활성화될 수 있는 기술적 기반이 조성되고 있다. 페이스북은 메타버스를 최고 과제로 확정했다. 그러나 그 미래는 아직 분명하지 않다.

6. 유튜버스: 2010년대 이후 디지털 문화에서 나타난 최대 변화는 동영상의 제작과 공유, 그리고 인터넷 tv 방송의 지구적 확산이다. 이제 누구나 세계를 대상으로 자유롭게 인터넷 tv 방송을 할 수 있는 놀라운 시대가 되었다. 유튜브가 이 변화를 선도해서 유튜버스(Youtuverse, 유튜브 우주)의 세계를 만들고 있다.

    디지털 문화의 발전을 위해서는 디지털 기술에만 주의하는 것이 아니라 그것이 일으키는 사회적 문제에도 주의해야 한다. 디지털 문화의 전망은 언제나 다음의 4대 문제와 깊이 연관되어 있다.
1. 폭력: 폭력은 직접적인 접촉에 의한 물리적 가해를 뜻하지만 소음이나 표현에 의한 가해도 신경과 정신에 해를 입히는 사실상 폭력이다. 도

촬-도청의 경우는 더욱 더 그렇다. 디지털 기술은 지구 전역에서 표현의 폭력을 쉽게 해서 폭증하게 했다. 이에 대한 법적 대응과 교육을 계속 강화하고 개선해야 한다.

2. 사기: 비대면-탈맥락 접촉과 관계가 늘어나면서 사기도 크게 늘어나게 됐다. 그런데 사실 가장 큰 사기는 히틀러와 괴벨스가 잘 보여준 허위사실의 유포다. 언론사나 전문가에 의한 허위사실의 유포는 국가의 운영에 영향을 미칠 정도로 중대한 범죄다. 독일이 잘 보여주듯이 이에 대한 실효적 대응은 너무나 중요한 과제다.

사진35 히틀러와 괴벨스의 교훈

3. 감시: 미국은 오래 전부터 지구 전체 차원에서 '에셜론'(echelon, 사다리)이라는 암호명으로 통신 도감청망을 운영해 왔다. 2021년 현재 세계의 도시에는 10억 대 정도의 CCTV가 설치되어 있다. 구글, 페이스북, 네이버 등은 사용자 정보를 계속 수집-감시하고 있다. 삼성 SDI 노동자들을 대상으로 '유령폰'[116]으로 노동자의 위치를 추적하는 범죄가 자행됐다.

---

116 2004년 7월에 삼성 SDI의 노동자들에서 확인된 중요한 휴대전화 이용 감시 범죄로서 퇴직한 노동자와 심지어 사망한 노동자의 휴대전화를 불법복제하고 휴대전화의 위치를 확인해 주는 '친구 찾기 서비스'에 등록해서 다른 노동자들의 위치를 추적하고 감시했다.

사진36 삼성 SDI 유령폰 위치추적 범죄 규탄 집회, 2004년 7월 22일

4. 생태: 디지털 기술은 자원의 낭비를 줄이고 생태위기를 완화할 것으로 기대되었다. 그러나 현실은 그렇지 않았다. 1992년 브라질의 리우에서 열린 첫번째 '세계 환경 정상회의' 이래로 30년이 지나는 동안 디지털 기술은 놀랍게 발전했으나 생태위기는 계속 악화되었다. 스마트폰의 '콜탄'과 '채굴'의 전력 낭비가 잘 보여주듯이 디지털 기술 자체가 심각한 생태위기의 원인이기도 하다.

디지털 윤리의 중요성

윤리(倫理)는 사람이 지켜야 할 도리를 뜻한다. 倫이라는 글자는 사람들이 오래 전부터 옳은 것으로 여겨진 책을 익히는 것이다. 수만 년 전 사람들이 진화해서 현생 인류가 되었을 때, 또는 그보다 더 오래 전부터, 사람들은 지켜야 할 도리를 만들어서 실행했다. 모여서 사는 동물은 서열을 중심으로 여러 질서를 만들어서 살아간다. 지능이 높은 동물일수록 그 질서는 더 복잡해진다. 질서가 복잡해지는 것은 관계와 행위가 복잡해지는 것이다. 사람은 그 최고 상태를 이루었고, 윤리는 그 기본이고 핵심이다.

윤리는 도덕(道德)에 의거한다. 도는 옳은 것이고, 덕은 좋은 것이다. 덕은 도에 기초해야 한다. 도를 무시하는 덕은 잘못된 것이다. 옳은 것을 위하지 않고 좋은 것을 이룰 수는 없다. 틀린 것을 감싸는 것은 덕이 아니다. 덕은 틀린 것을 물리치고 옳은 것을 추구하는 것이다. 윤리는 도덕에 기초하고, 도덕은 윤리로 실현된다. 사람에게 윤리와 도덕은 그야말로 기본적인 것이고 보편적인 것이다. 윤리와 도덕을 저버리고 사람답게 살 수 있는 길은 없다. 사람답게 산다는 것은 윤리와 도덕을 지키는 것이다.

그런데 윤리와 도덕도 시대에 따라 변하는 것이다. 물론 어떤 것은 사람을 지키기 위한 영구불변의 가치를 가진다. 예컨대 살인의 금지, 근친상간의 금지 등이 그렇다. 근대화와 함께 윤리와 도덕은 크게 개정되었다. 근대화의 최고 핵심은 인권화, 즉 모든 사람이 평등한 인권의 주체이고, 인권이 모든 것의 기초가 되는 것이다. 이에 따라 인종 차별, 민족 차별, 계급 차별, 성별 차별, 연령 차별 등 오랜 세월 동안 당연시되었던 다양한 차별들이 모두 잘못된 것으로 인식되고 개선되게 되었다.

디지털 기술의 발달로 윤리와 도덕의 필요가 더욱 더 커졌다. 사람들이 익명의 관계로 활발히 소통하고 활동하게 되었기 때문이다. 익명의 관계는 윤리와 도덕의 무중력 상태를 만들 수 있다. 이런 상태에서 세상은 만인의 투쟁 상태로 되기 쉽다. 서로 속이고 괴롭히는 것을 당연시하게 되는 것이다. 그 결과는 참담한 집합적 비합리 상태가 되고 만다. 각자 자신의 이익을 지키기 위해 최선을 다해서 결국 모두가 함께 망하는 공도동망의 상태에 이르게 된다. 여기서 윤리와 도덕의 가치에 주의해야 한다.

칸트가 그랬듯이 윤리와 도덕은 사람의 가슴 속에서 사람의 행위를 자율적으로 규제하는 구실을 한다. 자율 사회는 윤리와 도덕이 제대로 작동하는 사회이지 윤리와 도덕이 방기된 사회가 아니다. 우선 윤리와 도덕이 인권의 원리에 기초해서 올바로 개정되어야 하며, 윤리와 도덕을 잘 가르쳐야 하고, 윤리와 도덕을 제대로 지키지 않았을 때 적절한 제재가 가해져야 한다. 시대의 변화에 걸맞은 개정, 올바른 교육, 적절한 법률 제재가 윤리와 도덕을 통한 자율 사회의 3대 기초이다. 이른바 선진국은 바로 이런 상태에 있다.

디지털 문화는 컴퓨터와 인터넷을 매개로 작동되어 실제 주체인 사람을 소거하거나 익명의 관계로 사람을 무시하기 쉽다. 컴퓨터와 인터넷도, 그것을 통한 모든 콘텐츠도, 사람이 만들고 사용하는 것이라는 사실을 올바로 교육해야 한다. 그런데 가장 중요한 것은 엄정한 법률 제재다. 상벌이 엄정히 행해져야 윤리와 도덕이 확립된다. 윤리와 도덕은 단순히 설교로 확립되는 것이 아니다. 자율 사회의 이상이 실현되기 위해서는 윤리와 도덕이 설교를 넘어선 사회를 실제로 운영하는 동력이 되어야 한다.

이런 점에서 윤리와 도덕에 대한 교육과 함께 법률에 대한 교육이

그림12 　인공지능 윤리기준 구조 및 주요 키워드

과기정통부 2020년 12월 22일

잘 시행되어야 하며, 무엇보다 법률을 시행하는 주체인 경찰, 검찰, 법원에 대한 시민의 감시가 잘 이루어져야 한다. 갈수록 복잡한 기술을 많이 사용하게 되면서, 특히 컴퓨터와 인터넷이 사회의 기본이 되면서, 사회는 강력한 사회-기술 복합체(Society-Technology complex system)의 상태가 되었다. 기술이 이미 사람의 의식과 활동을 크게 규정하고 있다. 그러나 기술은 언제나 제도의 규율에 따라 작동되는 것이다. 법률의 올바른 제정과 집행이 결정적 중요성을 갖는다.

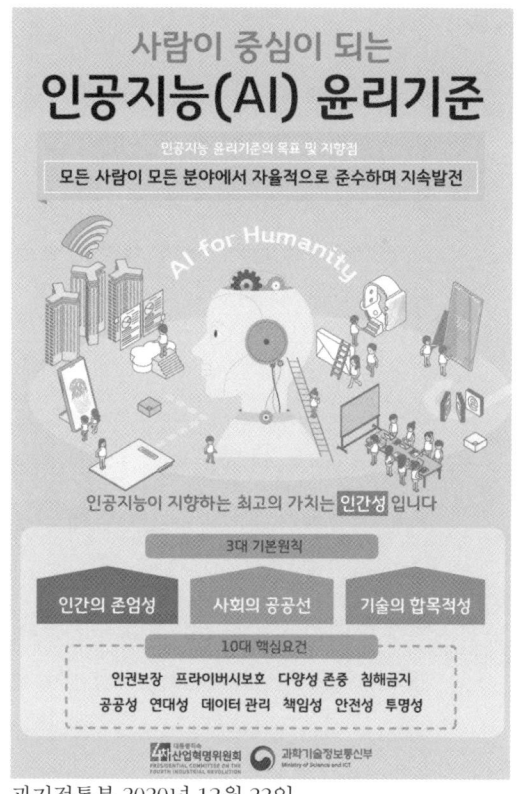

그림13 인공지능 윤리기준

과기정통부 2020년 12월 22일

　　기술이 인간의 노동을 넘어서 지능을 대체하는 상황에 이르게 되자 기술의 작동을 아예 행동을 넘어 행위로 간주하고 기술을 인간과 동등한 주체로 상정하는 자들이 나타나게 되었다. 나아가 공학 쪽에서는 인간의 두뇌를 능가하는 기계를 만들거나 인간의 두뇌와 기계를 결합하는 기술이 곧 실현될 것처럼 주장하는 자들이 나타나게 되었다. 두 주장은 다 비현실적인 것을 넘어서 크게 잘못된 것이다. 만일 이런 주장이 실제로 구현될 수 있다면 그것은 인간 말살의 위험을 가진 것으로 인식돼야 한다.

　기계는 작동되고, 동물은 행동하고, 인간은 행위한다. 기계들이 우리의 생각과 행위를 규정하는 것으로 보여도 기계들은 언제나 그저 작동될 뿐이고 행동도 행위도 하지 않는다. 기계는 도구이고, 인간만이 주체다. 인간은 기계를 만드는 것과 함께 제도를 만들어서 기계를 작동한다. 기계의 제작과 작동도 제도에 의해 규정된다. 윤리와 법률은 인간을 규정하는 양대 제도로서, 윤리는 법률의 기초이고 법률은 윤리의 동력이다. 법률은 강제력을 갖고 있기 때문이다. 독일이 컴퓨터와 인터넷의 악용을 강력히 처벌하는 이유이다.

　인터넷은 지구적 개방형 정보통신망으로서 인류의 개방적 소통을 크게 신장했다. 그러나 이와 함께 각종 범죄도 크게 늘어났다. 아예 '어둠의 인터넷'(dark web)이 있을 정도이다. 개인은 물론 언론사와 정부가 나서서 허위사실을 유포하고, '커뮤니티'라는 이름으로 개방적 인터넷을 폐쇄적으로 이용하며 확증 편향을 키우고 세상을 망치는 문제가 이미 극심하다. 지금 실제로 문제인 것은 기술-기계의 주체화로 인간의 말살을 당연시하는 진지한 헛소리가 아니라 컴퓨터-인터넷의 명백한 악용이다.

　디지털 윤리는 '디지털 문해력'을 요청한다. 글자를 안다고 글을 아는 것이 아니다. 글자를 아는 글 문맹자가 많다. 글을 알기 위해서는 적절한 지식을 갖춰야 한다. 라디오, TV의 대중매체가 확산되며 '미디어 문해력'이 중요해졌다. 라디오, TV에 나왔다고 무조건 옳거나 좋거나 한 것이 아니다. 대중매체는 사실과 진실을 쉽게 왜곡할 수 있다. 인터넷이 이 문제를 해결할 것으로 여겨졌으나 현실은 그렇지 않다. 컴퓨터는 아예 존재하지 않는 것을 존재하는 것처럼 보이게 할 수 있다. '디지털 문해력'이 대단히 중요하다.

　윤리와 도덕은 사회의 기본이다. 아무리 사회가 변해도 그럴 것이다. 그러나 법률로 지지되지 않는 윤리와 도덕은 무력할 뿐이다. 법률이 올바로 제정되고 시행되면 윤리와 도덕은 강력한 위력을 발휘할 수 있다. 익명의 무중력 상태를 헤치고 사람들을 지켜야 하는 디지털 윤리는 더욱 더 그렇다. 올바른 법을 만드는 것과 그것을 올바로 쓰는 것이 모든 좋은 사회의 기본이다. 윤리가 주도하는 자율 사회는 더욱 더 그렇다. 좋은 디지털 제도로 좋은 디지털 사회를 만들어야 멋진 디지털 문화가 융성한다.

멋진 정보사회를 향해

디지털 문화는 디지털 기술을 이용해서 나타나는 것이지만, 디지털 기술의 이용에 의한 인간과 사회의 변화를 보여주는 것이면서, 그것에 적극 영향을 미치고 촉진하는 것이다. 그런데 기술 현실주의가 잘 보여주듯이 기술은 그 자체로 존재하고 변화하는 것이 아니라 사회 속에서 존재하고 변화한다. 디지털 기술도 마찬가지다.

현대 사회에서는 기술의 개발과 이용이 여러 법들에 의해 강력히 규정되고 있다. 기술이 사회 속에서 존재한다는 사실을 가장 명확히 보여주는 것이 바로 이 법적 규정이다. 법을 중심으로 사회의 규정에 의해 기술의 개발과 이용은 크게 달라질 수 있다.

현실 정보사회(real information society)는 편리, 효율, 생활, 문화 등 여러 면에서 큰 발전을 이룬 사회일 뿐만 아니라 감시, 폭력, 차별, 불평등, 생태위기 등 여러 면에서 큰 문제가 계속 나타나고 있는 사회다. 디지털 문화의 발전을 위해서 이런 현실을 올바로 인식하고 끊임없이 개혁을 추구해야 한다. 현실 정보사회는 앨빈 토플러의 '제3의 물결'론 같은 것이 제시한 탈공업과 탈자본의 이상사회가 전혀 아니다. 디지털 기술은 사회의 작동방식을 크게 변화시키고, 개인 주체의 인권과 자유를 크게 강화하지만, 새로운 문제들이 계속 나타난다.

디지털 문화의 핵심에 현실 정보사회의 개혁을 위한 시민들의 여러 자발적인 노력들이 놓여 있다. 디지털 문화의 창조성은 무엇보다 개인 주체의 자유를 원천으로 한다. 그것이 올바로 발현되기 위해서는 인권과 복지가 잘 지켜져야 한다. 이런 점에서 정보사회운동은 디지털 문화의 사회적 기반으로서 중요한 의미를 갖는다.

대표적 사례는 다음과 같다. 정보자유운동은 미국의 EFF(Electronic Frontier Foundation, 1990년 설립), 정보보호운동은 PI(Privacy International, 1990년 설립), 정보공유운동에서 소프트웨어는 FSF(Free Software Foundation, 1985년 설립), 다양한 콘텐츠는 IA(Internet Archive, 1996년 설립), Wikipedia(2001년 설립), 정보공개운동은 WikiLeaks(2006년 설립). 위키리크스를 만든 오스트레일리아의 컴퓨터 프로그래머 줄리언 어산지(Julian Paul Assange, 1971~)는 여러 정부, 정치인, 경제인 등의 실상을 공개해서 '지배 세력'의 최대 공적이 되었다. 특히 미국 정부는 그를 체포해서 수감하는 걸 넘어서 납치-암살하려 했다. 2021년 12월 현재 어산지는 영국의 감옥에 갇혀 있으며, 약혼녀인 스텔라 모리스와 두 아이를 낳았으나, 영국 정부의 방해로 결혼식을 올리지 못하고 있다.

디지털 문화는 좁은 의미와 넓은 의미로 규정될 수 있다. 전자는 예술로 대표되는 표현 문화를 가리키고, 후자는 정치, 경제, 생활 등 모든 인간 활동을 가리킨다. 전자와 후자는 별개의 것이 아니다. 사실 후자가 일반적인 것이고, 그 안에서 전자가 구별될 수 있는 것이다.

디지털 문화는 정보사회의 문화적 기반이고, 그 핵심에는 민주주의가 놓여 있다. 민주주의가 망가지면 억압과 타락이, 폭력과 사기가 디지털 문화를 망치고 만다. 멋진 정보사회를 위해 우리는 단지 화려한 디지털 문화를 추구하는 것이 아니라 그것을 규정하는 민주주의의 발전을 추구해야 한다.

그림14 정보사회운동의 구성

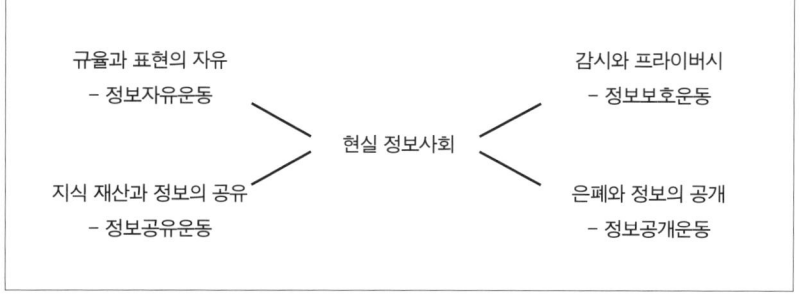

부록

전기-전자 시대의 전개

연도	사건
1642년	프랑스의 파스칼, 최초의 수동식 계산기 발명
1673년	독일의 라이프니츠, 수동식 사칙연산 계산기 발명
1687년	영국의 뉴튼, 『프린키피아』 출판
1688년	영국의 명예혁명
1689년	독일의 라이프니츠, 이진법 창안
1725년	프랑스의 Basile Bouchon, 천공카드 이용 직조기 개발
1752년	미국의 프랭클린, 번개의 전기 입증 실험
1760년	영국에서 산업혁명 시작
1776년	미국의 독립혁명
	영국의 스미스, 『국부론』 출판
1789년	프랑스의 대혁명
1800년	이탈리아의 볼타, 전지 발명
1801년	프랑스의 자카드, 천공 카드 이용 자동 직조기 개발
1822년	영국의 배비지, 기계식 계산기 발명
1826년	프랑스의 니에프스, 최초의 사진 촬영
1831년	영국의 패러데이, 발전기 발명
1837년	미국의 새뮤얼 모스, 전신기 발명
1854년	미국의 메우치, 전화기 발명
1859년	영국의 다윈, 『종의 기원』 출판
1864년	영국의 맥스웰, 전자기파 존재 제시
1873년	영국의 스미스, 셀레늄의 광전도성 발견
1876년	미국의 벨, 전화기 발명
1877년	미국의 에디슨, 축음기(포노그래프) 발명
1878년	미국의 캐리, 영상의 전기 신호 전환에 성공
1884년	독일의 닙코프, 닙코프 원판 발명
1888년	독일의 헤르츠, 전자기파 발견
1889년	미국의 홀러리스, 천공카드 통계기 발명
1895년	프랑스의 뤼미에르 형제, 영화기(시네마토그래프) 발명
1896년	이탈리아의 마르코니, 무선 통신 특허 획득
1897년	독일의 브라운, 브라운 관(음극선 관, CRT) 발명
	영국의 톰슨, 전자 발견
1900년	브라질의 모우라, 사람의 목소리 무선 전송
	미국의 세르비아 계 오스트리아 인 테슬라, '세계 무선 체계' 구상 발표
1904년	영국의 플레밍, 이극 진공관 발명
1905년	독일의 아인슈타인, 특수 상대성 이론 발표
1906년	미국의 캐나다 인 페센든, 최초의 라디오 방송 성공

연도	사건
1911년	IBM(International Business Machines Corporation) 설립
	전신은 홀러리스의 제표기 회사이고, 1924년에 IBM으로 이름을 변경.
1912년	타이타닉 호 침몰 사고로 무선 통신의 가치 확인
1914–18년	제1차 세계대전
1915년	독일의 아인슈타인, 일반 상대성 이론 발표
1920년	미국에서 라디오 방송 시작
1926년	영국의 베어드, 기계식 텔레비전 사업 시작
1927년	미국의 판스워스, 최초의 전자식 텔레비전 발명
	독일의 하이젠베르크, 불확정성 원리 발표
1931년	오스트리아의 괴델, 불완전성 정리 발표
1933년	미국의 러시아 인 즈보르킨, 아이코노스코프 발명
1935년	독일에서 전자식 텔레비전 방송 시작
1936년	영국의 튜링, '튜링 머신' 논문 발표
1937년	미국의 셰넌, 0과 1로 모든 전기 신호 처리 가능 증명
1939–45년	제2차 세계대전
1939년	RCA, 전면적 전자 텔레비전 시스템 공개
1943–46년	ENIAC 개발
1945년	폰 노이만, 컴퓨터의 구조 제시
	배네버 부시, '메멕스' 구상 발표
1947년	쇼클리 등, 트랜지스터 발명
1948년	위너, 『사이버네틱스』 출판
	폰 노이만, '오토마타' 이론 발표
	셰넌, '통신의 수학적 이론' 발표
1949년	EDSAC
	소련, 핵폭탄 폭발 실험 성공
1950–53년	한국 전쟁
1951–63년	미국, SAGE(Semi–Automatic Ground Environment) 개발
1951년	EDVAC, UNIVAC, Whirlwind I.
	CBS, 최초의 상업적 칼라 텔레비전 방송 시작
1953년	RCA, 완전한 전자 칼라 텔레비전 시스템 제작
1954년	미국, SAGE(Semi–Automatic Ground Environment) 가동 시작
1955년	소련, 수소폭탄 폭발 실험 성공
1956년	'인공지능' 개념 제시
1957년	소련, 최초의 인공위성 '스푸트니크' 호 발사 성공
1958년	미국, NASA(National Aeronautics and Space Administration) 설립
	ARPA(Advanced Research Project Agency) 설립

연도	사건
1962년	쿠바 미사일 위기
1964년	고든 무어, 무어(Moore)의 법칙(집적회로의 성능이 해마다 2배씩 증가)발표
	캐나다의 맥루한, 『매체의 이해』 출판
	미국, 베트남 침략 전쟁 시작
1965년	미국의 텔레비전 방송이 흑백에서 칼라로 전환 본격화
1967년	이미지 센서 개발
1969년	Bell 연구소, UNIX개발
	ARPANet 작동 시작
	우드스탁 락 페스티벌 개최
1971년	인텔, 마이크로프로세서 개발
1973년	TCP/IP 개발
1974년	첫 SIGGRAPH247 개최
1981년	IBM PC 공개
1989년	팀 버너스-리, World Wide Web 발명
	동독 붕괴
1990년	미국 정부, 인터넷의 상업적 이용 허용
1991년	미국, HPCC(High Performance Computing and Communication)법 제정
	소련 붕괴
1993년	최초의 웹 브라우저 Mosaic 발표
	미국, 국가정보화(NII: Agenda for Action) 계획 발표
1994년	Netscape사 설립
1995년	최초의 검색엔진 Yahoo의 Yahoo사 설립
1998년	'리니지' 시작
	미국, 인터넷 도메인네임의 운영을 담당할 새로운 비영리 민간기구인 ICANN 창설
1998년	중국, 텐센트(腾讯, Tencent) 창립
	세계 인터넷 이용자 수 1억명 돌파
2007년	아이폰(iPhone) 개발
2010년	카카오톡 창립
2016년	세계경제포럼, '4차 산업혁명' 제창
2020년	코로나19 바이러스 사태 발생

참고자료

김진균·홍성태(1996), 『군신과 현대 사회』, 문화과학사
박태견(1995), 『엘 고어 정보초고속도로』, 길벗
이대열(2017), 『지능의 탄생』, 바다출판사
조환규(1992), 『컴퓨터 이야기』, 창작과비평사
홍성태(1999), 『사이버사회의 문화와 정치』, 문화과학사
_____(2002), 『현실 정보사회의 이해』, 문화과학사
_____(2009), 『현실정보사회와 정보사회운동』, 한울
홍성태 편역(1995), 『사이버공간 사이버문화』, 문화과학사
_____(1997), 『사이보그 사이버컬처』, 문화과학사

강이현(2008), '김용철 "삼성 노동자 위치 추적, 삼성이 직접 했다"', 〈프레시안〉 2008.1.18.
권민철(2021), '한반도 운명 갈랐던 탁치 가짜뉴스', 〈노컷뉴스〉 2021.8.15.
김동민(2010), '동아일보의 신탁통치 왜곡보도 연구', 〈한국언론정보학보〉 52호
김민재(2018), '빛이란 무엇인가?', thesciencelife.com/archives/2500
김영우(2011), 'IBM 호환 PC(Personal Computer)란 무엇?', it.donga.com/5707/
김유향(2019), '허위정보 해외 법제 현황', 〈외국 입법 동향과 분석〉 20호, 2019.12.25.
김지원(2019), '불안정성의 시대, 유행 신조어의 남용과 열광이 가지는 위험성: 포스트인터넷 아트(Post-Internet Art)와 사변적 실재론(Speculative Realism)을 중심으로', 〈미술이론과 현장〉 27호, 2019.6.
대한민국 정책브리핑(2021), '5G(5세대 이동통신)', 2021.5.31.
문지호(2018), 'SF문학의 인조인간 담론 고찰', www.bookpot.net/
선연수(2019), '인류를 달에 착륙시킨 50년 전 컴퓨터 AGC', www.epnc.co.kr/
심재율(2019), '정전기 발생 원리 최초 규명', sciencetimes.co.kr/
이강봉(2015), 'SF 소설 탄생 이야기', sciencetimes.co.kr/
이재구(2013), '하늘을 나는 그림...TV의 발명', zdnet.co.kr/
이종호(2006), '로봇의 반란(1)', sciencetimes.co.kr/news/로봇의-반란1
최성우(2019), '세상을 바꾼 모스부호와 전신기', sciencetimes.co.kr/

_____(2019), '테슬라가 무선 통신의 발명자?', sciencetimes.co.kr/
최은창(2021), 'NFT 열풍', technologyreview.kr
최정미(2021), '줄리안 어산지 커플 "교도소에서 결혼식 올리게 해달라"', wikileaks-kr.org/
황방열(2004), '삼성 SDI, 퇴직 여직원 핸드폰으로 전·현직 직원 위치추적', 〈오마이〉 2004.7.22.
한국 지능정보사회지능원, 『국가 정보화 백서』
『한국 인터넷 백서』
한국 콘텐츠진흥원, 『대한민국 게임 백서』
_____, 『콘텐츠 산업 백서』
홍성태(2013), '국정원 댓글공작과 정보사회의 위기', 〈창비〉 162호, 2013년 겨울.

Asimov, Isaac(1950), *I, Robot*
Bowler, Peter(2017), *A History of the Future: Prophets of Progress from H. G. Wells to Isaac Asimov*, Cambridge University Press
Burnham, Jack ed.(1970), *Software-Information Technology: Its New Meaning for Art*
Čapek, Karel(1920), *R.U.R. (Rossum's Universal Robot)*
Clarke, Arther(1968), *2001: A Space Odyssey*
Cline, Earnest(2011), *Ready, Player One*
Corn, Joseph(1996), *Yesterday's Tomorrows: Past Visions of the American Future*, Johns Hopkins University Press
Crary, Jonathan(1990), *Techniques of the Observer*, MIT Press
DeLanda, Manuel(1991), *War in the Age of Intelligent Machines*, Zone Books
Dick, Philip(1968), *Do Androids Dream of Electric Sheep?*
Eco, Umberto(1962), 조형준 옮김(1995), 『열린 예술작품』, 새물결
Escarpit, Robert(1976), 김광현 옮김(1995), 『정보와 커뮤니케이션』, 민음사
Hales, Katherine(1999), *How we became posthuman : virtual bodies in cybernetics*, The University of Chicago Press
Horrocks, Chris(2017), 강경이 옮김(2018), 『텔레비전의 즐거움: 텔레비전의 작은 역사』, 루아크

Huxley, Aldous(1932), *Brave New World*

Jordan, Ken and Randall Packer eds.(2001), *Multimedia: From Wagner to Virtual Reality*

Latour, Bruno and Peter Weibel(2002), *ICONOCLASH: Beyond the Image Wars in Science, Religion and Art*

Lyon, David(1994), *The Electronic Eye: The Rise of Surveillance Society*

McLuhan, Marshall(1964), *Understanding Media*

_____(1988), *The global village*

Orwell, George(1948), *1984*

Pelky, James(2021), *The History of Computer Communications*

Penrose, Roger(1989), *The Emperor's New Mind*

Popper, Frank(1993), *Art of the Electronic Age*

_____(2006), *From Technological to Virtual Art*

Postman, Niel(1985), 정탁영 · 정준영 옮김(1997), 『죽도록 즐기기』, 참미디어

Shanken, Edward(2015), *Systems (Whitechapel: Documents of Contemporary Art)*

SHELLEY, Mary(1818), FRANKENSTEIN OR, THE MODERN PROMETHEUS

Stephenson, Neal(1992), *Snow Crash*

Wilson, Stephen(2001), Information Arts: Intersections of Art, Science, and Technology

Baran, Paul(1964), On Distributed Communications

Benjamin, Walter(1935), Das Kunstwerk im Zeitalter seiner technischen Reproduzierbarkeit

Brown, Ben(2021), Myths of Manchester: The Apple Logo & Alan Turing, https://www.manchestersfinest.com/

Bush, Vannevar(1945), As we may think

Cerf, Vint et al.(1974), Specification of Internet Transmission Control Program (RFC 675)

CONRADT, Stacy(2015), Did Alan Turing Inspire the Apple Logo?, https://www.mentalfloss.com/

Dobransky, Megan(2013), OTT 101: The History and Future of OTT Streaming, https://www.conviva.com/the-history-and-future-of-ott-streaming/

Ilfeld, Etan(2012), Contemporary Art and Cybernetics: Waves of Cybernetic Discourse within Conceptual, Video and New Media Art, *Leonardo* Vol.45 No.1 (2012), The MIT Press

Kendall, Graham(2019), Would your mobile phone be powerful enough to get you to the moon?, theconversation.com/

Licklider, J.C.R.(1960), Man-Computer Symbiosis

_____(1963), Memorandum For Members and Affiliates of the Intergalactic Computer Network

_____ and Robert Taylor(1968), The Computer as a Communication Device

McKinney, Kelsey(2018), The Game of Telephone That Became a Battle, medium.com/

Nakamoto, Satoshi(2008), Bitcoin: A Peer-to-Peer Electronic Cash System

Namjune, Paik(1974), Media Planning for the Post Industrial Society

PBS(1999), Naming The Transistor

Pease, Roland(2012), Alan Turing: Inquest's suicide verdict 'not supportable', https://www.bbc.com/news/science-environment-18561092

Raymond, Eric(1997), The Cathedral and the Bazaar

Ryan, Tina(2016), Nam June Paik, Electronic Superhighway, *Smarthistory*, January 21, 2016

Searl, John(1980), MINDS, BRAINS, AND PROGRAMS

Shanken, Edward(2002), Cybernetics and Art: Cultural Convergence in the 1960s, in *From Energy to Information*, Stanford University Press, 2002

Shannon, Claude(1940), A Symbolic Analysis of Relay and Switching Circuits, Thesis (M.S.)-Massachusetts Institute of Technology, Dept. of Electrical Engineering, 1940.

_____(1948), A Mathematical Theory of Communication, *Bell System Technical Journal*, Vol. 27, pp. 379-423, 623-656, 1948.

Tesla, Nikola(1900), The Problem Of Increasing Human Energy, *The Century Magazine*. June, 1900.

TURING, Alan(1936), ON COMPUTABLE NUMBERS-WITH AN APPLICATION TO THE ENTSCHEIDUNGSPROBLEM,

_____(1950), Computing Machinery and Intelligence

von Neumann, John(1945), The First Draft of a Report on the EDVAC (First Draft)

_____(1948), The general and logical theory of automata

松尾 豊-NHK(2019), 송주명 옮김(2019), 『인공지능과 인간』, 진인진

吉見俊哉(2004), 안미라 옮김(2006), 『미디어 문화론』, 커뮤니케이션북스

沢井 敦/小林 修一/菅野 博史/千川 剛史/鈴木 智之(1996), 『現代社会理論と情報』, 福村出版

* The History of Calculators: Evolution of the Calculator (Timeline)
   https://edtechmagazine.com/k12/article/2012/11/calculating-firsts-visual-history-calculators
* Analog computer
   https://en.wikipedia.org/wiki/Analog_computer
* Introduction to Analog Computing
   http://www.analogmuseum.org/english/introduction/
* NOT YOUR FATHER'S ANALOG COMPUTER
   https://spectrum.ieee.org/not-your-fathers-analog-computer/particle-1
* Semi-Automatic Ground Environment (SAGE)
   https://en.wikipedia.org/wiki/Semi-Automatic_Ground_Environment
   https://www.ll.mit.edu/about/history/sage-semi-automatic-ground-environment-air-defense-system
* Morse Code & the Telegraph
   https://www.history.com/topics/inventions/telegraph
* HISTORY OF TELEVISION BROADCASTING
   encyclopedia.com/media/encyclopedias-almanacs-transcripts-and-maps/television-broadcasting-history

* THE COLOR REVOLUTION: TELEVISION IN THE SIXTIES
  https://www.tvobscurities.com/articles/color60s/
* Bing Crosby and the Recording Revolution
  https://ethw.org/First-Hand:Bing_Crosby_and_the_Recording_Revolution
* The History of Computer Communications
  https://historyofcomputercommunications.info
* The History of the Computer Keyboard
  https://www.thoughtco.com/history-of-the-computer-keyboard-1991402
* Brief History of the Internet
  https://www.internetsociety.org/internet/history-internet/brief-history-internet/
* Paul Baran and the Origins of the Internet
  https://www.rand.org/about/history/baran.list.html
* The History of Projection Technology
  https://lightform.com/blog/the-history-of-projection-technology
* Origins of Sound Recording: Edison's Path to the Phonograph
  https://www.nps.gov/edis/learn/historyculture/origins-of-sound-recording-edisons-path-to-the-phonograph.htm
* Evolution of Sound – Audio Technology Past, Present, and Future
  https://insights.ges.com/us-blog/evolution-of-sound-audio-technology-past-present-and-future
* A Brief History Of Synthesizers
  https://www.hi5electronics.co.uk/a-brief-history-of-synthesizers/
* bit
  https://hmolpedia.com/page/Bit
* Dgital Art
  https://www.theartstory.org/movement/digital-art/
  https://www.parblo.com/blogs/guides/the-evolution-of-digital-art-over-the-years
  https://www.timetoast.com/timelines/the-history-of-digital-art